ДУХОВНЫЕ СОСТОЯНИЯ

Избранные фрагменты бесед
с Михаэлем Лайтманом

МЕЖДУНАРОДНАЯ
АКАДЕМИЯ
КАББАЛЫ

Лайтман Михаэль
Духовные состояния. Избранные фрагменты бесед / Михаэль Лайтман– Laitman Kabbalah Pablishers, 2021– 350 с.

Laitman Michael
Spiritual states. Selected excerpts from the conversation / Michael Laitman – Laitman Kabbalah Pablishers, 2021. – 350 pages.

ISBN 978-965-551-033-1
DANACODE 760-167

Перед вами – избранные отрывки из серии телепередач «Духовные состояния» – концентрированных, глубоких беседы М. Лайтмана о состояниях человека на пути духовного развития.

Возможно, вы –практикующий каббалист. А может быть, вы впервые узнали о каббале, открыв эту книгу. В любом случае вы узнаете, как научный метод каббалы обеспечивает людей всех вероисповеданий, религий и культур инструментами, необходимыми для продвижения по пути самопознания и развития.

Приглашаем вас к интересному, глубокому и захватывающему чтению!

*Михаил Санилевич,
ведущий серии телепередач «Духовные состояния»*

ISBN 978-965-551-033-1
DANACODE 760-167

Copyright [c] 2021 by Laitman Kabbalah Publishers
1057 Steeles Avenue West, Suite 532
Toronto, ON M2R 3X1, Canada
All rights reserved

ОГЛАВЛЕНИЕ

Предисловие 5

СОСТОЯНИЯ В ДУХОВНОМ ПУТИ 7
   Ощущение Творца 8
   Он и имя Его – едины 13
   Значимость духовного 17
   Что такое грех 23
   Состояние отдачи 27
   Не ради себя 31
   «Из действий Твоих
    познаю Тебя» 36
   Скрытие и раскрытие Творца 45
   Переход махсома 49
   Осознание зла 56
   Работа с помехами 61

ПРИНЦИПЫ ДУХОВНОЙ РАБОТЫ 65
   Нет насилия в духовном 66
   Духовные падения и подъемы 69
   Разрешение противоречий 73
   Вера выше знания 78
   Взаимное поручительство 83
   Зависть 87
   Радость 91
   Трепет 97
   Правда и ложь 102
   Гордость 110
   Стыд 115
   Равенство 119
   Свобода 124
   Братство и единство 130
   Сопротивление 136
   Привычка – вторая натура 141
   Каббалистическая трапеза 151

ПУТЕШЕСТВИЕ ПО ДУХОВНОЙ ЗЕМЛЕ ИЗРАИЛЯ ... 159

- Земля Израиля ... 160
- Авраам ... 171
- Пещера патриархов ... 180
- Эллинизация иудеев ... 187
- Война Гога и Магога ... 191
- Иудейские войны ... 202

ПРАЗДНИКИ И ОСОБЫЕ ДАТЫ ... 213

- Рош аШана и Йом Кипур ... 214
- Суккот и Симхат Тора ... 224
- Ханука ... 230
- Пурим ... 237
- Праздник свободы ... 246
- Десять египетских казней ... 260
- Четыре вида желаний в Египте ... 270
- Выход из Египта ... 277
- Великий сброд ... 289
- Почему расступилось море ... 295
- Синай – гора ненависти ... 299
- Праздник Шавуот ... 308
- Десять Заповедей ... 317
- Письменная и устная Тора ... 329
- Девятое Ава – «разрушение Храма» ... 334
- День любви – Ту бе-Ав ... 341

Международная академия каббалы ... 347

ПРЕДИСЛОВИЕ

Перед вами уникальная книга бесед с человеком, который в поисках ответов на свои вопросы о смысле жизни, от погружения в область биокибернетики пришел к науке каббала. Михаэль Лайтман (философия PhD, биокибернетика MSc) ученый-исследователь мирового уровня в области классической каббалы, основатель Международной академии каббалы (МАК), в которой сегодня обучаются миллионы людей более чем из ста стран мира вне зависимости от национальностей, вероисповеданий, конфессий, социального и экономического статуса.

Постоянное расширение круга людей, изучающих каббалу, побудило в сжатой и доступной форме познакомить их с основными духовными принципами внутренней работы. Так родилась серия телепередач «Духовные состояния» — концентрированные, тематические, глубокие беседы с М. Лайтманом о состояниях человека, который находится на пути духовного развития.

Книга состоит из избранных фрагментов этих бесед и раскрывает истинный смысл духовных понятий и состояний, благодаря чему подготавливает читателя к расширенному восприятию реальности как многоуровневой системы, где «наш мир» — лишь ее низший уровень, находящийся под управлением единой силы природы, или Творца.

Возможно, вы практикующий каббалист. А может быть, вы впервые узнали о каббале, открыв эту книгу. В любом случае вы узнаете, как научный метод каббалы обеспечивает людей всех вероисповеданий, религий и культур инструментами, необходимыми для продвижения по пути самопознания и развития. Метод, описанный в книге, сосредоточен в первую очередь на внутренних процессах.

Предложенные способы самореализации и обретения личной ответственности подскажут вам, как лучше прожить свою жизнь для себя, для других и для Творца.

Вы увидите, что каббала дает глубокое ощущение личного смысла во времена, когда многие люди чувствуют бесцельность своего существования, отчуждение и недоверие. Каббала помогает нам понять истинный смысл жизни. Это, в свою очередь, позволяет достичь совершенства, покоя, безграничного наслаждения, способности преодолеть ограничения времени и пространства, еще находясь в этом мире.

Книга содержит ссылки на видеозаписи телепрограмм в медиа-архиве Международной академии каббалы https://kabbalahmedia.info/ru/. Медиа-архив МАК является крупнейшим информационным ресурсом по каббале, там вы сможете найти еще много материалов по этой теме, которые, возможно, заинтересуют вас.

Приглашаю вас к интересному, глубокому и захватывающему чтению.

Михаил Санилевич,
ведущий серии телепередач «Духовные состояния»

СОСТОЯНИЯ В ДУХОВНОМ ПУТИ

ОЩУЩЕНИЕ ТВОРЦА

https://kabbalahmedia.info/ru/programs/cu/uaiwtEil

Вкусите Творца

Разница между тем, в чем мы живем, и Духовным миром – это и есть разница в ощущении Творца.

Духовный мир – это жизнь в ощущении высшей силы, когда человек чувствует, что он находится в ней. Подобно тому, как мы сейчас находимся в окружающем пространстве, заполненном определенными предметами, подчиняющемся определенным законам и так далее.

Вся природа Духовного мира называется «Творец». Человек, ощущающий Высший мир, чувствует, что находится во власти его законов и обязан воспринимать их. В соответствии с тем, как он коррелирует с ними, он владеет управлением Высшего мира, а тот управляет им.

Иными словами, ощущение духовного построено на соответствии человека этому миру. В мере восприятия духовных свойств, сил, законов, связей, человек его чувствует. А то, что пока не попадет в его органы чувств, он не ощущает.

Как ребенок в нашем мире чувствует маму, свою кроватку, свои игрушки, а все остальное для него вроде бы не существует. Так и мы относительно Высшего мира.

Сказано: «Вкусите Творца». Вкус – самое близкое нам ощущение. Посмотрите, как дети тащат все в рот, не различая, съедобное это или нет. Они все ощущают через вкус.

Поэтому вкушение в каббале – самое близкое, самое внутреннее, самое понятное ощущение любого свойства или явления. В принципе, в этом участвуют все наши пять органов чувств, но самое главное – вкус.

Он зависит от свойств человека и постоянно меняется. Как в нашем мире человеку иногда хочется соленого, иногда горького, сладкого, кислого и так далее, но все это в одном вкусовом рецепторе. А если говорить о звуках, цветах, формах, то существует еще очень много разных уровней и возможностей воздействия.

Так и в духовном мире у нас есть пять духовных органов чувств, и каждый из них имеет очень большой диапазон восприятия.

К высшей духовной жизни

В нашем мире человек ощущает страх, радость, безопасность и так далее. Есть ли такие ощущения в духовном мире?

В духовном мире все чувства, которые есть в нашем мире, в миллиарды раз выше, глубже, сильнее, и человек может ими управлять.

Если в нашем мире мы рождены с определенными органами чувств и постепенно развиваем их под воздействием нашего мира, но незначительно, то в духовном мире мы можем развивать их буквально с нуля, когда их у нас просто нет, поскольку они находятся в рудиментарном состоянии, и мы не можем ими пользоваться.

Начиная развивать духовные органы чувств, мы доводим их до состояния, в котором раскрываем весь Высший мир, все силы, находящиеся в нем, все вариации возможностей их влияния на нас.

Мы ощущаем, как влияем на них обратной связью, вступаем с ними в определенные взаимодействия, начинаем играть с ними: мы влияем на Духовный мир, а он на нас. Это наше взаимодействие с Высшим миром называется высшей, духовной жизнью.

В диалоге с высшей силой

С чем можно сравнить ощущение Творца? С какими состояниями в нашем мире, с какими чувствами?

Все, что мы ощущаем сейчас – Вселенную, звезды, нашу планету, человечество и так далее – находится во власти какой-то силы, которая пронизывает все мироздание и управляет им. Все исходит от этой силы, и все возвращается к ней.

Человек как бы вступает в диалог с высшей силой. Он воздействует на нее, она – через весь мир на него. Он ощущает это всеми органами чувств и в ответ дает реакцию или воздействует определенным избирательным образом на эту силу через окружающую природу.

Речь идет о постижении скрытой силы природы, с которой человек вступает в диалог. В результате этого он развивается, постигает высшую силу, становится равным ей по знанию, пониманию, воздействию, по изменению себя, своей жизни. Это является целью его развития.

С чем это можно сравнить в нашем мире?

Отчасти это можно сравнить с наукой, ведь мы развиваем науки о нашем мире, которые помогают нам лучше узнать его, управлять им. Этим мы пытаемся как-то улучшить нашу жизнь, хотя у нас это не совсем получается, поскольку мы используем науки эгоистически.

В этом большая разница между нашим и Высшим миром. Мы не можем эгоистически использовать высшие силы, свойства, все, что мы раскрываем. Высший мир можно постичь только в той мере, в которой мы будем альтруистами, станем думать об общем благе, но ни в коем случае не о своем личном.

Именно такой альтруистический подход называется духовным подходом. Он свойственен многим стремлениям человека в раскрытии природы, но в каббале он обязателен.

Можно ли ощущения нашего мира сравнить с духовными?

В нашем мире есть такие острые ощущения, как первая любовь, рождение ребенка, разрешение каких-то противоположностей, решение сложных задач. Эти ощущения можно сравнить с духовными?

Да, это все имеет место в постижении Высшего мира, но в гораздо более выпуклом, более сильном виде. Это уже практическая каббала.

Когда человек постигает высшие свойства, силы, действия, которые происходят в скрытой форме, вне наших земных органов чувств, то в соответствии с этим он начинает изменять себя, чтобы лучше почувствовать силы, скрыто управляющие нашим миром.

Тогда у него появляется возможность влиять на свою судьбу, на все происходящее в этом мире. Все его скрытые желания начинают раскрываться. Он начинает управлять своей судьбой, выходить за рамки времени, пространства, перемещения.

Он уже работает не с теми силами природы, которые земные науки исследуют в рамках нашего мира и оперируют ими, а с силами и взаимодействиями выше нашего мира.

Высшая гармония духовного мира

В каббалистических источниках говорится, что если собрать вместе наслаждения всех людей за всю историю человечества, то их все равно невозможно сравнить с ощущением одного грамма духовного наслаждения. Это действительно так?

Так оно и есть. Дело в том, что ничто не сравнится с Духовным миром по силе, глубине, детальности восприятия, по возможности охватить противоположные свойства, состояния, найти, каким образом их сопоставить, соединить между собой. Только наука каббала позволяет почувствовать эту высшую гармонию, которая состоит из абсолютно противоположных свойств.

Раскрытие Высшего мира построено именно на сопоставлении максимальных противоположностей, которые в нашем мире никоим образом не могут быть не только соединены, а даже сравнимы.

Любое духовное явление состоит из двух противоположных состояний, которые на уровне нашего мира не соединяемы и не могут изучаться совместно. Просто в нашем земном разуме, на материальном уровне у них нет возможности быть как-то соединенными, влияющими друг на друга. Качественно это совсем другие состояния.

Духовный мир можно охарактеризовать как сопоставление несопоставимых объектов и явлений.

Это дает огромное наслаждение, потому что ты ощущаешь гармонию, когда все, что ты можешь себе представить даже на уровне нашего мира как вещи, взаимно отрицающие и взаимоисключающие друг друга, в духовном мире, наоборот, поддерживают друг друга и создают из противоположностей высшую гармонию.

То есть если в материальном мире два противоположных состояния вводят человека в состояние отчаяния, и он не может объяснить, почему так происходит, то в духовном наоборот?

В духовном мире они становятся еще более противоположными, критическими, остро направленными один против другого. И между ними возникает совсем новое решение этого вроде бы конфликта, который на уровне нашего мира неразрешим.

Это и создает новый объем, в котором существует Высший мир.

ОН И ИМЯ ЕГО – ЕДИНЫ

https://kabbalahmedia.info/ru/programs/cu/22vlgoN0

Духовность – связь с Творцом

Что значит духовное?

Духовное – когда я через людей, а иногда и напрямую, связан с Творцом. Но лучше, надежней, если я оформляю связи с Творцом через других.

Духовность – это правильная связь с Творцом. Если она действительно верная, то проходит через людей, и в ней проявляется свойство, которое называется «Творец».

Создать единое поле любви

У каббалистов есть изречение: «Он и имя Его – едины». Это состояние или закон?

«Он и имя Его – едины» означает, что Творец проявляется в Своем имени.

А имя Его – это состояние, когда множество людей (десятка или более) могут так соединиться, скоординироваться, сочетаться между собой, что будут представлять одно единое целое относительно отдачи и поддержки друг другу. В таком едином поле и проявится общая сила этого поля, называемая «Творец».

Сам по себе Творец скрыт. Это явление невозможно обнаружить – только через сенсор, который представляет собой собрание людей, связанных таким образом, чтобы в общей отдаче, в общей любви, в общей доброй взаимосвязи сорганизовать такое поле. Оно так и называется: «Поле, благословленное Творцом». И тогда Он проявляется в нем.

Как, к примеру, у нас на руках есть множество бактерий, но мы их не видим. А если возьмем микроскоп, сможем разглядеть. То же самое и тут.

То есть между нами есть какие-то связи, но они скрыты от нас?

Между людьми есть связи, но эти связи плохие. Они не похожи на свойство Творца – свойство отдачи и любви, и поэтому Творец скрыт. Мы́ скрываем Его своими неправильными взаимоотношениями.

По своей природе я люблю получать, таким меня создали. И если даже я отдаю, то для того чтобы получить. Это неправильная связь?

Это связь естественная, природная, мы с ней родились. Она называется «эгоизм». А мы должны постепенно переделать ее на другую связь, противоположную ей.

И что я должен делать?

Думать о других и о связи между нами, чтобы эта связь была превалирующей, главной, определяющей. И тогда в ней мы начнем ощущать Творца.

Все мироздание – проявление имен Творца

Сказано: «Он и имя Его – едины». Он – это высшая сила, Творец. А имя – это что?

Имя Его – это то состояние между нами, в котором проявится Творец. Оно называется «имя», потому что мы таким образом начинаем Его понимать, ощущать. Точно так же, как ты понимаешь человека, когда говоришь о нем, называя по имени. Ведь ты его ощущаешь.

Каждый раз, когда мы строим какую-то определенную связь, проявляется Творец, и мы даем Ему это имя?

Да. Поэтому мы говорим: «Такой-то, такой-то», – то есть даем Ему различные имена. И потому говорится, что у Творца есть много имен. Практически все мироздание – это всего лишь имена Творца, Его проявление.

Значит, все слова в Торе – это Его имена, а имя – это проявление Творца в связи между нами?

Все, что написано в Торе – это проявление каких-то чувств и свойств между людьми, целью которых является достижение правильной, доброй взаимосвязи между собой. Тогда они ощущают, проявляют между собой Творца и пишут об этом.

Постижение имен Творца

Есть такой закон: «То, что не постигаем, не называем по имени».

А как ты можешь назвать объект или явление, если не постигаешь его? Поэтому высшая сила называется «Творец» именно по нашему постижению Его.

Причем, ты можешь постичь Его в одном виде, я – в другом, кто-то – в третьем, и так далее. Каждый по-своему. Но, в принципе, все имена Творца в своем постепенном постижении человеком, приводят его к одному единственному виду, когда в итоге все ощущения Творца становятся как бы абстрактными. Ты можешь называть это такими эпитетами, как любовь, полная отдача, высший, совершенный. Но в общем у Него нет имени.

Получается, что вышедшие из Египта люди бродили по пустыне, и все взаимоотношения, которые проявлялись между ними, весь спектр своих чувств и эмоций они записывали, и каждое из них – это какое-то определенное ощущение Творца?

Они записывали их как исследователи. Реализуя между собой определенные взаимоотношения, в которых проявлялся Творец, они писали: «Такие-то взаимоотношения – проявление Творца такое-то. Такие-то взаимоотношения – проявление Творца такое-то». И так далее. Поэтому сказано, что вся Тора – это имена Творца.

Есть точное число имен Творца – 72. Что это значит?

72 (аин, бет) – это проявление Творца в виде света Хохма, АБ.

Но в Торе очень много различных имен.

Это другая градация. Есть основные шаги, по которым ты движешься к полному раскрытию Творца, и есть маленькие, частные подступени.

ЗНАЧИМОСТЬ ДУХОВНОГО

https://kabbalahmedia.info/ru/programs/cu/A6RtQBXF

Величие Дающего

Основой духовного мира является та значимость, которую мы ему придаем. В первоисточниках говорится, что есть всего лишь грамм света и грамм желания, а все остальное определяется тем, как мы к этому относимся, какую важность даем тому или иному явлению. Как это происходит?

Мы привыкли, что в нашем мире желания, наполнения имеют какую-то метрическую соразмерность: метры, кубометры, парсеки, расстояния, тонны и так далее.

А в духовном мире нет никаких земных измерений. Там все измеряется только чувственно, отношением одного к другому. Поэтому, если меня волнует грамм какого-то материала, который для меня, может быть, дороже всей Вселенной и всей жизни, поскольку, допустим, этот грамм – зарождение новой жизни, тогда я к нему отношусь как к чему-то, что заполняет всю Вселенную. Для меня он больше, чем все остальное. В этом измеряется духовная величина какого-то объекта.

Иными словами, духовный объект не имеет ни геометрической, ни метрической размерности, и определяется только величиной моего отношения, моего внимания, величия объекта в моих глазах. Это сугубо субъективные измерения.

В принципе, человек, постигающий духовное, или каббалист наслаждается не от того, что ему дает Творец, а от того, насколько Творец важен в его глазах?

А он не ощущает то, что ему дает Творец. Он ощущает только в мере величия того, что ему дает Творец.

Если взять пример из нашего мира. Допустим, стакан кофе – тоже проявление единой силы. Я могу просто выпить кофе. Но если мне его сделал какой-то важный человек, я, естественно, буду наполняться не только на-

питком, а еще важностью этого человека, насколько он велик в моих глазах, в глазах всего общества. *Но все-таки должен же быть какой-то материал...*

Да, наполняться в мере важности. А в нашем мире должен быть материал. Поэтому мы и начинаем с материального мира, который создан для того, чтобы от него мы могли переходить к другим, более отвлеченным категориям.

Значит, ко всем наслаждениям этого мира я должен относиться следующим образом: это мне дается Творцом, и мне не хватает только важности того, кто мне это дает?

Да, но когда я начинаю развивать важность к тому, от кого я получаю, и она во мне больше, чем важность полученного объекта, то тогда я перехожу уже к другим измерениям.

То есть сам объект уже не имеет значения в моих глазах. Значение имеет только важность того, кто мне его дал. И тогда я перехожу из ощущений нашего вещественного мира к измерениям и ощущениям Высшего мира: я получил это от Творца.

Как развить важность Творца?

Чтобы ощутить важность Дающего, должен быть хотя бы грамм прямого света? Творец что-то мне дает, а я должен возвеличить Его еще больше?

Конечно. Я выстраиваю это на своем желании наслаждаться. Получая минимальную подсветку, я ощущаю, допустим, грамм желания и грамм наслаждения. А кроме этого я все строю благодаря важности, возвышению величия Дающего.

Что является этим граммом света, который входит в нас?

То, что мы обычно получаем в нашем мире. Поэтому мы и созданы таким образом.

Выходит, в нашем мире и стакан кофе, и наслаждение от какого-то путешествия, от оказания почестей, от полу-

ченной медали, от дружбы, любви – это всё грамм того же света, и я должен определить источник, Кто мне это дал, Кто вызвал во мне это состояние…

И перевести свое внимание на источник.

Как развить эту важность?

Раздумывать над этим, пытаться подобраться к его источнику. У нас существует методика определения, поиск этого источника в группе, в так называемой десятке. Когда я его пристально ищу, всматриваюсь в него, пытаясь его определить, я начинаю ощущать проявление во мне каких-то новых свойств, имеющих адекватное отношение к этому высшему скрывающемуся источнику.

В нашем мире есть много таких примеров. Мы видим мир из нашего желания.

Какому Творцу мы молимся?

Если человек чего-то хочет, то начинаешь замечать это повсюду. Например, когда ты хочешь купить машину, то постоянно видишь везде именно эту марку автомобиля, а до этого не обращал внимания. Есть много таких психологических исследований: вдруг ты начинаешь видеть вещи, которые раньше как бы не ценил, их не было в поле твоего зрения.
Получается, мы не видим Творца, потому что не ценим Его. Он нам не важен. Творец – это свойство отдачи, то есть нам не важна отдача? Нам важно только свойство получать? Поэтому мы Его не видим?

Если бы мы что-то получали от Творца, мы не обращали бы на Него внимание.

Но весь мир всё-таки молится Творцу, и мы вспоминаем Его, когда нам плохо.

Это на всякий случай. Мы молимся абсолютно не тому Творцу, а золотому тельцу – «люди гибнут за металл». Все молятся тому, от чего получают эгоистическое наслаждение.

А к какому Творцу надо обращаться?

К настоящему – к свойству отдачи и любви. Если у тебя есть свойство отдачи и любви к ближнему, то тогда ты можешь обратить это к Творцу. А если нет, ты никак не обратишься к Творцу, Он будет от тебя скрыт.

Вы хотите сказать, что Творец вместо Себя создал других людей и дал мне поле деятельности? Если я буду относиться к ним с любовью, то это идентично тому, что я так же отношусь и к Нему?

Да, постепенно придешь от любви к ближнему к любви к Творцу.

Ценить духовные отношения

В нашем мире очень непросто перенести ударение, цель со значимости вещественного на значимость отношений между людьми.

Нам надо обязательно развивать ощущение к отношениям. Не к тому, что есть в руках, не к материальным вещам, а к соответствию между ними, к их взаимодействию. Потому что Духовный мир начинается с отношений, с взаимодействий. Он не относится ни к чему материальному.

Материальное – это всё, что нам кажется в нашем эгоизме. А когда наши отношения обращаются в отдачу, и человек постепенно входит в это свойство, пытается оттолкнуться от самого себя и пребывать в отдаче, не связанной с собой, тогда начинается Духовный мир.

Всё-таки чего-то тут не хватает, потому что людям важно, как к ним относятся другие. Они готовы даже жизнь отдать за то, чтобы их уважали.

Но только до того момента, пока человек не начал ценить духовные отношения.

То есть важно, как я отношусь к другим, а не как ко мне относятся?

Да. Как ко мне относятся – я понимаю: в той мере, в которой другие согласны со мной или не согласны, в которой им выгодно то, что я существую, или наоборот.

А как я отношусь к другим, уже зависит от меня.

Раскрыть не Творца, а Его величие

Допустим, кто-то дал мне стакан кофе, и я, естественно, могу насладиться им в определенной мере. Но если бы я каким-то образом смог возвеличить в своих глазах дающего, то тогда наслаждение было бы бесконечным?

В зависимости от того, кто тебе дал. Это может быть или английская королева, или какой-то великий мудрец, или какой-то человек искусства. Смотря, что ты ценишь.

А если я не ценю эту королеву?

Тогда для тебя это будет просто стакан кофе.

А как это происходит с Творцом?

То же самое с Творцом. Смотря как ты от Него требуешь. Является ли для тебя отдача Ему вознаграждением. В таком случае, даже если ты хочешь не получать, а только отдавать Ему, это уже будет для тебя наслаждением.

Но как можно возвеличить Его?

Если ты хочешь, чтобы Творец был важен для тебя, ты должен просить Его раскрыть тебе не Себя, а Свое величие. Ведь если Он раскроет Себя, ты будешь наслаждаться тем, что Творец – Он уже передо мной, пришел ко мне.

А если ты станешь искать Его, для того чтобы суметь Ему отдавать, тогда ты будешь просить от Него только лишь важности Его свойства отдачи и любви, а не Его самого.

Даже если я не знаю, кто Он?

Не надо знать. Ты даже будешь бояться, чтобы Он раскрылся Сам, поскольку это сразу же закабалит тебя, ты не сможешь от этого никуда деться. Поэтому ты должен просить, чтобы раскрылся не Он, а Его важность.

ЧТО ТАКОЕ ГРЕХ

https://kabbalahmedia.info/ru/programs/cu/usBYN5xF

Грех – отклонение от движения к цели

Наука каббала говорит о цели человека в этом мире, в этой жизни: что мы должны делать с собой, чтобы прийти к идеальной реализации своего существования.

Мы не знаем, как жить. Мы видим, как беспричинно, бесцельно существуют люди, все время диффузионно перемещаясь по миру и в жизни.

Каббала предлагает сделать нашу жизнь целеустремленной, чтобы в итоге мы могли достичь состояния, для которого создана наша Вселенная, все мироздание и мы сами.

Отклонение от движения к этой цели называется «грех». Здесь все зависит от человека, от его воспитания и образования, от того, как он воспринимает себя и цель творения, насколько он знает и владеет этим.

Обычные люди, не имеющие об этом представления, не задаются такими вопросами и не задумываются, что на самом деле является грехом. Для них грех – это плохое поведение, кража, какой-то проступок и так далее. Это тоже верно. Но дело в том, что при этом они не знают, верно или нет они реализуют себя, движутся ли к правильной цели.

Поэтому очень важно просвещать людей, что все действия человека оцениваются по движению к цели его сотворения. Это и есть основная точка, относительно которой измеряется грех или, наоборот, заповедь, благое дело.

А если мы четко знаем и понимаем, что именно так мы должны идти вперед, то, исходя из самой цели и движения к ней, мы уже можем говорить о поступках, которые ведут нас наикратчайшим, оптимальным путем к этой цели.

Такие поступки называются заповедями, потому что с точки зрения природы нам заповедано двигаться именно так. Это мы выявляем из строения всего мироздания.

И наоборот, те наши поступки, которые поворачивают нас в сторону или даже обратно, отдаляя от достижения цели, называются грехом.

Наша цель – постичь Творца, который раскрывается в мере нашего подобия Ему. Поэтому любые наши действия, направленные на подобие Ему, называются заповедями, добрыми, правильными.

Подобие заключается в том, чтобы мы обрели свойства Творца. Тогда мы будем Ему ближе.

Свойства Творца – это отдача и любовь. Поэтому «возлюби ближнего как себя» является главной заповедью нашего развития.

Молитва за себя

В каббале говорится, что когда человек молится за себя (в принципе, для обычного человека это естественно), то это является грехом...

Если человек думает о себе, то этим он как бы отделяет себя от остальных, не приближается к ним. Естественно, что это отдаляет его от Творца, потому что Творец видит всех нас соединенными в одно общее целое, какими мы были еще до разделения на отдельные личности.

То есть Творец не думает о Себе? У Него нет таких мыслей?

Во-первых, Он не думает о Себе. Во-вторых, Он не думает о каждом человеке, так как ощущает нас как единое целое.

Допустим, я смотрю на человека. Он состоит из миллиардов клеток. Я же не обращаюсь к какой-то клетке, а обращаюсь к образу. Так и Творец не видит нас поодиночке?

Никак! У Него нет ни малейшего расчета ни с одним человеком. Он создал нас в противоположном Себе эгоистическом свойстве, в котором мы ощущаем себя существующими отдельно друг от друга.

И что я должен из этого понять? Что Творец вообще не считается со мной? Он даже не знает, что я существую?

Знает Он или нет, это совсем другой вопрос. Он не принимает во внимание твоих личных одиночных движений, кроме движения в сторону сближения с Ним через сближение с другими.

Просить помощь у Творца

В каббале сказано, что когда человек не просит помощи у Творца, это является грехом.

Люди, которые, устремляясь к цели творения, желают достичь правильного состояния, должны понимать, что их стремления состоят из двух направлений.

Одно – движение друг к другу. Другое – осознание и понимание, что это сделать невозможно, потому что наша природа нам этого не позволяет и не позволит. Творец стоит на пути между нами и не дает сблизиться между собой, вызывая всевозможные проблемы, чтобы человек понял: без участия Творца он не сможет сблизиться с другими.

Ни человек, ни народ, ни государство, ни все человечество ничего не достигнут, если только не начнут двигаться к сближению между собой с помощью Творца.

Вот тогда и возникает такое действие, как заповедь, то есть благое действие, когда я пытаюсь сблизиться с остальными и прошу участвовать в этом Творца. Тогда я точно могу рассчитывать на успех.

Выбор – не прегрешить

Отсутствие действий по сближению между людьми в каббале считается грехом. В то же время каббала говорит, что нет свободы выбора. Тогда откуда грех?

Свобода только в том, чтобы правильно идти к цели и гораздо быстрее, чем это обусловлено природой.

Если я молюсь за себя, то по каббале это грех. С другой стороны, какой у меня есть выбор?

Твой выбор – молиться за то, чтобы ты по-доброму относился к другим, и Творец тебе в этом помог. Таким образом ты ускоряешь свое движение, свое развитие.

А у меня есть свобода выбора в том, чтобы просить помощи у Творца?

Да. Это зависит от того, насколько ты входишь в группу, которая тебя воодушевляет, помогает, подталкивает вперед. Ты пользуешься их взаимной поддержкой и таким образом обращаешься к Творцу, взяв от группы определенное количество впечатлений.

Что такое грех с точки зрения каббалы?

Грех – это неверное использование тех условий, которые даны тебе, чтобы правильно двигаться к цели и достичь ее быстро, безболезненно, в течение этой жизни.

СОСТОЯНИЕ ОТДАЧИ

https://kabbalahmedia.info/ru/programs/cu/zjfAAgsU

Есть ли в природе чистая отдача?

Что такое состояние отдачи? Что ощущает человек, который находится в этом состоянии?

Наука каббала, исследующая природу человека, состояние мира и всего мироздания, утверждает, что на материальном уровне нет никакой отдачи. Вся природа нашего мира – это эгоизм, то есть желание получать.

Никто никому ничего не отдает. Не может. Ни одно неживое, растительное, животное или человеческое существо не в состоянии никому ничего отдать без того, чтобы не получить что-то взамен. А это уже не отдача, а обмен, получение.

Если я отдаю, чтобы взамен получить что-то хорошее, это значит, я получаю. Когда в магазине мы платим деньги за покупку, разве мы отдаем?

То есть это своеобразный эгоистический альтруизм?

Нет такого понятия «альтруизм». Это выдумали философы.

Но вы же сами приводили пример клеток в организме, которые как бы отдают ради всего организма?

Ради. Потому что участвуют в общем обмене организма, без которого сами не смогут жить. А у раковых клеток нарушена внутренняя программа такого сосуществования, и поэтому они убивают организм и себя. То есть они действуют самим себе во вред. Стреляют себе в ногу, что называется.

Значит, в природе нет чистой отдачи?

Нет. Есть только лишь получение. И поэтому наша наука называется «наука каббала» – наука о получении, потому что она четко говорит о получении.

Очень часто мы слышим, как жена упрекает мужа: «Я тебе всю жизнь отдала!» Или родители говорят детям: «Мы вам отдали жизнь!»

Но никто никому ничего не отдает! Просто если нам дорог этот объект, то, давая ему, мы ощущаем, что получаем. Мы даже зачастую просим: «Ну возьми, скушай...» – и так далее. То есть для нас это как бы акт получения, а не отдачи.

Поэтому если правильно, с точки зрения каббалы, присмотреться к чему бы то ни было в нашем мире, ты увидишь, что никто никому не отдает и не может! Это не заложено в нашей программе. Абсолютная отдача исходит только со стороны Творца.

Вкладывать в свою душу

Многие каббалистические источники говорят об отдаче. О какой отдаче идет речь, если мы, как творения, не можем отдавать?

Все очень просто. Ты должен изменить свое отношение к людям, считая их близкими, родными, нужными тебе. И тогда ты сможешь им отдавать, как своему ребенку.

То есть, если к ребенку я так отношусь естественным образом, то здесь мне нужно приложить усилия? Ведь совсем неестественно относиться к совершенно чужому человеку точно так же, как к своему ребенку, и получать от этого наслаждение.

Да. Но для этого мне нужно увидеть общую картину мироздания, ощутить, насколько мы все взаимосвязаны, как через своих товарищей я могу достичь более высокого, духовного состояния. И тогда я иду к ним и связываюсь с ними. Они мне становятся родными, потому что я вдруг обнаруживаю, что они – части моей души. И значит, я отдаю им? На самом деле я отдаю не им, а вкладываю в свою душу. Это и есть любовь.

Значит, любовь к ближнему, объединение, которые описаны в тысячах каббалистических источников, невоз-

можны, пока человек не увидит, что он – часть общей системы, души?

Да. А иначе, просто отдать я не могу. У меня не повернется рука. Это против закона природы.

Для этого надо увидеть, что каждый из нас является частью огромной глобальной системы, и все мы пребываем в полной зависимости друг от друга, причем в такой, когда те, кто находятся вне меня, определяют всего меня. И поэтому, если я буду заботиться о них, то обеспечу себе будущее. А если я выйду в состояние, когда думаю только о них, а не о себе, то обеспечу себе совершенное будущее.

Чужие важнее, чем я сам себе

Великий каббалист Ари пишет, что есть пять видов желаний. Две категории из них – это мои внутренние желания. Они мне близки, и поэтому я забочусь о них. А есть еще три категории желаний, которые находятся вне меня, включая людей, о которых я не могу заботиться, поскольку ощущаю их чужими.
Применяя каббалистическую методику, я стану ощущать их желания намного ближе, чем сегодня свои собственные?

Да. Насколько сейчас тебе дорого твое бренное, временное тело, настолько ты будешь ощущать, что они являются твоей вечной, совершенной душой, и вкладывать в них больше, чем якобы в себя.

Это возможно. Надо только увидеть правильное соответствие.

Творец не требует ничего того, что ты не в состоянии сделать. Но предлагает тебе изменить свою точку зрения, чтобы ты определил: то, что существует вне тебя, важнее, чем ты сам сегодняшний.

А где же здесь Творец?

Творец – это общая сила природы, которая все создала, разделила на две части и поэтому ставит тебе условие: «возлюби ближнего как себя». Это минимум, а на самом деле, ты должен возлюбить ближнего больше, чем себя. И тогда ты будешь заботиться о своей душе, о вечном своем состоянии, вечном потенциале, а не о себе животном, временном, ущербном. Таким образом ты придешь к совершенно другому ощущению мира.

НЕ РАДИ СЕБЯ

https://kabbalahmedia.info/ru/programs/cu/ypASjgjg

«Ради небес»

В каббале есть такое понятие как «ли шма», или «ради небес». Но если рассматривать Творца как природу, высший разум, а не какую-то личность, то непонятно, что значит делать что-то «ради Него»?

В каббале Творец рассматривается как свойство, закон, сила природы, а не какая-то личность. Это не персонифицированная особа, а сила, как сила притяжения или электростатические силы, действующие вокруг нас в виде полей.

Наука каббала говорит о том, что в мироздании существуют только две силы: одна из них – это сила, которая работает ради себя. Как правило, в природе есть притяжение и отталкивание. Но дело же не в этом, а в том, для чего я притягиваю и для чего отталкиваю. То есть за этой силой должна стоять какая-то мысль, какое-то намерение.

Я могу притягивать и могу отталкивать. И то, и другое может быть для моей пользы, и может быть для пользы вне меня, для пользы других. Действие вне меня, когда я принимаю во внимание не себя, а только пользу ради других, называется действием «ли шма» («не ради себя» или «ради небес»).

Субъективный расчет

Делать что-то не для своей пользы, ради других – это абсолютно субъективный расчет, мысль, намерение. Его не существует в природе нашего мира, в том, что мы знаем, с чем знакомы из того, что нас окружает.

То есть делать расчет и не принимать во внимание свою выгоду человек, родившийся в нашем мире, не способен?

Да, не в состоянии. Мы это видим по новорожденным. Понятно, что они – только в себе.

И дальше, пока человек развивается, до какого-то времени он постоянно желает все приобрести. Затем его желание угасает, он потихоньку замыкается в себе, думает только о том, как бы уберечь себя, продолжать существовать, насколько это возможно. Это уже к старости, к дряхлости.

Но все равно все намерения естественным образом, автоматически, как в компьютере, как в любой машине, заложены в нас так, что мы думаем только о своей пользе. И даже если мы приносим в жертву себя, свою жизнь, что бы то ни было, мы это делаем, исходя из нашего расчета, из нашей пользы.

Это внутреннее побуждение, мотивация, намерение, в общем-то, скрыто от человека. Частично он понимает, что делает это ради себя, частично нет.

Если вы поговорите с психологами, они вам, может быть, и скажут, что это делается человеком для его же пользы. А может быть, скажут, что какие-то действия он способен делать и не ради себя, абсолютно альтруистично. Тем не менее, согласно науке каббала, абсолютно альтруистичных действий нет. Мы ничего не делаем альтруистически.

Мир, не ограниченный эгоизмом

Если бы мы смогли выйти за пределы нашего узконаправленного намерения – делать всё только ради себя (сознательно и подсознательно, любыми усилиями, силовыми, какими угодно), – то начали бы ощущать мир не своими пятью органами чувств, а как бы чужими.

Восприятие мира через чужие органы ощущений дает нам совершенно иную картину – неэгоистическую, над-эгоистическую, которую мы называем «Высший мир». Ведь в той мере, в которой мы начинаем «выходить из себя», из своего намерения «ради себя» и включаться в намерение «не ради себя», мы обнаруживаем, что раньше мы обслуживали силу «ради себя», а сейчас обслуживаем силу «ради других».

Намерение ради других называется «ли шма».

Когда мы овладеваем этим намерением, то начинаем видеть мир другим, не зависящим от нас, вообще от нашего существования, от наших действий, желаний. Этот мир называется Высшим. Почему? Мы начинаем видеть силы, действия, которые над нами, выше нас, вне нас, потому как не ограничены нашим узким эгоизмом.

Эта возможность действовать в абсолютном виде не ради себя, что называется «ли шма», выводит нас на уровень вечности, совершенства и дает возможность существовать в ином мире, в ином пространстве.

А где здесь Творец?

Творец – это общая сила отдачи и любви, которая в этом случае раскрывается человеку, поскольку он начинает овладевать ею, «вне себя». В этой мере, частично, он начинает все больше и больше знакомиться с этим огромным полем, огромной силой, окружающей его в новом объеме, в новом мире, который называется «Творец».

Как постичь Творца

Творец – это первопричина. Я познаю́ какую-то силу, которая меня создала. Я – желание получать, и есть какая-то сила «желание отдавать». Для того чтобы постичь эту силу, я должен отдавать ближнему, то есть другому человеку?

Это действие является как бы обучающим действием, средством, чтобы вызвать на себя помощь этой отдающей силы, называемой Творцом, которая в таком случае просто переформатировала бы меня.

То есть напрямую с Ним контактировать нельзя, только через других людей?

Нет. А как ты можешь? У тебя нет никаких совместных с Ним общих свойств, черт, действий. Однако в той мере, в которой ты через группу других людей можешь научиться отдавать, ты начинаешь ощущать Творца в этих своих действиях.

Но тогда уже другие люди не нужны? Они как средство, и всё?

В принципе, другие люди нужны, потому что только через них я обнаруживаю Творца и могу быть связан с Ним.

А в конечном своем исправлении, когда абсолютно все мои желания и намерения инверсно исправляются с «ради себя» на «ради других», тогда я достигаю состояния своего полного исправления. То есть из абсолютного эгоиста, как сегодня, я становлюсь абсолютным альтруистом, как требуется от меня всей нашей эволюцией, которая в итоге нас к этому ведет.

Таким образом Творец, эта сила добра, сила доброго отношения, связи, любви как бы наполняет меня. Это означает, что я полностью постиг Высший мир.

Непонятно, почему каббалисты так скрыто писали об этом: «ради небес»...

Нет, они понимали, что значит «ради небес» – не ради звезд, не ради облаков.

Я считаю, что чем проще мы будем это объяснять и ближе к себе, тем лучше.

Но все равно это не близко. Когда человек начинает пытаться что-то сделать ради других, он тут же ловит себя на том, что думает ради себя: «А где же я? А что со мной? Что я от этого имею?» – и так далее. То есть он понимает, что здесь перед ним находится какой-то очень серьезный блок, препятствие, какая-то силовая граница, огромная психологическая проблема, которую он не может просто так преодолеть.

Вся суть каббалы именно в этом?

Только в этом! А больше нам ничего в нашем мире не надо. Мы страдаем в этом мире только для того, чтобы эти страдания подгоняли нас к изменению нашей природы.

То есть к изменению нашего намерения? Ради чего я делаю это действие?

Да. Удачи нам в этом!

«ИЗ ДЕЙСТВИЙ ТВОИХ ПОЗНАЮ ТЕБЯ»

https://kabbalahmedia.info/ru/programs/cu/6VHUVbiR

Исследовать мироздание

«Из действий Твоих познáем Тебя» — один из принципов исследования мира, применяющихся в каббале. Творец, или Природа, постоянно воздействует на нас. Как можно расшифровать и точно определить, что на меня влияет именно Творец, и как правильно реагировать?

Для этого нам надо действительно быть исследователями и не останавливаться на полпути.

Изучая мир, мы исследуем его через свои материальные органы чувств: зрение, слух, вкус, обоняние, осязание. Кроме этого у нас нет никаких других возможностей ощутить окружающую среду, в том числе и себя.

Но достаточны ли эти органы чувств, чтобы снабдить нас всей информацией о том, где мы находимся, кто мы такие, как можем себя менять, чтобы четко понять, кто мы и где мы? Это постоянно подвергается сомнению, но проблема в том, что ничего другого у нас нет.

Мы лишь понимаем, что не всё ощущаем, не всё познаём, ограничены в своих постижениях мира и даже плохо знаем самих себя. Различные науки, теории, методики как-то пытаются нам это объяснить, дополнить нашу ущербную картину мира. Но этого маловато, это нас не устраивает.

К сожалению, именно так живет человечество, делая скоропалительные выводы на сегодня и на завтра. Естественно, что оно постоянно ошибается, и все эти ошибки очень горьки и дорого нам стоят. Поэтому мы движемся от страданий к страданиям. И если хоть как-то, хоть немного избегаем их, то понимаем, что это временно. С каждым годом мы ошибаемся еще больше. Что делать? Это тот мир, в котором мы существуем, другого нет.

Каббала же говорит о том, что нам надо изменить себя. И тогда вместо имеющихся у нас пяти органов чувств мы сможем обрести еще дополнительный орган ощущений, дающий возможность почувствовать, что же находится вне нас. Не в нас, а вне нас.

Это совершенно другой подход. То, что находится вне нас, мы не ощущаем. Все наши чувства и земные приборы построены на том, чтобы впитать в себя нечто извне и, ощущая это, вызвать в нас индивидуальное, субъективное представление о том, что же так воздействует на нас.

А изучая каббалу, мы пытаемся выйти из себя и преуспеваем в этом. Развивая в себе орган чувств, который настроен не на абсорбцию влияния на меня окружающего мира, а на то, чтобы ощущать мир, не возмущенный мною, таким, какой он есть, и в мере расширения этой возможности выйти из себя. Я начинаю понимать, что здесь я имею дело с одной единственной силой, которая называется «Творец» и это все во мне определяет.

Когда я начинаю включаться в Него, я вижу, что мне, кроме этого, ничего не нужно. Выход из себя является единственной возможностью ощутить истинное мироздание, и это дает мне абсолютно все, что необходимо для правильного существования.

Познакомиться с Творцом

В любой науке ученые сначала выдвигают какую-то гипотезу, а потом уже выполняют действия и что-то раскрывают. А как это происходит в каббале? Как раскрыть, что на меня воздействует Творец?

Я нахожусь в каком-то поле, под каким-то внешним воздействием, — это мне ясно. Но как я могу войти в обоюдный контакт с этим воздействием, мне непонятно, это я хотел бы знать.

Дело в том, что мы пытаемся определить в наших земных свойствах и возможностях, какие силы на нас влияют и какие реакции в нас вызывают. Но всё это осуществляется обычными земными средствами.

А если мы, согласно каббалистической методике, развиваем себя, то стараемся так повлиять на силовое поле, в котором существуем, чтобы понять его, войти с ним в контакт и выяснить, какие мои воздействия на него вызывают определенные, адекватные реакции от него на меня. Та взаимность, которую я создаю своим влиянием на внешнее поле и этим вызываю изменение его воздействия на себя, и является предметом изучения науки каббала.

Каббала называет это внешнее поле, существующее вокруг нас, Творцом, поскольку раскрывает, что это и есть самая высокая, единственная сила, которая все создает и держит в себе. А нас, людей (кроме неживой, растительной и животной природы), называет творениями, и призывает к тому, чтобы мы развили чувство к восприятию Творца, смогли выйти из себя, начали ощущать и исследовать Его. Этим и занимается наука каббала, и это мы можем постичь.

По какому принципу из действий Творца, то есть воздействий на меня высшего поля, я смогу Его узнать?

По закону подобия свойств. Если я смогу менять себя, свои реакции, свои воздействия на Творца, то таким образом почувствую, как при этом Он влияет на меня. Каббала в этом отношении – та же наука, ничего другого тут нет.

Поэтому, изменяя себя, свои воздействия на внешнее поле, я в течение истории накопил достаточно реакций от него на себя. У меня уже есть какие-то данные, я их собираю, обрабатываю и могу вынести суждение о природе этого поля, о его поведении, о том, каким образом оно воздействует на меня, как я могу влиять на него. В этом и заключается вся наука.

Как расшифровать действия Творца?

Творец, Природа или высшее поле общается с нами через всевозможные материальные одеяния, физические и психологические проблемы. Если я хочу связаться с этой силой, то должен по закону подобия свойств уподобиться ей. По-другому я не смогу расшифровать, что она хочет от меня?

В общем, да. Познать это поле, его воздействие, его силу я могу только в той мере, в которой подобен ей. Тогда, вследствие своей ограниченности, создав неким образом Его свойства в себе, я смогу ощутить их и из этого вынести определенное суждение о природе Творца.

Не изменив себя, я никогда не смогу в своем эгоцентрическом мировосприятии расшифровать, что Он хочет от меня. А поскольку Он эманирует свойство отдачи, то я должен культивировать в себе это же свойство, и по мере его развития я смогу понять воздействие Творца на меня.

Поэтому из Его действий я смогу узнать Его? Не меняя себя, я не могу это сделать?

Нет, тогда вы даже не почувствуете, что Он воздействует на вас. Только в той мере, в которой вы станете обретать Его же свойства, в них вы начнете понимать, осознавать, оценивать, как Он влияет на вас. Как с электромагнитными волнами: мы можем их воспринимать, только если у нас есть прибор, улавливающий волны той же частоты.

Почему нельзя напрямую раскрыть Творца?

Почему невозможно напрямую раскрыть не только Творца, но и множество явлений в мире, кроме как через какого-то посредника?

Дело не в посреднике, а в том, как я могу создать в себе некоторое подобие этой силе. Из чего я могу создать такие состояния?

Поэтому в каббале говорится, что самое надежное – сформировать в себе детектор для обнаружения Творца. А это возможно только тогда, когда ты соединяешься с несколькими людьми и строишь с ними такие же отношения, как Его отношение к каждому из нас.

Мы не можем ощутить Его, в нас нет свойств отдачи, влияния, эманации. Но если мы в узком круге создаем между собой такие свойства, то в них начинаем раскрывать влияние на нас Творца.

Средство контакта с высшей силой

Почему нельзя напрямую контактировать с высшей силой?

Потому что каждый из нас эгоист. Для того чтобы создать в себе свойство отдачи, противоположное эгоизму, мы собираемся вместе и пытаемся так влиять друг на друга, чтобы создать некое подобие этому свойству, некое подобие Творцу. Мы как бы из себя эгоистических — насильно, над собой — создаем образ Творца. И в этой мере начинаем ощущать Его в себе.

Выработав в себе свойство отдачи, я смогу контактировать с Ним напрямую?

Только через эту группу. У тебя нет такого свойства — единоличного, своего. Ты остаешься эгоистом.

А если ты правильно связан с еще несколькими людьми, хотя бы еще с одним, — но это очень сложно, лучше с группой из десяти человек, — то, относясь к ним как к Творцу, в отдаче, в любви, в связи, в поддержке, вы вместе изучаете Его свойства, вместе пытаетесь их сгенерировать между собой. И тогда у вас получается не только детектор, но и генератор.

Выходит, что Творец — это собирательный образ?

Нет, это вы так делаете.

Тогда Он нас тоже не видит поодиночке?

О Нем мы не можем говорить. Мы можем что-то сказать, только исходя из той модели, которую создаем между собой.

Расширить рамки ощущений

Сегодня физики говорят, что вся действительность — это не материя, а информация. Мы живем в каком-то мире, и всё, что есть, несет нам определенную информацию. Она облачена в различные одеяния, то есть в то, что мы видим вокруг нас. Почему Творец так все создал? Разве нельзя напрямую увидеть какую-либо информацию?

А мы и в нашем мире видим, что это невозможно. Если мы желаем что-то почувствовать, то любое наше ощущение состоит из двух противоположных свойств: ощущающего и ощущаемого. Поэтому Творец создал нас противоположными Себе, чтобы мы смогли Его почувствовать, постичь, понять.

Законы природы не зависят от наблюдателя, они как бы неизменны. И все же, если мы меняем в себе наши внутренние свойства, то по-другому ощущаем законы природы? Тогда они даже меняются?

Конечно, меняются. То, что мы ощущаем, – мы ощущаем в себе. Если мы внутренне меняемся, то ощущаем изменяющимся и все окружающее.

То есть относительно моего природного эгоизма законы не меняются. Но, изменив работу с эгоизмом, я могу по-другому ощутить и законы природы?

Абсолютно. Я как бы выхожу за рамки этих законов. Происходит реализация истинной теории относительности: все относительно человека.

Имеется в виду относительно эгоиста, который ощущает мир пятью органами чувств?

И выше этого. Нам недостаточно пяти органов ощущений. В них мы чувствуем только наш мир, а это животные ощущения. Но поднимаясь выше этого, мы начинаем чувствовать над-эгоистические свойства отдачи. В них мы ощущаем изменяющееся высшее состояние мира. Это воспринимается выше наших животных органов чувств.

Существовать в любви

В физике есть всем известное явление – ядерный взрыв. Известно, что когда соединяют два протона, то они отталкиваются друг от друга. Если приложить определенную силу и, преодолев какой-то барьер, соединить их, тогда освобождается энергия и происходит взрыв.

С людьми происходит то же самое. В попытках объединиться между собой между ними сначала проявляется отторжение, но если они преодолевают этот барьер, то начинают объединяться и высвобождается энергия. Что это за энергия?

Это духовная энергия. Если люди преодолевают эгоизм, взаимное отторжение и стараются сблизиться друг с другом, то это уже совершенно иное состояние. Они начинают регенерировать между собой, обустраивать Высший мир, высшие отношения, свойство отдачи.

Это не притяжение и отталкивание, которые есть в нашем физическом мире, а свойства притяжения, которые мы должны создать над своими отрицательными, эгоистическими свойствами. В каждом человеке есть одно свойство – то, что считается эгоизмом, то есть желание насладить себя, которое может быть удовлетворено или сближением, или отторжением от чего-то, к чему-то и так далее.

Если мы пытаемся создать в себе свойство любви над свойствами эгоизма, то тогда начинаем ощущать, как можно существовать в свойстве любви. Такое существование и называется свойством Творца.

Случайны ли каббалистические раскрытия?

В науке много открытий делается случайно. То есть предполагается открыть что-то одно, а открывают совсем другое. Например, Колумб хотел открыть путь в Индию, а открыл Америку. Так же случайным образом были открыты пенициллин, темная материя и так далее.
Можно ли сказать, что раскрытия в каббале тоже случайны?

С одной стороны, человеку, занимающемуся каббалой, постоянно раскрывается нечто новое, неожиданное, непредсказуемое. С другой стороны, сам метод, по которому это раскрывается, известен. В нем только одно условие – подъем над собственным эгоизмом.

Причем раскрытие делает только тот человек, который совершает этот подъем. А то, что он постигает, нельзя увидеть и понять никому другому, если тот не сделает то же самое.

Обратный мир – мир любви

Что значит: «Обратный мир увидел я»?

Обратный мир – это мир любви, существующий на свойствах, обратных нашему миру, то есть на свойствах отдачи, любви, притяжения, работы над своим эгоизмом.

А наш мир работает только на эгоизме, на том, чтобы наполнить его. Поэтому Высший мир называется обратным нашему миру.

В каббале есть переход от «ло лишма» (ради себя) к «лишма» (ради других), когда из своих эгоистических свойств я делаю усилия и как бы приобретаю обратный мир.

Прикладывая эти усилия, я все равно получаю эгоистическую энергию, все равно пытаюсь раскрыть Творца для себя, ради себя. А потом, в какой-то момент Он мне дает силы сделать это чисто альтруистически, без всякой связи с собой. Это и является моей наградой.

В каббале нет места случайности

В физике есть такое явление, когда человек прикладывает какие-то усилия в одном месте, а раскрывает совсем другое. В каббале тоже есть такое?

Нет. В каббале этой как бы случайности нет. Человек знает, что он должен делать. Он всё время идет вперед, всё больше и больше вызывает в себе развитие свойств отдачи, любви, выхода из себя, подъема над собой. Это его движение, его направление.

Но хотя он говорит, что желает обрести свойство Творца, отдачу, на самом деле он ведь не хочет этого?

На самом деле – нет. Однако во время занятий к нему приходит определенная высшая энергия, так называемый окружающий свет, который помогает ему стать другим.

Здесь нет места случайности. Со стороны света внешнее воздействие обязательно возникает, и к нему мы, в принципе, стремимся. Если в науке мы не стремимся к чему-то вдруг раскрывающемуся нам, то здесь мы желаем именно этого.

СКРЫТИЕ И РАСКРЫТИЕ ТВОРЦА

https://kabbalahmedia.info/ru/programs/cu/u26xvoQx

Прятки с Творцом

Что такое двойное и одинарное скрытие?

Мы существуем в мире, где действует одна единственная высшая сила, которая называется «Творец». Она влияет на нас, управляет нами, мы находимся в ее полной власти. Но изначально мы ее не ощущаем.

Если человек начинает устремляться к ее раскрытию, то приходит к изучению науки каббала, включается в духовную работу, целью которой и является постижение Творца. Мы созданы для того, чтобы именно в этом мире, в этой жизни Творец был раскрыт каждым и всеми вместе.

Пытаясь постичь Творца, человек начинает чувствовать, что Он действительно скрыт. А до этого у него даже нет такого понятия, как «скрытие Творца». Поговорите с кем-либо на улице – у него нет потребности обнаружить Творца, что-то узнать о Нем, почувствовать Его. Так Творец играет с нами в прятки.

Понимая, что Творец от него скрыт, человек пытается хотя бы почувствовать, где же Он прячется и как. Постепенно из полного, двойного скрытия Творца он подбирается к одинарному, когда начинает ощущать, что Творец скрывается тут и там. Это определяется относительно его ощущений.

Например, если я чувствую себя плохо в этом мире, и, естественно, все мое самочувствие основано на том, как Творец относится ко мне, как Он определяет мое состояние, то я говорю, что Он скрыт от меня двойным экраном.

А когда я прихожу к одинарному скрытию Творца, то вижу, что Творец скрыт от меня, и это скрытие Его от меня является причиной моего плохого состояния.

Можно ли сказать, что двойное скрытие – это скрытие и в разуме, и в сердце, а одинарное – только в сердце?

Да. В двойном скрытии я не ощущаю Его вообще: ни в разуме, ни в сердце. Вернее, ощущаю на себе только какие-то отрицательные воздействия.

А при одинарном скрытии, в разуме я понимаю, что Творец Добрый, Творящий добро, что Он существует, но из-за своей эгоистической натуры я пока еще не могу его оправдать.

Между тьмой и светом

Допустим, я чувствую, что ни в разуме, ни в сердце не могу оправдать Творца. Но все равно, это ведь осознанное состояние?

Да. Здесь существует очень плавная градация, которая может переходить от двойного скрытия к одинарному, и снова двойному, и снова одинарному. Потому что когда мы идем вперед, все время исправляя свои ощущения, то исправляем их в подъемах-падениях, подъемах-падениях.

Подъемы и падения дают нам ощущение двойного и одиночного раскрытия Творца, а затем скрытия, а затем раскрытия. То есть эти состояния все время чередуются.

Несмотря на то, что скрытие меня отталкивает, и я не вижу Творца, не понимаю Его, все время нахожусь в каких-то сомнениях и противоречиях, я все-таки не оставляю эту работу и настаиваю на том, чтобы постичь и определить Его. Тогда Творец постепенно раскрывается мне.

Я начинаю ощущать, что все исходит от Него, и все имеет свои причины, которые специально так проявляются относительно меня, давая мне возможность быть и в двойном, одинарном скрытии, и в двойном, одинарном раскрытии, чтобы я все время ощущал контрасты между тьмой и светом. Ведь именно на этих контрастах я начинаю понимать, каков принцип Его управления мною, как я должен реагировать на это обратной связью.

В принципе, мне нужно достичь состояния, когда ни двойное, ни одинарное скрытие не будет заслонять Его от меня. Поднимаясь над собой в любой тьме, я буду ощущать, как надо вести себя правильно, и тьма ни в коем случае не будет отделять меня от Творца. Наоборот, она будет помогать, чтобы я, поднимаясь над нею, все равно был связан с Ним.

Чтобы скрытие не заслоняло Творца

Что происходит в раскрытии Творца относительно разума и чувств? Я полностью оправдываю Его или нет?

Естественно, что ты оправдываешь Творца. Но дело в том, что раскрытие осуществляется над скрытием, которое никуда не уходит.

Допустим, я что-то раскрываю в действиях Творца относительно себя. Он проявляется мне как Добрый, Творящий добро, ведущий меня к цели. А затем это от меня скрывается, и вступая в скрытие, я должен попытаться всеми силами вести себя так, будто нахожусь в раскрытии.

То есть скрытие не изолирует меня от Творца, а наоборот, дает возможность действовать так, будто я нахожусь в раскрытии.

Можно ли сказать, что я сам скрываю Творца?

Естественно. Мой эгоизм заслоняет Его от меня. А в состоянии раскрытия я не ассоциирую себя со своим эго и скрываю его от Творца.

Значит, в двойном и одинарном скрытии Творец скрывает Себя от моего эгоизма?

Тут есть очень много различных нюансов: или Творец скрывает Себя от меня, или скрывает меня от самого меня.

Дело в том, что любое состояние состоит из четырех уровней, и на каждом из них мы должны определять себя, как будто находимся в максимальном раскрытии. Какие состояния я бы ни проходил, я должен пытаться относиться ко всему, что со мной происходит, будто я в полном раскрытии, чтобы никакая тьма, никакое скрытие не понижало меня.

Равнозначность тьмы и света

Когда Творец раскрывается мне, и я Его оправдываю, относительно чего Он проявляется?

Относительно того, что я чувствую во всех своих свойствах. Я ощущаю в них правильное направление, правильное сопряжение, правильное движение к единому, цельному, абсолютно доброму состоянию.

Как определить, что я не в иллюзии? Может, мне только кажется, что я Его оправдываю?

Именно исходя из того, что я должен соединять в себе тьму и свет, плохие состояния и хорошие, оправдывать из плохих состояний и брать силы из хороших состояний, я двигаюсь вперед в средней линии, не во тьме и не в свете, а посредине, соединяя одну линию с другой. Из них я строю свое состояние.

То есть я строю свое отношение с Творцом так, чтобы всегда быть в состоянии, когда для меня равноценны и тьма, и свет. Таким образом у меня есть четкий ориентир, направление, как компас. Если тьма и свет для меня равнозначны, тогда я правильно ощущаю свое состояние и состояние мира. И у меня нет проблем, я точно знаю, что это не иллюзия.

ПЕРЕХОД МАХСОМА

https://kabbalahmedia.info/ru/programs/cu/c6tSqg5e

Махсом – переход из одного качества в другое

Термин «махсом» в переводе с иврита означает «перегородка», «барьер». Что значит «махсом» с духовной точки зрения?

Махсом – это переход из одного качества в другое, когда человек меняет свои свойства с эгоистических на альтруистические, с возможности работать только ради себя на действия ради других или ради Творца. Иными словами, его свойство отдачи превалирует над свойством получения.

Кто из каббалистов впервые применил этот термин?

Впервые я услышал его от своего учителя Рабаша. А потом этот термин встречался несколько раз у нас в первоисточниках.

Бааль Сулам писал, что это психологическая граница между двумя мирами?

Но это не просто психология, а ощущение твоего отношения к миру, изменение природы человека.

Трудно понять, как можно сделать действие без ожидания какой-то пользы для себя. Даже сегодня психологи говорят, что это невозможно.

Действительно, это невозможно. Но дело в том, что правильное применение сил природы, когда в человеке, кроме силы получения, начинает пробуждаться свойство отдачи, дает ему возможность владеть обеими силами и использовать их вместе.

Или сначала он переходит только на силу отдачи, что называется «свойство отдачи» или «вера» (эмуна), а затем уже может действовать с получением ради отдачи.

Духовный сюрприз

Махсом переходят все вместе, группой, или поодиночке?

В принципе, личность имеет очень большое значение. Поэтому в группе каждый проходит махсом по-своему, а не все одновременно. Но, с другой стороны, переход махсома хотя бы одним из десятки очень влияет на других.

Значит, махсом переходят поодиночке, но не исключен и одновременный переход?

Дело в том, что переход из ощущения нашего мира в ощущение еще и Высшего мира, сил отдачи, происходит постепенно. Это не рывок и не какой-то прорыв, а постепенный переход, в процессе которого в человеке меняется много разных основ. И поэтому говорить о том, что кто-то проскочил сейчас, а другой еще нет, мы не можем.

То есть этот процесс занимает много лет?

Нет, само действие довольно интенсивное. Оно не задерживается на много лет.

Получается, что это сюрприз для человека, когда ему вдруг что-то раскрывается?

Да. Любое духовное действие, по-новому раскрывающееся в человеке, становится для него сюрпризом. Он ощущает, что мир заполнен свойством отдачи и любви, свойством Творца, и чувствует к этому огромное влечение.

Выходит, разница между тем, кто перешел махсом, и кто не перешел, – в том, что человек, перешедший махсом, видит, как в мире действуют только положительные силы, он видит всё в розовом цвете?

Это не розовый цвет. Просто в мире существует одна положительная сила, которая действует в свойстве отдачи и любви.

А проявление эгоизма в нашем мире он тоже видит как положительное?

Он видит это просто как непонимание существования положительной духовной силы.

Постепенный переход в духовное

Есть ли связь между переходом махсома и переходом Конечного моря? Наверняка каббалисты описывали этот переход, только не называли его «махсом».

В общем, да.

Есть еще какие-то описания, в которых говорится о махсоме аллегорическим языком?

Дело в том, что выход человека из эгоистического свойства в альтруистическое, то есть переход из одного мира в другой, происходит постепенно. И здесь нельзя четко указать: сейчас это происходит так-то, а потом так-то. Это все связано со многими изменениями в человеке.

Можно ли сказать, что выход из Египта, когда оттуда ушла группа в три миллиона человек – это переход махсома?

Выход из Египта – это целый процесс, включающий переход Красного моря, затем через продолжительное время подход к горе Синай и получение Торы. А потом произошло разбиение скрижалей – вроде бы неудачный выход из эгоизма. Но мы видим, что иначе быть не могло, именно так они должны были выходить.

В общем, это всё переход. Ты не можешь отметить это какой-то датой или одним действием.

Меняешь намерение – меняешь мир

Вы часто говорите, что за махсомом начинается жизнь. Можно предположить, что именно за махсомом то место, куда попадают люди после смерти?

Нет. В каббале местом называется свойство. Наш мир – это свойство эгоизма, место его ощущения.

Можно сказать, что переход махсома идентичен изменению намерения человека?

Да. Это абсолютно точно. Если раньше все его намерения были только ради себя, ради своего эгоизма, когда он представлял себя в центре мира и все делал только для себя, то теперь он ставит в центр мира Творца и делает все только ради Него. Это совершенно иное ощущение.

Как каббалист видит этот мир, когда переходит махсом?

Каббалист видит мир как абсолютное добро, как отдачу и любовь, заполняющие абсолютно все пространство, и он существует в этих свойствах. Их раскрытие и есть раскрытие Высшего мира.

Что видит каббалист

Весь мир – система связей между неживым, растительным, животным уровнями природы и между людьми. Сегодня мы наблюдаем мир через эгоистические связи. Каждый ощущает их по-своему. А что видит каббалист?

Каббалист очень четко видит все связи: насколько люди отдают друг другу, заботятся друг о друге, связаны друг с другом. Ведь он видит это в мере своего исправления и потому ощущает весь мир как существующий в свойстве отдачи.

А далее у него постоянно происходят другие постижения, построенные на противоречиях со свойством отдачи и любви, когда ему раскрываются две системы: получающая и отдающая. И он должен работать так, чтобы совместить их.

Можно сказать, что человек, перешедший махсом, видит абсолютно все связи между людьми?

Это верно. Но он не будет ими пользоваться во вред самой системе, которая называется «Творец».

Завораживающее состояние

Человек, ощущающий свойство отдачи и любви и рассматривающий свое участие во всем человечестве как необходимое и желательное, постепенно приходит к тому, что это свойство начинает в нем превалировать. Таким образом он все больше приближается к отдаче.

Желая полностью обрести это свойство, он как бы молится, просит о том, чтобы оно действовало в нем, и таким образом приближается к махсому, к границе между двумя мирами, и проходит ее.

Это завораживающее состояние, поскольку мы действительно начинаем ощущать, что наш мир состоит из двух систем. Наша система, в которой мы сегодня находимся, сугубо начальная, слабенькая, специально создана для того, чтобы, исходя из нее, мы захотели быть в свойстве отдачи и любви вопреки своей природе.

Каббалисты говорят, что цель природы – перевести все человечество через махсом?

Да. Абсолютно всех и вся.

Дело в том, что наш мир, который представляется нам существующим, на самом деле иллюзорен. Он специально создан для того, чтобы мы пожелали выйти из него, выбрали бы следующий мир, следующее состояние – свойство отдачи, как самое необходимое, желательное.

Сколько времени может потребоваться на переход махсома?

Сколько времени может потребоваться на переход махсома?

Точно сказать нельзя. Может быть, несколько лет, а может быть и десятки. Все зависит от того, насколько человек вкладывается, насколько глубока его душа.

Если у него серьезная, глубокая душа, это значит, что у него огромный эгоизм, и тогда ему очень тяжело пройти махсом, выйти в ощущение Высшего мира, начать в нем исправлять себя и других.

А есть люди, которые проходили это довольно легко, даже за пару лет.

Как правило, это зависит от величины эгоизма души. Поэтому с тяжелым эгоизмом большая работа. Но зато потом эта душа может сделать очень многое в нашем и в Высшем мире.

Где существуют люди, перешедшие махсом? Сколько людей на протяжении истории перешли махсом? Это единицы, десятки или тысячи?

Миллионы людей. Но надо понимать, что это всё – процесс. Души – это не какие-то отделенные друг от друга кубики, а желания, которые постоянно перемешиваются, изменяются, соединяются. То есть это непростая интегральная система.

А где эти миллионы существуют?

Они существуют вне тел, в желаниях. Ведь самое главное – это желание. А тело представляется нам существующим в таком же ограниченном объеме, как наш мир. На самом деле материального мира нет. Только Духовный. Поэтому нам надо перейти в ощущение духовного мира и убедиться в том, что существует именно он, а не этот мир.

И все же, где пребывают люди после махсома, что они там делают, чем занимаются?

Они существуют в своих свойствах. А всё, что вне свойств, все виды неживой, растительной и животной материи (человеческой материи в нашем мире нет, она классифицируется как животная) воспринимаются только в наших земных ощущениях. В действительности этого всего нет. Меняются ощущения, и этот мир исчезает.

ОСОЗНАНИЕ ЗЛА

https://kabbalahmedia.info/ru/programs/cu/qPqtXpnB

Жизнь, лишенная настоящего наслаждения

Говоря об осознании зла эгоистической природы человека, мы исходим из постулата, что наша природа – это зло.
Зло – относительно какого-то эталона. Эталоном является Творец, или высшая сила, свойство которой – отдача. Мы как творение являемся обратными этой силе, поэтому относительно нее наша природа является злом. Можно ли так сказать?

Обычно мы приходим к этому не так. В принципе, мы не считаем нашу природу ни злом, ни добром. Просто мы видим, что в течение жизни из поколения в поколение люди зря проживают время. Они пытаются наполнить себя какими-то мелкими удовольствиями, но ни мы, ни наши дети, ни наши внуки не имеем настоящего наслаждения от жизни

Жизнь коротка. Более того, она сама по себе ущербна, несчастна, пуста. Поэтому пустая, короткая жизнь не является какой-то ценностью.

Из поколения в поколение она начинает ощущаться нами все больше не как подарок, а как несчастье, как что-то давящее на нас, какой-то злой рок, который навязал нам это существование. Не зря сказано, что счастливы те, кто не родились по сравнению с теми, кто родился.

Но все это происходит от того, что мы видим мир не таким, каким на самом деле могли бы его обустроить. На этой основе появляются разные теории, говорящие о том, что нам делать с собой и с нашей жизнью.

По броуновскому движению

«Всё, что есть в мироздании, как хорошее, так и плохое, и даже самое плохое и вредное в мире – имеет право на существование, и нельзя уничтожать его и совершенно истреблять с лица земли, ведь на нас возложена лишь задача по его исправлению и возвращению к добру».[1]

На протяжении истории происходили страшные вещи: чудовищные убийства, геноцид целых народов. Объясните, как самые плохие состояния помогают продвинуть человечество к высшей цели?

Дело в том, что мы состоим из одного очень яркого желания насладиться. Мы хотим чувствовать себя хорошо. А когда мы чувствуем себя плохо, это толкает нас к следующему, как нам кажется, лучшему состоянию. В нем мы некоторое время ощущаем себя выходящими из прошлого, но все равно чувствуем, что и в нем плохо. Оно тоже толкает нас к следующему состоянию. И так мы движемся постоянно.

В этом и есть наша судьба, наш рок, наша история, наше развитие и все, что происходит.

Как нам не двигаться вот так случайно, по броуновскому движению, от этого «плохого» к другому «плохому», третьему и так далее? Как мы можем заранее увидеть наш путь, чтобы двигаться от плохого к хорошему, а от хорошего к лучшему?

Этого не происходит. Бывают периоды лучше, периоды хуже, но, в принципе, ничего кардинально лучшего не происходит.

Поэтому у нас возникает проблема: что происходит с нами и с природой? Мы видим, как умная природа создала физические тела, разум, свойства, чувства и все прочее, то есть огромный супер-организм, в котором мы являемся маленькими, но очень противными букашками.

И все это для того, чтобы мы осознали зло нашей эгоистической природы?

---

[1] Бааль Сулам. Статья «Мир в мире». // Каббала Медиа. URL: https://kabbalahmedia.info/ru/sources/hqUTKcZz (дата обращения 21.05.21)

Не только. Очевидно, через это осознание мы можем прийти к изменению себя и в соответствии с этим к изменению всей природы. Ведь, с одной стороны, мы самые эгоистические существа в этом мире, а с другой стороны, самые активные, сильные, мощные.

Поэтому нам надо определиться, что мы можем делать с нашим великим потенциалом и с нашим огромным злым эгоизмом.

Герой тот, кто побеждает себя

Ваш учитель РАБАШ пишет, что герой среди героев – это тот, кто из ненавистника делает любящего[2]. То есть героем называется тот, кто побеждает свое злое начало. Глядя на других людей через свою эгоистическую призму, я вижу их низкими, а себя – возвышенным. Но если я прикладываю усилия, чтобы увидеть их возвышенными, то я становлюсь героем. То есть быть героем – это преодолевать свою естественную эгоистическую природу?

Да, герой – тот, кто побеждает себя. В принципе, кроме этого нам ничего не нужно. Если бы мы победили свою эгоистическую природу, то в этой мере мы просто вошли бы в состояние общего добра.

Дело в том, что природа создала нас эгоистичными, судящими обо всем в мере своей испорченности. Я всегда вижу в других отрицательные свойства. Поэтому мне нужно каким-то образом понять, что все эти свойства во мне. Это уже осознание зла.

Но если бы не было других, я никогда не увидел бы в себе эти отрицательные свойства?

Да, так же как любое животное.

---

[2] Рабаш. Статья 9 (1985). И толкались сыновья в утробе ее. // Каббала Медиа. URL https://kabbalahmedia.info/ru/sources/chcRilv6?language=ru (дата обращения 21.05.21)

То есть из кругооборота в кругооборот я живу, видя во всех отрицательные свойства и предъявляя ко всем претензии. А потом вдруг начинаю понимать, что это всё во мне?

Но такого понимания непросто достичь. Это раскрывают каббалисты, и они нам пишут об этом.

Читая их книги, мы начинаем понимать, что они говорят правду, но мы-то этого не видим. Они всё раскрыли чувственно и изложили в своих трудах, а мы пока еще это не ощущаем. Поэтому от того, что мы читаем, нам надо постепенно перейти к осознанию, что в природе действительно все создано так, и мы таким образом это воспринимаем.

То есть сначала мы обретаем знания, а потом понимание и чувственное постижение.

А как это происходит? Что значит «во мне»?

Все, что происходит в мире, происходит в твоем восприятии. А что есть вне, ты не можешь сказать. То есть мир рисуется в нас.

Представляете, сколько зла происходит в мире каждую секунду? И каббалист ощущает, что это всё из-за него?

Не только. Если копнуть глубже, это всё и есть я.

Я ничего не могу видеть кроме своего «я», своего желания. Все, что в нем происходит – это тот мир, который я постигаю.

Исправь себя и исправишь мир

Что такое исправление эгоистической природы человека?

В той мере, в которой я исправляю себя, я вижу в мире только хорошее.

Допустим, сейчас умерли от голода два миллионов человек. Каббалист это все не видит или видит по-другому?

Он это всё ощущает и чувствует, что он виноват в этом, потому что еще не исправил в себе все эти свойства.

А если он их исправил, то видит это явление как положительное?

Нет. Он понимает, что это все еще не исправлено, поскольку он не может полностью исправить все мироздание. Однако какую-то часть из него он исправляет.

Но у него нет ни к кому претензий? Все претензии к себе, так как он понимает, что еще что-то не доработал?

Только к себе. Исправь себя и исправишь мир.

РАБОТА С ПОМЕХАМИ

https://kabbalahmedia.info/ru/programs/cu/Ak3kN4yl

Помехи – условия для продвижения

В каббалистической практике все духовные состояния сопровождаются помехами. Какие бывают помехи и как их использовать, чтобы духовно продвигаться?

Наша жизнь состоит из вопросов и ответов. Так свыше управляют нами и практически всей природой.

Но перед неживой, растительной и животной природой всегда ставятся вопросы, на которые даются автоматические ответы. Поэтому вся природа, кроме человека, управляется инстинктивно.

А у человека между плюсом и минусом, вопросом и ответом возникает свое вмешательство в них, и в этом он должен разобраться. Он должен понять, что за вопрос каждый раз появляется у него, отнести его к природе/Творцу и попытаться найти правильный ответ.

Если он все время так позиционирует себя, то находится в правильном отношении к своей жизни, к природе, к Творцу. В итоге он проясняет, что любые вопросы возникают в нем только лишь для его продвижения, постижения, ощущения все большего понимания мира.

Всю жизнь мы так и продвигаемся: плюс-минус, левая-правая часть и так далее. Именно таким образом природа воздействует на нас. Поэтому на все якобы возникающие помехи мы должны смотреть не как на помехи, а как на вспомогательные условия, с помощью которых мы можем еще больше развиваться и подниматься.

Проблема общественных связей

Человек постоянно испытывает какие-то воздействия от неживого, растительного, животного и человеческого уровней природы. Есть ли разница в том, на каком уровне возникает помеха?

Для нас важней всего человеческий уровень, поскольку это та среда, в которой мы постоянно общаемся и затрудняемся правильно взаимодействовать между собой.

Конечно, у нас есть проблемы и с окружающей природой – неживой, растительной и животной. Но каждый человек в своей личной жизни очень мало с этим контактирует. Мы слышим об экологии, землетрясениях и других проблемах природы, но в принципе, не это ежедневно волнует нас.

Значит, самое главное – это животный уровень, то есть наше тело, его здоровье?

Естественно, нас волнует наше здоровье. Но с этим мы тоже потихоньку справляемся, насколько возможно. Здесь нет особой свободы воли, все зависит от уровня медицины того общества, в котором мы живем.

Главная наша проблема в основном сводится к тому, как нам правильно взаимодействовать друг с другом в семье, на работе, дома, на улице, в дороге – где угодно. То есть это проблема общественных связей.

Кроме того, немаловажны проблемы человека с самим собой: кто управляет его жизнью, ради чего он живет, держит ли перед кем-то ответ. Их и нужно решать.

Расшифровывать язык Творца

Все, что есть вокруг нас – это Творец, то есть система, в которой мы находимся, как в матрице. Поэтому каббалисты считают, что они находятся не в человеческом обществе, а в Творце, и каждому надо найти с Ним правильное взаимодействие.

Творец – это одна единая сила, которая всем управляет и постоянно играет со мной через окружающие меня объекты: неживые, растительные, животные и человеческие.

И тут я должен понять, как мне правильно реагировать на них. Для этого дана наука каббала, которая говорит, как через правильную реакцию на неживую, растительную, животную и, в основном, человеческую природу можно достичь такого состояния, когда за всеми объектами и явлениями я увижу единую управляющую силу, которая так разговаривает со мной.

Мне станет ясно, чего желает от меня Творец, и что я своей реакцией на четыре уровня природы могу транслировать Ему.

То есть надо каким-то образом научиться расшифровывать, что хочет мне сказать эта сила – Творец?

Да. И тогда я узнаю Его язык. Я услышу всё: птичек и животных, шелест растений, ветер и гул Земли.

Видеть во всем высшее воздействие

Все проблемы посылаются нам Творцом?

Это не проблемы, а воздействия на меня. Только я их, может быть, неправильно понимаю и поэтому считаю их ненужными, вредными. Но я должен понять, что все исходит от Творца, чтобы я верно настроился на Него обратной, правильной связью.

Значит, каббалист считает, что любую помеху, например, болезнь, можно расценивать как положительное воздействие Творца, способное продвинуть его вперед?

Обязательно. Все, что делает Творец, направлено на то, чтобы приблизить каждого из нас и всех вместе к Себе. Чтобы вся окружающая среда – неживая, растительная, животная и люди – не были для меня каким-то препятствием на сближение с Ним.

Надо приучать себя видеть во всем только одно Его высшее воздействие и постараться так же реагировать на это. А методика, как увидеть за всем одну единую силу – это и есть наука каббала.

ПРИНЦИПЫ ДУХОВНОЙ РАБОТЫ

НЕТ НАСИЛИЯ В ДУХОВНОМ

https://kabbalahmedia.info/ru/programs/cu/cB2bTLvA

Насилие или духовное возвышение?

В духовном развитии человека есть несколько правил. Одно из них – нет насилия в духовном.

Но как можно развиваться, если не получать какие-то сигналы управления: сигналы, управляющие тобой, и твои воздействия в обратной связи на других?

Когда мы можем определить, есть насилие или нет? – Только тогда, когда есть желание, и человека не принуждают поступать против его желания, а ставят в такие состояния, когда он вынужден сделать правильный выбор.

Ведь, в принципе, и в нашем мире можно сказать, что ребенка постоянно насилуют: «Иди в школу! Сделай то-то! Не грызи ногти! Не ковыряй в носу!», еще что-то.

Это насилие или воспитание? Чем отличается воспитание от насилия? Тем, что тебе объясняют, почему на тебя оказывают давление. Это уже называется воспитанием. И в каббале то же самое.

Самое главное, что происходит в каббале, – это собрание людей в десятку, когда ее руководитель, который не входит в саму десятку, а находится вне ее, говорит остальным, что они должны делать. И они, как по команде тренера, должны выполнять определенные действия, потому что хотят достичь определенного духовного состояния.

Поэтому насилие в духовном – это только насилие человека над собой. И оно может быть, наоборот, очень приятным состоянием, если он находится в коллективе, берет с него пример, коллектив помогает ему. При этом он использует зависть, ревность, воодушевление, возвышенность и так далее.

В таких положительных и отрицательных воздействиях одного на другого в десятке люди могут достигать состояний, когда не будут чувствовать, что каким-то образом давят на себя, а наоборот, все время находятся в духовном возвышении.

Поэтому если человек чувствует, что он поступает поневоле, под давлением, не желая, нехотя, – это говорит только о том, что он неправильно организовал свою духовную среду.

Добровольное развитие

Человек должен развиваться в духовном по своему желанию, радостно. Чувствовать, что даже те усилия, которые он делает над собой против воли, должны быть ему в радость.

Но это же против природы?

А человек, который взбирается на гору и страдает, когда ползет в гору, – это страдания или в радость?

Но он это делает по своему желанию.

И здесь тоже по желанию. Тебя никто не может заставить силой.

Допустим, мама может привести ребенка в какую-нибудь группу, как меня водили в музыкальную школу, чтобы я там занимался. А в каббале это невозможно. Если человек не хочет, если у него нет внутренних порывов, если он не чувствует, что должен сам себя внести в этот коллектив, то ничего не получится.

Творец не может нас заставить раскрыть Его?

Нет. Никак. Он может нас побудить к этому какими-то внешними условиями. И Он это делает.

Разве это не называется «насилие»?

Конечно, насилие. Но это же не в каббале. Это вообще во всем мире, во всем в нашей жизни.

Человек занимается для того, чтобы выйти из-под насилия, чтобы правильно понимать условия Творца и творения, самому взяться за это и самому участвовать в этом разумно, с желанием.

Когда он берет от природы силы, цели и делает их своими, тогда это уже не насилие.

К наивысшей гармонии

Что означает «нет насилия в духовном»?

Это означает «сделай цели Творца своими». И тогда не будет никакого насилия.

А до того, естественно, будет насилие. Так все устроено. В природе вообще нет такого состояния, чтобы что-то не давило на что-то. И не только у каббалистов, а у каждой букашки, у каждого творения на Земле. Даже неживое находится под властью каких-то вынуждающих сил. И это только для того, чтобы двигать всех к равновесию.

А есть такое состояние, когда на тебя ничего не давит, и ты в полной гармонии?

Состояние абсолютного покоя, абсолютного равновесия – это цель творения. Оно достигается именно уравновешиванием всех противоположных сил.

Ты находишься под властью множества сил, и ты постоянно пребываешь в их гармонии, постоянно поддерживаешь ее. Именно поддержание этой гармонии является твоей наивысшей гармонией, наивысшей радостью.

Это состояние покоя?

Покоя нет! Покой – это бесконечное, беспрерывное движение, которое ты постоянно направляешь к самому оптимальному состоянию для всей природы, для всех.

И когда человек достигает такого состояния, это называется, что нет насилия над ним?

Да. Когда у человека в руках – постоянно усовершенствовать равновесие всей природы, тогда это значит, что он не находится под насилием, а сам является определяющим, создающим, управляющим природой.

ДУХОВНЫЕ ПАДЕНИЯ И ПОДЪЕМЫ

https://kabbalahmedia.info/ru/programs/cu/emtZ6rvN

Критерии двух миров

В нашем мире каждый человек ощущает падения и подъемы в своем желании получать, то есть большее или меньшее наполнение, смену настроения. Это может происходить даже несколько раз в день, в зависимости от тех ситуаций, которые происходят в нашей жизни. А что такое падения и подъемы в каббале, на духовном пути?

Духовный путь – это путь к свойству отдачи, которое является основным свойством Высшего мира.

Наш мир построен на свойстве получения – эгоизме, а Духовный мир обратен нашему миру и построен на свойстве отдачи. Относительно него и происходят там падения и подъемы.

Если в нашем мире мы чувствуем их, исходя из того, больше ли я получил или меньше, выиграл или чуть-чуть проиграл, то в духовном мире – приблизился ли я к свойству отдачи или немного отдалился от него.

Кроме того, если в нашем мире мы можем работать с помощью эгоизма, больше приобретать, иногда чувствовать свою силу, силу разума, силу воли, силу достижения цели и в соответствии с этим ощущать себя на подъеме или в падении, то в духовном мире у нас нет силы, чтобы работать со свойством отдачи.

У нас даже нет понятия, что же это такое. Ведь когда я думаю об отдаче, я сразу же автоматически, подсознательно вычисляю: что мне это даст, какая будет выгода. А иначе мне нет никакого смысла отдавать.

Я не могу ни заставить себя, ни подумать об этом, настолько наша природа полностью эгоистическая. Поэтому самое главное в каббале – начать каким-то образом осваивать свойство отдачи, чтобы оно в нас стало работать. Это свойство существует вокруг нас и называется «Творец».

Все познается в ощущениях

Творец – это свойство Высшего мира. Основная Его характеристика – свойство отдавать.

Мы не можем говорить о том, кто Он и что Он. Мы говорим только о том, как мы Его воспринимаем. В той мере, в которой я начинаю ощущать свойство отдачи, я начинаю постигать Творца.

Это так же, как я не могу ничего сказать, допустим, о столе. Можно сказать, что он в моих ощущениях представляется мне таким-то. То же самое и о Творце.

Поэтому Творец называется «Борэ». «Бо» – «приди», то есть каким-то образом измени себя, и «рэ» – «увидь». «Бо-рэ» – «приди-увидь». Иными словами, все познается четко в наших ощущениях.

Наука каббала работает так, что образует в нас свойство отдачи, и в той мере, в которой человек уже ощущает его в себе, он начинает чувствовать Творца. У него возникают новые инструменты, так называемые «келим» («сосуды»), с помощью которых он ощущает Творца и Высший мир.

Падения и подъемы на духовном пути

Как стремление ощутить Творца связано с падениями и подъемами?

В нашем мире во мне постоянно, автоматически работает желание получать, и относительно него я ощущаю наш мир больше или меньше. А в духовном мире естественное мое желание – это желание отдавать, и относительно того, как оно во мне колеблется, я ощущаю свои состояния.

То есть большее ощущение Творца (свойства отдачи) – это подъем, меньшее – падение.

Естественно, что падения и подъемы в духовном мире совершенно отличны от падений и подъемов в нашем мире, потому что в духовном все они исходят из наших усилий. В материальном мире нам не нужны особые усилия, мы автоматически находимся в эгоизме – в свойстве получать. А в духовном мире, для того чтобы находиться в нем даже в минимальной мере, мы должны прилагать постоянные усилия, чтобы подниматься над эгоизмом в следующее свойство – отдачу.

Это особые, внутренние усилия, когда я осознанно привлекаю на себя высший свет, и он организует во мне новое свойство. Я не могу просто так автоматически существовать в отдаче, ведь в таком случае я снова падаю в эгоизм, который является нашим основным природным свойством.

Так же, как если ты хочешь, допустим, находиться над землей, ты должен прилагать к этому какие-то усилия. А как только усилие пропадает, ты снова падаешь на землю.

Но каббалисты пишут, что если человек перешел потенциальный барьер между двумя мирами, который называется «махсом», то он уже никогда не упадет в материальное.

Он все равно должен прикладывать постоянные анти-эгоистические усилия.

Получается, тяжело быть в духовном мире?

Нет, не тяжело. Всё зависит от того, насколько мы заботимся о величии Творца, о величии свойства отдачи. Если мы отдаем себя этой силе, ее важности, ее величию, то тогда это не тяжело и может быть постоянным.

Тем не менее, постоянным это будет тогда, когда мы станем прикладывать усилия. То есть приложение усилий можно сделать своим постоянным состоянием. И это приятные усилия. В мере ощущения величия Творца они становятся приятными.

«Смогу ли я отдавать?»

В нашем мире падения в основном ощущаются, когда человек боится, что он останется ненаполненным. А какие страхи возникают в духовном по отношению к этому свойству?

Страх: смогу ли я отдавать? Смогу ли я любить? Смогу ли я все время находиться в подъеме над своим эгоизмом? Смогу ли я выйти из Египта, из-под власти фараона (эгоизма)?

Но очень тяжело представить себе, как я сижу и думаю: «Смогу я отдавать Творцу или нет?» То есть я нахожусь в таком же страхе, как за свое животное тело? Это похоже?

Относительно. Но в принципе, по аналогии, можно сказать и так.

Надо просто войти в это, пытаться сделать частью своей жизни, и тогда все получится. Человек начнет понимать, что кроме нашего мира, кроме наших падений, подъемов, ощущений материального существования, есть еще и другое существование, другой мир, и в нем происходит то же самое, только уже в других категориях.

РАЗРЕШЕНИЕ ПРОТИВОРЕЧИЙ

https://kabbalahmedia.info/ru/programs/cu/t1YKTm0n

Слияние противоположностей

В рамках кратких объяснений о духовных состояниях, пути их следования, развития, нашей абсорбции этих состояний, надо рассказать о том, как каббала реагирует на противоположности, и как она позволяет их уравновесить.

В нашей жизни мы сталкиваемся с множеством противоречий, начиная от всевозможных физических воздействий (холод, тепло, давление, вакуум и так далее) до чувственных параметров: ненависть, любовь, радость, отчаяние и прочее.

Как нам уравновешивать эти состояния так, чтобы они не существовали в нас попеременно, а могли находиться в общей гармонии, то есть мы воспринимали бы их одновременно, хотя это кажется нам совершенно невероятным?

Наука каббала говорит о том, что она должна привести человека к состоянию совершенства. Она объясняет, что не может быть совершенства, когда оно существует только в одном состоянии, а в другом ощущается абсолютное несовершенство, противоположное ему. Не может быть совершенства в состоянии отчаяния, и не может быть совершенства в состоянии радости, если ему на смену приходит отчаяние. Так что здесь нужен совершенно другой подход, другое решение проблемы.

Этим и занимается наука каббала. Она видит свою миссию в том, чтобы все свойства человека, все его состояния собрать вместе и дать на них один большой, совершенный ответ.

А ответ заключается в подъеме выше всего того, что происходит между ними, выше хороших и плохих состояний, когда они не могут никаким образом соединиться, поладить между собой на любых уровнях, в чувствах и в разуме.

Их соединение происходит тогда, когда человек поднимается из эгоистического состояния в так называемую область веры выше разума, то есть начинает работать со своими свойствами в сторону отдачи, а не получения. Работая инверсно со всеми ощущениями, он воспринимает всё как абсолютное добро.

Это не так как в физике и вообще в нашей жизни, в наших отношениях друг с другом, когда возникают противоречия, и мы не знаем, куда деваться. Максимум, мы где-то посреди пытаемся найти золотую середину.

В каббале нет золотой середины. Каббала считает, что это порочное действие, когда мы и с одной, и с другой стороны сокращаем себя и считаем, что ничего другого сделать не можем, поднимаем руки, соглашаемся на какое-то среднее значение.

Мы должны выбрать не среднее, а максимальное значение из двух противоположных одновременно. Но когда мы поднимаемся выше своего эгоизма, тогда эти две противоположные системы становятся единым целым, потому что одна превращается в желание, а другая – в наполнение.

И тогда у нас возникает очень четкое ощущение, что таким образом возможно принятие абсолютно всех решений, а также решение абсолютно всех конфликтов. Именно в этом заключается методика приведения мира к совершенному состоянию.

И радость, и горе – совершенство

В нашем мире существуют два состояния. Получается, что я нахожусь или в радости, или в ненависти?

Да, на любом уровне, не обязательно чувственном. Это может быть и физическое, и любое состояние.

Не может быть одновременно и холодно, и тепло. Такого физически не бывает.

Но холодно или тепло ощущается относительно человека. А каббала говорит о двух физических параметрах, которые, в принципе, могут не иметь к нему никакого отношения.

Но все равно он должен привести их к состоянию, чтобы они дополняли друг друга, ведь одно не может существовать без другого. Поэтому только их совместное соединение является совершенством. Это не просто равновесие между двумя противоречиями, а третье, новое состояние.

Вы как-то приводили этому пример на вкусовом уровне: у всех овощей разный вкус, а если приготовить из них суп, получается нечто совершенно иное. Не могли бы вы привести пример, что такое разрешение конфликта?

В нашей жизни мы очень мало пользуемся этим. Допустим, мы проходим тяжелые страдания, а потом понимаем, что благодаря им пришли к состоянию света, радости, насыщения, наслаждения.

Так это же не происходит одновременно.

Конечно. Это может быть одновременно, только если мы начнем осознавать и осваивать духовные свойства.

Каббала позволяет нам одновременно чувствовать сладость и горечь, радость и горе. Поэтому в духовном мы можем ощущать соединение двух противоположных свойств, и оно, согласно каббалистическим вычислениям, дает нам ощущение в 620 раз большее, чем в материальном мире.

Что дает сочетание противоречий

В нашем мире мы можем ощущать сначала одно, а потом другое, то есть одно на фоне другого, но не одновременно. А каббала позволяет притягивать к себе одновременно и плохие, и хорошие состояния, одновременно осваивать их, одновременно соединять между собой и поэтому ощущать добрые состояния во много раз ярче.

В материальном мире невозможно постичь полностью какое-то физическое явление, поскольку мы не можем находиться одновременно в двух местах, не можем согласиться одновременно с минусом и плюсом, у нас происходят какие-то непонятные, невозможные сочетания, как это обычно бывает в квантовой физике, а каббала позволяет все это очень просто решать.

Представим такую ситуацию: мать наказывает ребенка. Он, естественно, страдает, но вместе с тем понимает, что она его любит и делает это ради его блага. Таким образом он ее оправдывает. В нашем мире это нереально. Тем не менее, можно ли взять это в качестве примера слияния противоположностей?

Это не совсем правильный пример, потому что человек, который желает идти верой выше знания, одинаково притягивает и отрицательные, и положительные свойства. Он понимает, что они могут проявляться правильно только на сочетании между собой и дают ему полную меру ощущения и постижения.

Задача каббалиста – правильно сопоставить отрицательные и положительные свойства и больше ничего. Он понимает, что отрицательного в природе нет, но оно ощущается таковым, поскольку еще не соединилось с положительным.

То есть у каббалиста вообще нет страха за себя или за других?

Практически нет. Конечно, он проходит различные состояния. Находясь между разными уровнями, он ощущает всевозможные отрицательные воздействия, но это только лишь на краткий период межуровневых состояний.

Самое большое наслаждение

Вы сказали, что разрешение противоположностей – это самое большое наслаждение в мире. Нет большего.

Да, так и сказано: «Нет большего наслаждения, чем разрешение противоположностей».

Противоположностью называется такое состояние, когда ты не можешь ничего решить, ты зажат в тисках. Ты не знаешь, где правда, где ложь, не знаешь, как себя вести. Но ты обязан разрешить это противоречие. И когда оно разрешается, то это ощущается как самое большое наслаждение.

А где Творец в этой картине?

Когда человек просит Творца помочь ему разрешить противоречия, тогда именно в их разрешении он постигает Творца. Для этого они и даются нам.

В природе специально заложены противоречивые состояния для того, чтобы мы пришли к такому ощущению, что нам необходим их общий источник – Творец. И тогда мы обращаемся к Нему, чтобы именно Он решил нам эти противоречия.

ВЕРА ВЫШЕ ЗНАНИЯ

https://kabbalahmedia.info/ru/programs/cu/1SZMfxhB

Начало постижения Творца

В нашем мире у всего человечества есть общее понимание, что такое вера: тебе что-то сказали, и хотя ты это не видел, не ощущаешь, не постигаешь, но ты в это веришь. А знание – это то, что мы постигаем в наших пяти органах ощущений.
Но в каббале рассматривается такое состояние, как вера выше знания. Что это значит?

В каббале все абсолютно не так, как в этом мире. Состояние «вера выше знания» приходит к человеку после периода довольно упорного труда, когда он начинает разбираться в том, что говорит каббала о нашем и о духовном мире.

Выполняя определенные упражнения, человек начинает чувствовать, что всё происходящее с ним исходит от какой-то высшей силы, высшего разума, высшей воли, и идет по определенной программе, которую можно назвать Творцом, желанием Творца, планом Творца. И тогда человек видит, что у него остается практически только одно действие в нашем мире – все свои ощущения связывать с Творцом. И постепенно он так делает.

Все происходящее вокруг него он приписывает высшей силе, причем не потому, что так сказано, а поскольку начинает ощущать, что в этом есть определенная тенденция, смысл и цель, чтобы во всех случаях жизни направить человека лишь на один источник – на Творца.

Как правило, человек начинает испытывать всевозможные неприятные ощущения, угрозы, страхи, поражения в своем эгоизме, гордости, самосознании. Он чувствует враждебность мира к нему, исходящую из различных источников. И тут за всеми этими источниками он начинает видеть определенную систему сил, называемую «Творец», которая таким образом «окучивает» человека так, чтобы он был направлен на Него.

То есть за всем многообразием неживой, растительной, животной природы есть какая-то сила, план, программа, есть единый источник.

А сама сила скрыта от человека. Она специально проявляется ему в таком виде, чтобы он обратил взор в ее сторону. Куда в ее сторону? – Пока непонятно. Просто во всем, что делается с ним, он привыкает видеть единственный источник.

Прилагая к этому усилия, человек как бы поднимается на другой уровень отношения к происходящему в мире, к мирозданию – в так называемую «веру выше знания».

То есть знание – это то, что человек может ощутить в своих пяти органах чувств в нашем мире, как все остальные люди. А вера – это способность относить все происходящее с ним к следующему уровню, к определенной силе, которая таким образом постепенно воспитывает его.

Первоначально это просто ощущение, ведь человек еще не постигает точно сам Источник. Он не может сказать о нем ничего кроме одного, что это Источник, который посылает ему все испытания. И над этими испытаниями тот же Источник помогает человеку обратиться к Нему.

Таким образом Он направляет человека к Себе: «Обрати на Меня внимание. От Меня ты все получаешь. Я единственный управляющий в этом мире. Я единственный, властвующий над тобой, над всеми твоими действиями, состояниями, мыслями, чувствами, над всем окружающим тебя, над всей вселенной. И всё, что воздействует на тебя, исходит от Меня».

Это начало постижения Творца как источника всего происходящего, когда именно в критических состояниях возникает необходимость в чем-то большем, и человек не понимает, что с ним происходит, почему и как. Это всё поражает и запутывает его.

И тогда, в результате очень больших внутренних смятений, вдруг пробуждается ощущение, что это исходит от Высшей силы.

Где постигается Творец?

Как можно оправдывать Творца в любой ситуации? Я же не могу себя обманывать, особенно когда злюсь или ощущаю отсутствие наполнения.

Если человек, который до этого абсолютно никак не относился к Творцу, начинает ощущать именно в страданиях, в противоречиях, в противоположных Творцу свойствах и действиях Его присутствие, то это и есть оправдание Творца.

Где ощущается Его присутствие? В этом мире я вас вижу, слышу, понимаю через свои материальные органы чувств. А где постигается Творец?

Это следующий орган чувств, который не связан с материальными органами ощущений. Он находится над ними и является их корнем. То, что мы ощущаем в наших чувствах и разуме, исходит из более высокого уровня. Поэтому называется верой выше знания.

В этих корнях можно слышать Творца и видеть Творца. Это разные виды постижения?

Конечно, видеть и слышать – разные виды постижения. Это мы видим также и у пророков. Есть такие из них, которые говорят с Творцом, и есть которые видят Творца: «Я слышал» или «Я видел».

Понятно, что это всё аллегория, ведь Творец – это вся природа. Тогда как с Ним разговаривать?

Смотря на каком уровне происходит постижение Творца. Поэтому человек, который находится на какой-то определенной стадии, говорит: «Я слышал. Я видел. Мне был голос. Мне было ви́дение».

И все-таки, что это: природа, вселенная, все силы?

Это постижение следующего информационного уровня природы, который находится выше наших пяти материальных органов чувств.

От личного постижения к всеобщему объединению

У каждого человека свой Творец?

Да, каждый из нас ощущает Творца по-своему и постигает Его индивидуально. А затем происходит объединение, и мы приходим к тому, что у нас один Творец. Смысл и цель творения в том, чтобы объединяться.

Творец ведет нас одинаковыми путями. Передо мной сидят несколько сот учеников, которым я рассказываю о том, что мы должны сейчас изучать и постигать в себе. И каждый из них ощущает это в своих органах чувств и над ними. То есть в каждом пока происходит индивидуальное постижение Творца. Но постепенно оно складывается вместе в десятки, в сотни, в тысячи.

Это как в нашем мире. Если мы говорим: «Это стол», – у нас есть общее понимание, что это стол. Так же и с Творцом?

То же самое. Поэтому я говорю в общих словах, но каждый все равно постигает индивидуально, в себе. Затем эта индивидуальность пропадает, потому что мы начинаем соединяться между собой через единый источник. Если бы у нас не было одного источника на всех, мы вообще не могли бы объединиться.

Поэтому в нашем мире, когда сегодня люди уже должны объединяться, чтобы выполнить программу творения или спастись от проблем, единственным спасением является устремление к Творцу и объединение через Него.

Нет ничего сильнее веры

Рассматривая понятие «вера выше знания», можно сказать, что знание – это то, что мы постигаем в наших органах ощущений. А вера – это корень, источник, от которого исходят и знания, и все воздействия на нас.

Это настолько четкое постижение, когда сильнее веры ничего нет. Знания находятся под верой. Даже то, что я ощущаю, мне ни о чем не говорит. Главное – что я поднимаюсь на уровень веры и вижу источник того, что ощущаю в знании, в моих органах чувств.

То есть ощущение веры в каббале намного четче, чем то, что я сегодня ощущаю пятью материальными органами чувств?

Конечно. Ты начинаешь постигать источник своих ощущений: что управляет тобой, что именно ты чувствуешь. Ты ощущаешь в своих пяти органах чувств этот мир, а Источник, который строит тебе этот мир, представляет тебе его. Поэтому для тебя это важно.

Источник – это то, что было до Большого взрыва?

И до Большого взрыва, и вообще. То есть это единственная высшая сила, которая всем управляет, все держит в себе. Это происходит постепенно, и мы к этому идем.

ВЗАИМНОЕ ПОРУЧИТЕЛЬСТВО

https://kabbalahmedia.info/ru/programs/cu/KvoC5KRZ

В общей сети связи

В науке каббала мы изучаем, а затем и раскрываем, что все творение, все, что есть в нашем мире и в существующем вокруг нас мире сил, который мы называем Духовным, – это лишь одна общая сеть связи.

Эта общая, взаимная, поддерживающая, дополняющая друг друга сеть связи называется «душа». О ней мы только и говорим: как раскрыть ее между нами, как увеличить, как войти в нее разумно, чувственно, управлять ею. Это и есть постижение души.

В раскрытии этой связи мы начинаем обнаруживать силу отдачи и любви, называемую «Творец». Это, в принципе, всё, чем занимается наука каббала, и вообще всё, что может сделать человек, – в течение жизни в этом мире постичь Творца, постичь душу, то есть сеть сил, в которой мы все находимся, и через которую полностью взаимосвязаны.

В ответе за всех

Для того чтобы ощутить сеть связи между нами, мы должны находиться в состоянии взаимного поручительства. Что это за ощущение – я ответственный за других?

«Я ответственный за других» означает, что я свою часть в этой сети должен выполнить так, будто я полностью отвечаю за нее.

Это говорит о том, что каждый из нас со своей точки, со своего узелка в этой сети, является управляющим ею. Она управляется через меня, через тебя, через него, через каждого. Но именно исходя из его специфической личной точки. Поэтому каждый ответственен за нее, то есть за весь мир.

Это ощущает каждый человек. В мере продвижения к этому состоянию он начинает чувствовать, что он постигает эту сеть, эту душу, и она является его внутренним состоянием.

При этом каждый несет ответственность, чтобы все вместе были собраны в одну единую сеть связи, и по этой сети распространялось свойство отдачи и любви.

То есть я ответственный за то, чтобы другим людям раскрылся Творец?

Да.

Каковы состояния, которые сопровождаются ощущениями Творца?

Теплые, взаимные состояния: ощущение вечности, совершенства, взаимной поддержки, взаимного участия. То есть это совершенно противоположно тому, что мы обычно ощущаем в нашем мире.

А если я не всегда могу быть ответственным?

Это постигается постепенно и называется процессом исправления человека.

Но я вижу, как другим людям плохо: болезни, войны. То есть я ощущаю, что я ответственен за это? Это же страшно.

Страшно или нет – об этом нет речи. Говорится о том, истина это или нет.

Когда человек начинает постигать, что сеть общей связи зависит от него, это значит, что у него одновременно с этим появляется возможность питать ее доброй силой.

Поручительство за связь между нами

Люди не смогут раскрыть высшую силу, если я не поручусь за них. А в чем заключается мое поручительство?

В том, что ты берешь на себя, как старший, как более опытный, все состояния, все возможности, чтобы привести их тоже к связи с собой и со всем миром.

Мы взаимно связаны друг с другом. Это взаимное поручительство исходит из интегральной системы, в которой мы находимся. То есть всё состояние вселенной, миров, – это лишь одна, единая, интегральная система.

И каждый из нас действует, исходя из той точки, где он находится в этой сети, как паук, который плетет паутину. Каждый из нас – маленький паучок, от которого зависит правильное функционирование всей сети. Я со своей точки, ты со своей, он со своей и так далее. Если все мы правильно взаимодействуем, сеть достигает максимального, совершенного состояния.

Это можно сравнить с нашим организмом, в котором разные органы как бы поручаются друг за друга.

Да. Абсолютно по той же системе.

Только в организме это происходит неосознанно, запрограммированно. А мы должны это сделать осознанно?

Мы должны осознанно привести эту неисправную систему к правильному состоянию, когда все мы взаимно поручаемся друг за друга, дополняем друг друга.

В чем причина, что такую важную информацию никто не знает? Почему так заложено программой?

Когда мы рождаемся в этом мире, мы ничего о нем не знаем. У нас есть родители, воспитатели, учителя, которые нас обучают. Мы живем, существуем, как-то так развиваемся и только затем, с 15-20 лет, начинаем творчески, может быть, практически относиться к миру.

То же самое здесь: и в частной духовной жизни, когда человек приходит в каббалу и начинает ею заниматься, и во всем человечестве, которое проходит тысячи лет своего развития.

И только в наше время, начиная с XX века и далее, мы входим в состояние, когда можем уже раскрывать эту систему, законы, по которым она существует, и начинать понимать, как нам действовать, чтобы привести эту систему к полному равновесию. А до этого мы были как дети – развивались неосознанно.

То есть можно сказать так, что закон поручительства – это закон существования живого организма?

Да.

ЗАВИСТЬ

https://kabbalahmedia.info/ru/programs/cu/FA5lTB8s

Зависть как ускоритель продвижения

Откуда появляется чувство зависти? В чем его причина?

Обычная зависть между людьми – это эгоизм, когда я завидую тому, что есть у другого. Неважно даже, если это есть и у меня, и я удовлетворяюсь этим, и мне хорошо. Всё равно, когда я вижу это как что-то доставляющее другому удовольствие, то завидую его удовольствию. Это и есть беспричинная зависть, беспочвенная зависть – неважно какая.

То есть это следствие нашей эгоистической природы?

Конечно.

Если рассматривать зависть как ускоритель, помогающий мне наполнить мои желания, то как это работает?

Такую зависть надо специально вырабатывать человеку, занимающемуся каббалой, чтобы он завидовал другим каббалистам, поскольку они могут наслаждать Творца и производить больше действий отдачи и любви.

Глядя на них, он возбуждается и тоже желает еще больше продвинуться в свойстве отдачи и любви к людям, и через них к Творцу.

Разница между белой и черной завистью

В чем разница между белой и черной завистью?

Белая зависть – это когда я, завидуя другим, не мешаю им, а только учусь от них.

Такая зависть может быть относительно эгоистической, если, глядя на то, как другие рвутся в науку, в искусство и т.п., я завидую им, и это двигает меня вперед. То есть я не хочу им навредить, наоборот, даже может быть – я такой сознательный, что желаю, чтобы они еще больше преуспели, а я за ними тоже подтянусь.

Черная зависть – это когда я хочу преуспеть в чем-то, но вижу, что не могу, и поэтому, чтобы не быть отстающим, я делаю всё, чтобы другие упали и не преуспели. Тогда я не двигаю их вперед и сам не продвигаюсь за ними. И даже если я двигаюсь, все равно не желаю, чтобы у них что-то было.

Как развить положительную зависть?

Как развить положительную зависть к товарищам?

Это очень непросто даже в обычной жизни, не говоря уже о каббалистической группе. Завить должна каким-то образом двигать человека, возбуждать его, побуждать к каким-то действиям.

Иногда это происходит естественно. А как сделать, чтобы это происходило осознанно?

Кроме правильного окружения, группы, кроме правильной обстановки, я не вижу никакого другого средства, чтобы возбудить в человеке зависть – и плохую, и хорошую. Смотря в какой он компании.

А что должно быть в этом окружении? Какие механизмы там работают?

Глядя как другие устремляются вперед, как они наслаждаются, как показывают мне добрые, хорошие примеры к нужной цели, во мне возбуждается добрая зависть, появляется сила движения, и я иду вперед.

А если я этого не вижу?

Все зависит от того, как они тебе это показывают.

Значит, надо даже искусственно организовать такие взаимоотношения, демонстрировать важность цели? И даже если ее на самом деле не существует, то я все равно буду ав-

томатически завидовать? Потому что я не знаю, играют они или нет.*

Есть такая древняя притча, когда богатый человек нанимает людей, которые бы так играли вокруг его сына, чтобы возбудить в нем стремление к знаниям, к профессии, к движению. Это возможно. Ведь, чтобы быть хорошим музыкантом или кем-то еще, мне нужен какой-то пример. Если такие примеры есть передо мной, то потом всё окупается. Стоит в это вкладывать.

А если я не ощущаю зависть по отношению к другим людям, о чем это говорит?

Ты не сможешь продвигаться. Если ты родился в деревне и пасешь коров, то ты так и останешься на этом уровне. Тебе обязательно нужно какое-то движение!

То есть группа должна постоянно показывать мне какие-то преимущества того, что принесет мне раскрытие Творца?

Да. Но есть отдельные личности, у которых от природы есть такое давление, и они стремятся к этому.

Завидуй, даже ревнуй!

Вы считаете, что зависть – это положительное качество?

Да! Без этого человек не может двигаться!

Даже если она вначале эгоистическая?

Все равно он движется вперед.

А если человек уже перешел махсом и может уравновесить в себе обе силы – альтруистическую и эгоистическую, какая там тогда зависть?

Зависть хороша в любом виде. Она движет человека вперед. Она развивает его эго до такой степени, когда он понимает, что с эгоизмом нельзя продвигаться, и начинает исправлять его на альтруизм.

А есть такое понятие: завидовать Творцу?

Но это уже особый пилотаж. Здесь нужно не ошибиться, что значит завидовать Творцу.

Завидовать Ему надо, потому что Творец – это свойство абсолютной отдачи и абсолютной любви. И если ты Ему завидуешь в этом, то очень хорошо – завидуй, даже ревнуй.

РАДОСТЬ

https://kabbalahmedia.info/ru/programs/cu/ww17pSxI

Радовать Творца

Одна из самых положительных эмоций, которую мы выражаем – это радость. Удовольствие от съеденного бутерброда, от дружбы с товарищами, от выигранной медали на олимпиаде и так далее мы называем одним словом: радость. А от чего радуется каббалист?

Каббалист испытывает радость, когда может достигнуть подобия Творцу в том, что через людей оказывает на Него доброе влияние, производит доброе действие.

Обычно это делается так: чем больше люди соединяются между собой, тем больше их возможность получить высший свет, высшее ощущение, раскрытие Творца в объединении между собой. И тогда в них возникает радость, потому что в своей связи они ощущают Творца и чувствуют, как при этом наслаждают и радуют Его. То есть радость каббалиста исходит из того, что он радует Творца.

Под Творцом подразумевается высшая положительная сила природы, которой, в принципе, ничего не надо от нас. Это только мы ощущаем так, что она радуется. Просто мы объединяемся для того, чтобы дать возможность этой силе наполнить нас.

Чему радуется каббалист?

Если каббалист видит, как совершенно разные люди объединяются и в связи между собой раскрывают силу, называемую «Творец», то это доставляет ему радость. А если люди просто объединяются, без раскрытия Творца?

Когда люди объединяются не ради доброго участия, доброй цели, то это проявляется как отрицательное отношение к Творцу.

Допустим, они объединяются для того, чтобы послушать симфонию или посмотреть футбол...

Если при этом они не преследуют цель кому-то навредить, то тогда это тоже хорошо. Когда мы с моим Учителем проезжали мимо стадиона, где проходил футбольный матч, и оттуда слышался шум, он всегда говорил: «Это место надо уважать, потому что игра доставляет людям радость».

То есть любой вид объединения, который наполняет людей, называется радостью, и этой положительной эмоции радуется сам каббалист, глядя на них?

Да. А если он своим участием сам вызывает такие эмоции в других, тогда, естественно, он радуется своим положительным результатам.

Рабаш пишет, что радость всегда можно добавить. Нет такого состояния, когда человек говорит: «Всё, мне достаточно»? Ему постоянно чего-то не хватает?

Да, потому что у нас нет абсолютного наполнения, полной радости. В принципе, мы хотели бы достичь такого состояния, но оно чисто утопическое.

Самые острые ощущения радости

От какого состояния человек находится в большей радости: от ощущения прошлых наслаждений, настоящих или будущих?

В принципе, прошлые наслаждения, какими бы они ни были, всегда ограничены, потому что остались в прошлом. Эти чувства собраны, сформированы и находятся в определенных четких ощущениях. Настоящие ощущения могут быть очень радостными, но поскольку человек в данный момент находится в них, он не может их пока правильно оценить, ведь они довлеют над ним, управляют им, властвуют. А теми радостями, которые он может испытывать в будущем, он может пользоваться практически безгранично. Желательно, чтобы он притягивал себя к будущим радостным состояниям.

То есть самые острые ощущения радости – от будущего состояния наслаждения, удовлетворения?

Да. Потому что оно впереди, и оно ничем не ограничено.

Работать над собой, чтобы быть в радости

В каббале считается, что радость – это показатель правильного пути…

Речь идет о каббалисте: если он движется правильно, то находится в радости.

Как мне быть в радости, если я – эгоист, а Творец требует от меня каких-то альтруистических действий?

Значит, тебе не хватает веры – свойства отдачи, свойства принадлежности к группе, к Творцу. Но когда ты пытаешься войти в них, раствориться в них, то испытываешь радость, что тебе есть куда войти, в чем раствориться, чему отдаться.

Допустим, я учусь-учусь и все равно не ощущаю радости?

Значит, ты не работаешь над этим. Это большая проблема.

А как работать?

Представлять себе, что ты находишься в таком состоянии в группе, в мире, когда у тебя есть все для того, чтобы достичь раскрытия Творца, и Он этого ждет, этого желает. Ты один из немногих избранных, которых Он привлекает к Себе.

Но это же против закона природы. Как в моих эгоистических свойствах может быть радость от духовных состояний, природа которых обратна моей?

Дело в том, что надо получать радость не от внутреннего света (ор пними), а от окружающего (ор макиф) – от будущего состояния, к которому ты стремишься.

Представь себе, что через месяц тебе предстоит путешествие в какую-то страну, где ты еще не бывал, тем более с товарищами. И от этого у тебя уже сейчас ощущение радости. Когда ты думаешь об этом, тебе приятно, ты радуешься будущему.

Вот так надо представлять себе все наше будущее, потому что оно действительно огромно, приятно и заполняет все.

Почему каббалисты радуются падениям?

В каббале есть такие состояния, как падения и подъемы. Говорят, что каббалисты радуются падениям. Почему?

В результате опыта, практики и каббалистического стажа каббалист начинает понимать, что его падения предшествуют следующему большому подъему. Поэтому он радуется падению так же, как и подъему. Он понимает, что без этого невозможно. Ведь падение – это просто раскрытие большего желания, в которое затем он получит наполнение.

Еще в каббале есть понятие, что сама работа должна вызывать радость, и это является проверкой. Человек испытывает радость не от будущего состояния, не от пользы, которую получит от чего-то, а именно от самой работы?

Да. Там, где я нахожусь, я должен стараться жить не будущим, а настоящим. Если сейчас я так же привязан к Творцу, к товарищам, и выполняю свою задачу по реализации цели творения, тогда я и сейчас нахожусь в прекрасном состоянии и ничего большего не желаю.

Если я в каждое мгновение чувствую себя в абсолютно хорошем состоянии, значит я действительно нахожусь на верном пути.

Как учиться отдаче без примеров?

Что такое действие «ради Творца»?

«Ради Творца» означает, что я пытаюсь, используя себя и своего товарища, достичь такого состояния между нами, когда мы устремились бы к абсолютной взаимной отдаче, взаимосвязи и любви настолько, чтобы раскрыть высшую силу, которая существует в природе, кроме нашего эгоизма.

То есть, если я делаю действие и жду какую-то выгоду, то это не называется «действие по отдаче». А если я делаю что-то без всякой выгоды для себя и при этом еще наслаждаюсь, то это считается отдачей?

Все равно выгода есть. Она в том, чтобы производить само действие отдачи.

Есть ли этому какие-то примеры?

В нашем мире – нет.

А как учиться без примеров?

Пытаться их выразить между собой в группе. Поэтому мы должны быть в группе себе подобных, чтобы как-то культивировать эти действия, внедрять между собой, оперировать ими.

Почему так все устроено, что нет примеров? Если Творец хочет, чтобы я отдавал, пусть покажет, что такое отдача.

А где ты это увидишь?

Допустим, в обществе.

Так нет такого общества! Оно всё испорчено!

Пусть каббалисты покажут пример...

Ты не сможешь видеть альтруистические действия, потому что будешь оценивать их в мере своей испорченности. Единственное, что нужно сделать, как советуют каббалисты, взять и начинать реализовывать между собой такие отношения. Хотя они еще не находятся в ваших желаниях, но вы можете делать их в своих действиях. Это называется «выше своих желаний».

Начинайте относиться друг к другу так, будто вы и правда находитесь в доброй связи, в любви, в отдаче, во взаимопомощи. И тогда убедитесь, как это влияет на вас и тянет вперед.

Допустим, я нахожусь в городе, все жители которого являются каббалистами и постигающими, альтруистами, а я один – эгоист. И я не смогу увидеть их правильные взаимоотношения?

Если каббалисты не демонстрируют это, то ты не увидишь. А если это простые люди, которые играют между собой в отдачу и помощь друг другу, то ты увидишь и продвинешься вперед.

То есть от меня скрыто само намерение. А почему нельзя это показывать?

Чтобы ты просил увидеть и реализовывать это. Поэтому каббала называется «тайная наука». Ты должен этого захотеть. Ты обязан искать соответствующее окружение, создавать его, впечатляться им и тогда постепенно обретешь свойство отдачи.

ТРЕПЕТ

https://kabbalahmedia.info/ru/programs/cu/9m0k5v3L

Разница между трепетом и страхом

В чем разница между трепетом и страхом?

Трепет – это осторожность, отдаление, ощущение чего-то неясного, может быть, не очень осознанного, угрожающего чему-то, как-то, но еще не определенного. Это как бы сумеречные состояния. Такая тревожность бывает у многих, и иногда трудно сказать, отчего, почему и зачем.

А страх – это уже абсолютно четкое, конкретное ощущение в человеке: чего я боюсь, почему, в каких обстоятельствах можно это испытать, как можно этого избежать и так далее.

Трепет, в основном, относится к духовным состояниям?

Это можно отнести и к духовным, и к обычным состояниям людей.

Бояться или трепетать?

Что такое «трепет перед Творцом»?

Трепет перед Творцом – это ощущение осторожности в общении с Ним. Ты понимаешь, что это Абсолют, и если ты к Нему являешься, то только с какими-то предложениями, с какими-то желаниями, которые были бы достойны того, чтобы обратиться к Нему; чтобы невозможно было обратиться с пренебрежением или с чем-то неважным. Это должно быть что-то очень особенное.

То есть правильно сказать: трепет перед Творцом, а не страх перед Творцом?

Нет, сначала трепет. Как советует каббала, при этом ты должен понять, что Творец, в принципе, отвечает только на одну просьбу человека – на то, чтобы он развил в себе свойство отдачи, свойство любви к ближнему, которое есть у Творца. То есть просил бы подобия Творцу.

А вообще нужно бояться Бога?

Нет, бояться не нужно. Надо трепетать. Боязнь возникает оттого, что ты хотел бы Его избежать. Это нехорошее свойство.

А трепет необходим. Ведь ты все время находишься в поиске, каким же образом я могу приблизиться к Творцу, обратиться к Нему, получить от Него какие-то свойства, реализовать их, чтобы быть ближе к Нему.

Постоянно обращаться к Творцу

Правильно ли постоянно обращаться к Творцу? Или только по делу, когда есть какие-то очень тяжелые моменты?

Надо сделать так, чтобы всегда было по делу. Чтобы всегда была причина обратиться.

Искать для этого причину?

Не искать, а действительно двигаться вперед, и тогда у тебя все время будут причины обращаться к Творцу. Он заинтересован в том, чтобы к Нему обращались постоянно.

И Он способен воспринять все просьбы миллиардов людей одновременно?

Мне кажется, да. Мы же находимся в полной Его власти, и всё зависит только от наших желаний, от наших просьб.

Страх – движущая сила

У человека существуют сотни видов страха. Можно ли любой недостаток, который ощущается во мне, интерпретировать как страх?

Нет, страх – это абсолютно конкретное ощущение боязни за свои незаполненные желания, вплоть до желания жить.

Страх – это положительное чувство, эмоция?

Нет отрицательных эмоций и желаний. Все зависит от того, как мы их используем.

Если у человека нет страха, как он может двигаться вперед? У него должен быть страх, чтобы не остаться в этом состоянии, а достичь цели, продвинуться, сделать из себя более исправленное существо. Это всё необходимо ему.

Есть разные уровни страха. Например, страх перед болезнью и страх, что ты не сможешь насладить Творца – это же разные виды страха?

Конечно. Но все равно, они должны быть обращены к одному источнику – к Творцу.

То есть в каббале нет такого, как обучают в психологии, что надо избавиться от страха?

В каббале каждый раз надо строить новый вид страха, который бы двигал тебя вперед. Человек не может продвигаться только положительными силами. Ему необходимы еще и отрицательные силы.

Отрицательные силы толкают его сзади, положительные – влекут вперед.

Где проявляется Творец?

Есть ли такое понятие, как страх, что ты не сможешь насладить товарищей, не сможешь быть поручителем за них в группе единомышленников?

Это хорошие виды страха, очень продвинутые, серьезные. Без этого нельзя.

А вообще есть страх как бы напрямую по отношению к Творцу? Или это все время проходит только через людей?

То, что формируется между товарищами в каббалистической группе и потом соотносится к совокупности того, что они ощущают внутри себя, называется «Творец».

То есть ни одно чувство я не могу выразить по отношению к Творцу напрямую? Оно должно пройти только через группу, через общество?

Да. Потому что Творца нет. Это то, что вы раскрываете между собой. Если раскрываете, то Он для вас есть. Если не раскрываете, Его для вас нет. Вы должны формировать этот образ. Поэтому запрещено что-то изображать, ведь такого образа не существует! Это свойство, это сила.

Кроме того, ты и силу не сможешь никак изобразить. Ее вы начинаете сами формировать между собой из ваших взаимных действий. Она и будет называться Творцом. Поэтому сказано: «Вы строите Меня. Вы делаете Меня».

Но все равно, даже если человек не ощущает Творца, он видит, что кто-то создал этот мир, что есть какая-то программа, существует какая-то высшая сила, высший разум...

Но эта высшая сила неуловима. Относительно чего человек увидит ее?

Да, но она существует.

Конечно, но проявиться!.. Одно дело, что она существует, а другое дело – раскрыться относительно нас. Она раскрывается нам в той мере, в которой мы раскрываем ее. А мы ее раскрываем только в мере подобия. А чтобы достичь подобия ей, мы должны правильно соотноситься друг с другом.

Например, вокруг нас существуют электромагнитные волны. И чтобы их ощутить, я должен настроиться на ту же частоту волны.

Точно так же с Творцом. Существует какой-то Абсолют, высший разум. Но чтобы Он проявился, я должен создать в группе единомышленников соответствующие отношения.

То есть я должен изучить Его свойства и эти свойства попробовать проявить внутри группы?

Об этом тебе рассказывают каббалисты. А если у тебя существует ощущение, что ты не можешь это сделать или делаешь недостаточно для того, чтобы Творец проявился, – это называется трепет.

ПРАВДА И ЛОЖЬ

https://kabbalahmedia.info/ru/programs/cu/sTc0a2Px

Как определить правду и ложь?

Бааль Сулам пишет, что нет ничего более возвышенного, чем правда, и ничего более низкого, чем ложь. Как мы можем определить категории «правда» и «ложь» в нашем мире? Где здесь правда? Ведь у каждого она своя.

В этом-то и проблема. Поэтому мы в нашей жизни ни на что правильно не сориентированы и все время подменяем ложь правдой и правду ложью.

А где найти этот эталон? Что или кто является эталоном?

Об этом говорит только наука каббала. Мы видим, как все религии, философии, психологии идут вразнос. И так – весь мир.

Действительно. Нет какого-то общепринятого согласия, что это – правда.

Никакого. Ты можешь даже пройтись от уголовного, процессуального и всяких других кодексов, от страны к стране, и увидишь, что у всех разные понятия правды и лжи.

Но если это естественно, может быть, это правильно? Кто сказал, что должно быть одно понятие правды?

Если где-то живут индейцы, где-то эскимосы, где-то африканцы, и они не связаны между собой, тогда это нормально. А если Земной шар становится круглым, и все общаются между собой, и всем нужна какая-то общая основа, чтобы понимать друг друга, то для этого нам нужен практически один закон.

Это так же, как физические законы. Например, закон гравитации на всех один, и ни у кого не возникает с ним никаких проблем. Это естественно. Такими же должны быть и общественные законы. Но поскольку мы эгоисты, то каждый хочет подмять законы под себя.

Природные законы мы не можем никак переделать. А общественные законы нам даны, чтобы мы могли их все время адаптировать к себе и к правде. Поэтому сказано: «Справедливость ищи».

Долго ищи, всю жизнь ищи, из поколения в поколение, и постепенно будешь продвигаться. Тогда у тебя будет общество, которое станет по-настоящему двигаться вперед.

Каждый – со своей правдой

Сказано, что ложь заложена в основу творения, в наше желание получать.

Конечно. Если я думаю о том, чтобы мне было хорошо, то при этом я преследую только одну цель. Мне не важно – правда или ложь, мне важно, чтобы мне было хорошо. У меня совсем иной ориентир, совсем иная установка. И поэтому в таком состоянии каждый – со своей правдой, и каждому кажется, что он прав.

Если мы станем выяснять, для кого что важнее, то у каждого будет что-то свое.

Действительно, для кого-то важнее свобода, для кого-то равенство. Поэтому получается, что в мире есть правые и левые.

И самое главное, что они друг друга не понимают. Не понимают, что есть что-то общее. Они не хотят прийти к этому общему.

А что говорит каббала? Есть что-то среднее?

Есть высшее.

Ради объединения

Если в мире нет ничего лишнего, значит должна быть и ложь?

Различные мнения между людьми – это прекрасно. Проблема в том, что они не умеют работать над этой разницей во мнениях, чтобы прийти к общему знаменателю.

Какой совет им можно дать?

Советов нет. Надо уметь подниматься над своим эгоизмом во имя объединения, которое должно быть самым важным для нас.

Здесь не важны ни правда, ни ложь. Их нет вообще! Есть мои естественные побуждения. Я могу считать их правдой, могу считать ложью – неважно как. Но выше всего должно быть объединение.

То есть лгать ради объединения общества – это оправданно?

Да. Принимать во внимание только единство. Если я отменяю себя перед всеми, пригибаю себя перед всеми, то в итоге достигаю наилучшего состояния для себя и для общества.

Сказано, что истина произрастает из земли. Почему?

Потому что я иду, исходя из самого низшего уровня – эгоизма, и хочу достичь самого высшего уровня – альтруизма. Это движение вверх должно быть строго вертикальным и постоянным. Так надо воспитывать себя. И тогда мы действительно достигнем хорошего объединения между собой на высшем уровне.

Во имя чего каббалисты могут лгать

Каббалисты тоже лгут?

Да, но только во имя объединения, во имя достижения особой цели.

Нам в нашей жизни не хватает понимания, в чем заключается самый высший эталон, то есть цель природы, которая создала нас именно такими.

А цель в том, чтобы привести нас к абсолютному объединению между собой, чтобы мы были все как одно общее целое. Причем я должен видеть это общее целое, понимать его законы, обычаи, побуждения, и таким образом воспитывать себя.

При этом, как пишет Бааль Сулам, сохраняется индивидуальность каждого, и одновременно с этим ты устремляешься к общему целому.

Под общим целым имеется в виду какая-то общая цель, общая истина?

Общая цель – объединение, поскольку, согласно каббале, мы раскрываем, что таким образом становимся подобными Творцу. Именно в нашем общем единстве. Все разные, и все объединены.

В мире нет примеров объединения, поэтому тяжело понять, что это такое. Это какое-то чувственное отношение к ближнему?

Да, отношение «возлюби ближнего», когда его желания я ставлю выше своих. «Возлюби ближнего как себя» делает человека элементом общего целого, и через это он начинает ощущать Творца.

Это состояние достигается определенным количеством действий, выполняемых человеком?

Да. Отменой себя, видением того, что общество выше тебя.

«Сладкое – горькое» – естественный анализ

В каббалистической литературе, особенно у Рабаша, очень много написано о таких состояниях, как анализ «сладкое – горькое» и «правда – ложь». Что это за категории?

Это два вида анализа: через сердце и через разум. У нас есть всего две системы – чувственная, называется «сердце», и умственная, называемая «мозг», «разум», «голова». Через них мы пропускаем обычно всё, что воспринимаем, и к чему хотим как-то относиться.

Анализ «сладкое – горькое» проходит через сердце, а «правда – ложь» – через разум.

«Сладкое – горькое» – это естественный анализ. Его мы видим даже у младенцев, у которых еще совсем не развит умственный анализ.

А что это? Например, если мне хорошо – это сладкое?

То, что мне хорошо – хорошо. А насколько будет хорошо через минуту, ведь может быть, от этого будет плохо – для меня неважно, в данный момент я чувствую хорошо.

То есть это программа? Я приближаюсь к чему-то хорошему и отдаляюсь от чего-то плохого.

Да. Это следствие анализа. Одновременно мы должны запустить анализ «правда – ложь». Может быть, это будет сладким, но вредным. И наоборот: горьким, но полезным. Вот таким образом мы можем двигаться.

Но самое главное, как мы сопоставляем эти два вида анализа: умственный и чувственный.

Анализ умственный и анализ чувственный

Можно ли сказать, что анализ «правда – ложь» осознанный, а «сладкое – горькое» нет?

Да, анализ «сладкое – горькое» природный, неосознанный, в то время как «правда – ложь» зависит от моего развития.

А общество может мне его навязать?

На это влияет тысяча причин. На умственный анализ можно действовать очень многими средствами. А на чувственный подействовать очень трудно, поскольку он телесный. Можно, конечно, но это длительный процесс, словно человек привыкает к каким-то вкусам, запахам, ви́дениям.

Он как бы входит в другую ментальность. Допустим, переезжая в другую страну, мы не можем согласиться с тем, что там есть, но постепенно привыкаем, и это входит в наше естество.

Мы начинаем чувствовать: это приятно – это неприятно; это сладко, а это горько, и все оттого, что тело привыкло. Точно так же, как домашние животные привыкают к тому, к чему мы их приучаем.

То есть в нас существуют два вида анализа, и вопрос только в том, как мы их согласовываем между собой. Самое главное – научить человека все время пытаться развивать свой умственный, разумный анализ, чтобы исследовать чувственный и понять, хорошо это на самом деле или нет. Ведь то, что я делаю, может быть сладко, но вредно, а может быть горько, но полезно.

Допустим, вы мне сейчас говорите, что для того, чтобы раскрыть Творца, надо объединиться в группе с товарищами. Раскрытие Творца, я думаю, для меня приятное ощущение, а объединение с товарищами – горькое.

Раскрыть Творца для меня сейчас – это очень горько. Это чувство абсолютной любви, абсолютной связи, абсолютной заботы о других. Творец скрывается от нас именно потому, что в противном случае мы оттолкнули бы Его руками и ногами, и никогда бы не подумали привязаться к Нему. Поэтому лучше, когда Он скрыт.

Единственная истина

Что такое истина?

Истина – когда я понимаю, что все во мне относительно: и вкусы – плохие, хорошие, сладкие, горькие; и разум – верно, неверно, истина, ложь.

Ничего абсолютного нет, кроме одного: Творец – это наш корень, свойство полной отдачи, а мы, творения, – Его следствие, противоположное Ему свойство получения.

Только эти две субстанции – желание отдавать и желание получать – существуют в абсолютном виде. Все остальное абсолютно относительно.

Раскройте, попробуйте и убедитесь

Согласно каббале, я могу взять свойства Творца как Абсолют, и относительно Него проводить анализ «сладкое – горькое», «правда – ложь». Единственная проблема в том, почему я должен верить, что Творец – свойство отдачи? Я же это не ощущаю, не вижу.

И не надо. Дело в том, что это не какая-то теория, которую мы пытаемся кому-то навязать. Мы никого не завлекаем, а просто предлагаем людям посмотреть, как каббала объясняет устройство мира, устройство человека, его взаимодействие с миром. Как она объясняет природу человека, природу общества. Каким образом предлагает нам прийти к наиболее комфортному состоянию.

Это все понятно. Но, например, в каббале говорится, что человек – это желание получать. И в принципе, каждый может себя проверить. Даже за несколько месяцев занятий ты понимаешь, что нет ни одного действия, которое ты делаешь ради кого-то. Всё – ради себя, все только для того, чтобы получать. Это ясно. Но что Творец – это свойство отдачи и любви, где это можно увидеть?

Об этом сказано: раскройте, попробуйте и убедитесь.

То есть это надо взять как аксиому?

Конечно. Вы должны развить свои свойства и чувства настолько, чтобы начать Его ощущать. Есть вещи, которые мы не ощущаем, например, общую силу, действующую вокруг нас как какое-то излучение, которое в естественном виде я не могу почувствовать. Но мне предлагается развить такие сенсоры, с помощью которых я начну ощущать Творца.

Точно так же ученые, еще задолго до того, как изобрели микроскоп и обнаружили разные микробы, взяли как аксиому, что должны быть какие-то маленькие элементы. То же самое и с Творцом?

Да. Для того, кто не постигает, это всего лишь предположение.

ГОРДОСТЬ

https://kabbalahmedia.info/ru/programs/cu/rhXKVMRo

Чем гордиться на пути к Творцу

Сказано: «Не могу Я быть с гордецом в одном месте».[3] *То есть Творец говорит, что там, где гордость, не может быть света. О чем идет речь?*

Гордость – очень особое чувство, когда человек оценивает себя относительно окружения, но, в принципе, относительно Творца. Он считает, что может что-то указывать, как-то управлять, воздействовать на Творца.

Относительно людей это тоже проявляется, но по-другому. Ведь я могу казаться им гордецом, но на самом деле я пытаюсь им помочь, предотвратить какое-то несчастье и поэтому указываю, давлю на них. Таким образом, эти ситуации надо рассматривать специфически в каждом отдельном случае.

А относительно Творца гордости быть не может. Наоборот, надо принижать себя, чтобы получать от Него всё бóльшие духовные свойства. Только низший получает от высшего.

При этом можно гордиться, но смотря чем. Тем, что ты все время работаешь над принижением перед Творцом, чтобы получать от Него, поскольку лишь таким образом ты можешь доставлять Ему наслаждение.

Есть ли в Творце гордость?

Есть ли в Творце гордость?

У Творца нет свойств, присущих человеку, потому что у Него нет желания получать. Он специально создал в нас гордость, зависть,

---

[3] Бааль Сулам. Предисловие к книге Паним Меирот уМасбирот. // Каббала Медиа. URL: https://kabbalahmedia.info/ru/sources/DrsQS1MO (дата обращения 21.05.21)

ненависть, для того чтобы мы правильно реализовывали желание получать. Это и есть исправление.

То есть гордость – это нормальное состояние?

Это очень хорошее свойство, если им правильно пользоваться. Самое главное – цель, которая определяет средство. А гордость, зависть, стыд – это все средства. Так и сказано: «Возгордится сердце его на путях к Творцу».

Иными словами, я могу гордиться тем, что высшая система выбрала меня, для того чтобы я тянул за собой остальных.

Гордость без оснований

Какая гордость считается отрицательной?

Когда я горжусь без всяких на то оснований. Я не привожу других к цели, не приближаю их к ней. А чем мне гордиться относительно них? Тем, что я такой? Но это не зависит от меня. Поэтому гордость не на свой счет.

Допустим, я горжусь тем, что меня так создал Творец.

А для чего Он тебя создал? Что ты реализуешь при этом?

Но ведь я тоже как-то приложил усилия...

Это другое дело. Ты приложил усилия к тому, чтобы быть особым человеком. А теперь вопрос: в чем ты особый? По тому, как ты ведешь себя относительно остальных людей и относительно Творца, ты и можешь себя оценить.

Человеку самому по себе гордиться нечем. В процессе изучения каббалы он понимает, что все его отрицательные и положительные свойства даны ему свыше, и свыше дан нам анализ, как правильно использовать их.

Положительная гордость

Любовь к самому себе – это гордость?

Любовь к самому себе – это даже не гордость, это просто эгоизм. А гордость – когда человек что-то извлекает из себя и считает, что это возвышает его над остальными.

Я могу гордиться тем, что преодолеваю свою природу, свои естественные свойства? Допустим, я нахожу в себе силы, которые получаю благодаря своим усилиям от группы. Таким образом я горжусь, что у меня есть силы поднимать важность товарищей, цели?

Если это важность товарища, важность цели, важность Творца, то есть всё, что направляет нас к цели творения, тогда, конечно, это положительная гордость. Именно о ней сказано: «Возгордится сердце на путях к Творцу».

Кого можно назвать героем?

Кто называется героем?

Творец.

Но в каббалистических источниках написано, что героем называется человек с разбитым сердцем.

Это другой тип героя, когда, несмотря на все проблемы, он преодолел трудности и смог достичь подобия Творцу. Его геройство измеряется в том, что он сумел превозмочь все препятствия на своем пути.

Как преодолевать гордыню?

Как преодолевать гордыню? Есть какой-то метод?

Только в группе, когда ты нивелируешь себя относительно нее. Ты – ноль по сравнению с товарищами. Это самое верное, потому что относительно Творца мы не можем аннулировать себя, ведь мы Его не видим, не ощущаем. А относительно группы это проще всего.

Гордость может выражаться в том, что я думаю, что кто-то другой должен измениться, а не я? А на самом деле я сам должен измениться, а не пытаться менять других?

Да, но это уже высокий пилотаж. Дело в том, что я ощущаю мир так, как я́ его ощущаю. Поэтому если я горжусь чем-то, значит, я неправильно смотрю на мир. Правильное видение мира – когда я сам по себе самый низкий, ноль, и вообще имею право на существование, только если я направлен на высшего, на Творца.

Гордись тем, что ты работник Творца

Я могу гордиться тем, что нахожу в себе силы делать добрые дела людям? Или это Творец дал мне силы совершать их?

Вы сами ответили на свой вопрос.

На самом деле, правильный анализ приводит нас только к Творцу. Поэтому если я понимаю, что связан с Ним, и Он дал мне силы, дал мне разум, направил меня на правильное действие, то я горжусь тем, что Он мне это дал, через меня это сделал. Он – внутри меня и управляет всем.

Если это все делает Он, то получается, что вообще нечем гордиться?

Есть. Тем, что в своей группе ты создаешь условия правильной системы, чтобы Творец через тебя исправлял остальных. Ты и есть та машина, тот механизм, через который Он все исправляет. И ты гордишься тем, что ты работник или раб Творца.

То есть я – как проводник, а Он – как электрический ток, который проходит через меня?

Да. Но для этого надо сделать себя таким. Из абсолютного эгоизма достичь такого состояния, когда Творец лепит из тебя все, что Он хочет, а ты при этом аннулируешь свое «я» и готов на любые Его действия в тебе.

СТЫД

https://kabbalahmedia.info/ru/programs/cu/EyBzZHfC

Как зарождается стыд

Что такое стыд, о котором сказано, что это своего рода творение?

Есть Творец (свойство абсолютной отдачи) и есть творение (свойство абсолютного получения). Связь между ними заключается в том, что творение желает получить то, что исходит от Творца. Так оно создано.

При этом творение может абсолютно не ощущать самого Творца, а только то, что идет от Него, как новорожденный ребенок, который все получает от родителей. У него нет стыда: он просит, требует, хватает, пользуется своим естественным желанием получать, наполнять себя.

И вдруг в нем возникает состояние, когда он ощущает отличие между природой родителей и своей природой. Тогда он начинает понимать, что он получает, а родители отдают. А до этого он просто знал, что родители дают, а он желает получить, но не производил никакой оценки: это хорошо или плохо, чем лучше получать, чем лучше отдавать. Он не чувствовал между получением и отдачей никакого качественного отличия. И вдруг он начинает это ощущать.

Он выходит в мир. Если он постоянно с родителями, то может и не почувствовать эту разницу, разве что только в том случае, если они его воспитывали, отдаляя от себя, показывая, что это – да, это – нет, над этим ты должен работать, это ты должен заслужить.

Но выходя в мир, мы общаемся с более широким внешним кругом и начинаем понимать: «Это мне можно, это нельзя – не так, как с родителями. Я получаю – я должен отдавать, то есть обязательно работать, чтобы получить какое-то вознаграждение», – и так далее. Тогда уже возникает ощущение получения и отдачи, высшего и низшего, зависимость одного от другого.

Это может быть просто в наполнении, а может быть в ощущении качества, особенно когда есть высшие свойства и низшие – такие, которые приняты в природе, в обществе.

Тогда выясняется, что у меня есть свойства, которые общество восхваляет, и свойства, которые оно порицает. И получается, что я начинаю оценивать себя критически. Так возникают всевозможные сложные анализы самого себя.

Получается, что стыд появляется не оттого, что я получаю, а оттого, что я противоположен или каким-то общественным ценностям, или Творцу?

Да. Если я ощущаю другого выше себя, а себя ниже, и это идет от того, что в окружающем обществе так принято, то я испытываю особое отношение к своему эгоизму, который является основным моим свойством – желанием получать.

Я начинаю чувствовать, насколько мой эгоизм унижает меня. Ощущая себя ниже других, мое эго страдает, но не оттого, что получает меньше или больше, а оттого, что на моральный уровень ниже другого.

Это и есть стыд! Я стыжусь своей природы. Но что интересно, это не та природа, в которой создал меня Творец, а мое сегодняшнее состояние. Я отношу его к себе. Я не могу отнести его к Творцу. Оно зависит уже от нас двоих.

Но Он же создал меня таким.

Он создал во мне желание получать. А я стыжусь того, как я его использую.

Стыд – нейтрализатор эгоизма

В первоисточниках пишется, что Творец сказал: «Я создал злое начало»[4]*. Что это такое?*

Эгоизм. А когда мы говорим: «начало», – и оно злое, то кто это свидетельствует? Сам человек, сам носитель эгоизма.

---

[4] Рабаш. Записка 267. Торой создан человек. // Каббала Медиа. URL: https://kabbalahmedia.info/ru/sources/5rLu9Be5?language=ru

То есть то, что я получаю – это нормально. Но то, что я использую остальных ради себя, этим я противоположен Творцу?

Все зависит от того, как ты сам это оцениваешь. В этом проявляется стыд по отношению к Творцу.

Получается, что стыд не возникает в неживой, растительной и животной природе. Он проявляется только в человеке?

Только в человеке, и то не в каждом. Природа постепенно развивает нас, пока мы не начинаем это ощущать. Стыд – самое острое чувство. Оно буквально «закорачивает» человека на Творца.

После того, как человек ощутил стыд, в нем может проявиться истинная молитва, чтобы Творец исправил его природу. Ведь человек может перенести все, кроме стыда.

Поэтому Творец ведет каждого так, чтобы он все время стыдился – чуть-чуть от этого, от этого, от этого. А если Он хочет серьезно продвинуть человека вперед, Он дает человеку такое ощущение стыда, что тот просто готов умереть.

Можно ли сказать, что Природа/Творец двигает нас по жизни через стыд?

Да. Теоретически можно взять любого человека, немного покопаться в нем и понять, каким образом ему можно навязать такое чувство стыда, от которого он может даже покончить с собой. Ведь стыд аннулирует эгоизм, и поэтому ему не для чего жить. Поэтому выход только один – уничтожить эгоизм, а это значит убить себя.

Стыд – точка моего «я»

Стыд – это точка моего «я», его индикация. Чем больше стыд, тем выше человек. Стыд может проявляться во всем: в почестях, в славе, в знаниях.

Что нас ведет вперед? Что развивает нас в обществе? Я смотрю на других – я не хочу быть хуже них. Я все измеряю относительно своего стыда.

Каббала развивает в человеке бо́льшую чувствительность к стыду?

Конечно. Это большой эгоизм. Внешне это, может быть, не так сильно проявляется, но внутренне человек начинает стыдиться даже от какого-то маленького укола.

А как это проявляется в группе, когда мы вместе пытаемся объединиться и раскрыть Творца?

Мы понимаем, что в каждом из нас есть эгоизм, в каждом из нас есть обостренное чувство стыда, и мы должны на этом чувстве играть, показывая другому человеку, насколько он хуже относительно товарищей, насколько он не выполняет то, что мы хотели бы видеть. Таким образом мы его подстегиваем вперед для его же пользы.

Есть ли разница между стыдом перед людьми и перед Творцом? Или это одно и то же?

Это зависит от ступени, на которой находится человек. Но практически он должен дойти до такого состояния, когда отношение к людям и отношение к Творцу будет одинаковым. Потому что отношение к людям – всего лишь средство, та система, через которую я отношусь к Творцу. Как сказано: «За каждым человеком стоит Творец».

РАВЕНСТВО

https://kabbalahmedia.info/ru/programs/cu/1btCKrDO

Существует ли в природе равенство?

Существует ли в природе такое понятие как «равенство»?

В природе равенства нет и быть не может. Тогда бы она была полностью нивелирована.

Наоборот, в природе должно быть многообразие, то есть несхожесть, неравенство, всевозможные противоречия объектов и явлений. Именно они дают богатство всех красок, свойств, которые есть в природе. Иначе бы ничего не было.

Если бы одно было тождественно другому, чем бы они между собой соединялись, восполняли друг друга?

Значит, равенство не идентично уравниловке, как пытались сделать в некоторых странах?

Нет. Поэтому его не смогли реализовать. Причем само равенство крайне противоположно природе человека. Мы все почему-то хотим быть равны, но не понимаем, в чем.

Если бы все были абсолютно тождественны в чем-то или во всем, тогда это была бы не жизнь – мы не смогли бы ничем обмениваться, получать, отдавать друг другу. Мы не могли бы развиваться.

В чем должно быть равенство

От природы мы созданы разными, и не надо эту разницу нивелировать, уничтожать, стирать, считая, что это нечто нехорошее, ненужное, совершенно непригодное. Наоборот, мы должны как можно больше выделять все различия между нами, делать их более выпуклыми.

В чем же должно быть равенство? В том, чтобы каждый человек максимально делал в каждый момент времени только добро для всего общества.

Но даже в этом мы не равны. Вы можете больше, я – меньше.

Но, если я делаю все, что могу, а ты делаешь все, что можешь ты, тогда мы равны по нашему удельному состоянию. Ты создан таким, я – другим. Поэтому я делаю, сколько в моих силах, а ты, сколько ты можешь. Один умный, другой сильный...

А кто это может определить?

Никто. Должно быть воспитание, которое дает правильное понимание природы. И тогда мы будем оценивать человека не по тому, сколько он выдает обществу, ведь один может больше, другой меньше, в разных количествах и качествах, – а по тому, насколько он выкладывается в тех условиях, которые ему даны.

Тем не менее, у человека должны быть равные возможности. Вы говорите о воспитании, но не у всех оно одинаковое.

Это другое дело. Ты должен дать каждому не одинаковое, а подходящее ему воспитание.

С точки зрения природы человеку нужно предоставить необходимые ему оптимальные возможности для правильного развития в обществе, чтобы общество получало от него максимально то, что он может дать для его пользы. Это и есть равные возможности.

А кто определяет, что обществу на пользу?

Само общество и воспитание. Все упирается в воспитание. Оно должно быть таким, чтобы человек ощущал необходимость отдавать обществу все, что может. Когда, в идеале, все члены социума будут так относиться к обществу, тогда можно говорить об их равенстве.

Индивидуальность, не противоречащая равенству

В своем блоге[5] вы пишете: «Мы не способны вытерпеть равенство, измерить его. Оно для нас вообще не существует. Мы понимаем, что значит быть выше или ниже других, но там, где начинается равенство, мы теряем ощущения. Поэтому равновесие дается свыше, как средняя линия, и приходит вместе с раскрытием какой-то высшей силы». Что это значит?

Нет ничего более противного нашей природе, чем равенство, ведь тогда стирается индивидуальность каждого человека. Он не может этого выдержать.

Есть люди, которые привыкают к этому и наслаждаются равенством, как, например, солдаты в армии. Но при этом все равно должна быть какая-то определенная цель, связанная с воспитанием. Солдаты в армии – просто солдаты. Они должны выполнять свою механическую функцию, и в этом они движутся к общей для них цели.

А если говорить о развитии общества, о том, как двигаться вперед, к какому-то идеалу, то мы не можем сделать так, чтобы все люди были абсолютно равны. Мы же не собираемся сделать всех солдатами, ведь тогда общество просто замрет и не будет развиваться.

Поэтому мы должны дать людям возможность каждому проявить свою индивидуальность, чтобы у всех были равные шансы в том, чтобы самостоятельно развиваться и все отдавать обществу.

Равенство возможностей

На протяжении истории каббалисты развивались и постигали высший закон/Творца в группе, где все равны. Равенство считается основополагающим принципом такой группы?

---

[5] Равенство – это дар свыше.// Каббала, наука и смысл жизни. Персональный блог Михаэля Лайтмана. URL: https://www.laitman.ru/ (дата обращения 25.07.21)

Конечно. Мы всем создаем одинаковые условия, давая им одинаковые знания и приводя к одной силе. При этом все соединяются между собой, чтобы вобрать от нее свойства и силы своего развития. А затем каждый развивается внутри себя согласно исходным данным – духовным генам, существующим в каждом из них.

Значит, равенство не означает 50 на 50, когда вы можете дать 50 процентов усилий и я столько же? Равенство заключается в том, что я даю максимум и вы тоже?

Равенство заключается в равенстве возможностей. Каждый вбирает, сколько может, и в том стиле, в котором ему необходимо.

Так же, как в нашем мире один – художник, другой – поэт, третий – строитель, четвертый – металлург, и каждый вбирает от жизни то, что ему ближе. И каждый должен отдавать миру в мере своих возможностей.

То есть мы равны в усилиях по сближению с высшей силой?

Мы равны в усилиях по устремлению к высшей силе, чтобы соединиться в ней в наших удельно равных усилиях.

Не уравниловка, а дополнение друг друга

Несколько сот лет назад у женщин не было никаких прав. Сегодня эти права существуют. Вы считаете, это правильно?

Дать всем возможность реализовать себя на пользу общества – это обязанность государства. Так считает каббала.

Природа создала нас разными. У каждого свои функции, свои способности. С этим ничего не сделаешь. Равенство – это не уравниловка, а дополнение друг друга. Именно в дополнении достигается гармония общества.

То есть равенство не означает получать одинаковую зарплату, носить одинаковую одежду и так далее?

Нет. Мы должны максимально вытащить из каждого ту реализацию своего потенциала, которую он может дать обществу. Не имеет значения, это кухарка или глава государства. Если каждый из них делает то, что может, и отдает на благо обществу, то они равны. С точки зрения каббалы им положено одно и то же.

Действовать по формуле природы

В каббалистических источниках написано, что без раскрытия Творца мы не сможем быть равными.

Никак не сможем, потому что нам необходим общий знаменатель, для чего я это делаю. Благо общества меня не может заинтересовать. Наш эгоизм выше этого.

Равенство возможно, только если мы соединимся в нашем высшем корне, из которого происходим. Тогда, достигая его, мы поймем, почему мы разные. И именно эта разность в интегральной сумме дает нам ощущение равенства.

На протяжении истории человечества мы существовали в обществе, где не было равенства. Даже сегодня продолжается борьба за равные возможности. Женщины пытаются стать такими, как мужчины, и наоборот.

Вы, как каббалист, говорите, что равенства быть не может, и человечество само никогда не придет к нему.

Нам не надо стремиться к механическому равенству. Нужно действовать по формуле природы, и тогда мы станем равны. Несмотря на то, что мы разные, будем равными.

СВОБОДА

https://kabbalahmedia.info/ru/programs/cu/K5r62IHA

Суть природы человека

Люди всю жизнь боролись за свободу. В «Декларации прав и обязанностей человека и гражданина»[6] написано: «Свобода состоит в возможности действовать не во вред правам другого». Вы согласны с этим изречением?

В той мере, в которой это не выходит за рамки природы. Проблема в том, что лозунг «свобода, равенство, братство» люди провозглашают, исходя из того, что они понимают согласно полученному воспитанию, тому, что находится перед ними в жизни. А каббала говорит о законах природы. Это намного шире и, возможно, звучит по-другому.

С точки зрения природы человек не может быть свободен, поскольку находится в своем эгоизме. Как нам выйти из него – вот в чем проблема. Я от природы такой, он – другой: добрый, злой, нервный, завистливый и так далее. У нас очень много всевозможных плохих и хороших качеств. Что же нам делать?

Это философский вопрос: природа человека зла или добра?

Она абсолютно зла, ведь я думаю только о своей пользе. Может быть, я не желаю другому плохого, но если мне будет от этого польза, то я причиню ему зло. Здесь такая «серая поверхность».

С точки зрения каббалы человек, существующий в этом мире, – это зло! Так и сказано в Торе, что природа человека представляет собой эгоистическое желание насладиться за чей угодно счет. Такими мы созданы! Если у животных питание, здоровье и размножение ограничено их инстинктом, то человек хочет поглотить весь мир.

---

[6] Декларация прав и обязанностей человека и гражданина. // Библиотека электронных ресурсов Исторического факультета МГУ им. М.В. Ломоносова. URL: http://www.hist.msu.ru/ER/Etext/cnst1795.htm (дата обращения: 20.05.2021)

Поэтому никакой свободы действий у нас нет. Нами правит злое начало. Хочешь ты или нет, но будешь использовать других, потому что ты таким родился. Сюда, естественно, мы добавляем воспитание, ограничительные законы, мнение общества, но, в общем, сам по себе человек – это зло.

В Торе говорится: злое начало человека исходит из его сути. Еще до того, как он родился, в нем уже находится зло.

Разница между свободой и анархией

В чем разница между свободой и анархией?

Свобода – это осознанная необходимость быть в том состоянии, в котором ты можешь правильно взаимодействовать с другими людьми. А анархия – когда каждому позволительно делать все, что угодно, в силу своих возможностей, власти и так далее.

Свобода – это ограничительная анархия, когда я себя ограничиваю, потому что иначе ограничат меня.

То есть с точки зрения каббалы природа человека зла, и его свободу нужно ограничивать?

Да. Но мы ограничиваем это воспитанием, мнением общества и другими методами. Поэтому ограничения могут носить, в общем-то, не принудительный, а воспитательный, поощрительный характер.

В тисках сети сил

Человечество тысячелетиями боролось за разные свободы, но в итоге мы видим, что у нас ее нет. Человек начинает осознавать, что он рожден несвободным и умирает несвободным: «не по своей воле живешь и умираешь».

Понятие свободы довольно относительно: я могу идти как бы вправо или влево, делать то, к чему предрасположен в каждый данный момент. Но это не свобода, потому что я не представляю себе, насколько я зажат в сети сил и управления.

На каждого из нас влияют гены, общество, воспитание, поколение, в котором родился. Таким образом, у человека существует всего лишь иллюзия свободы. В рамках этой иллюзии мы и существуем, за нее и боремся.

Дать человеку возможность находиться в этой иллюзии является, в общем-то, заботой всех правителей и властителей: как потакать народу, чтобы он был доволен, а на самом деле со всех сторон управлять им. Это то, что остается и народу, и его руководителям.

Любая свобода относительна

Хорошо, когда есть свобода слова в государстве. Мы живем в стране, где я могу писать, что хочу. А раньше я жил в другом государстве, в другое время, когда за эти вещи могли посадить. Так свобода слова – это хорошо или плохо?

Любая свобода относительна. Она должна четко соответствовать развитию общества. Воспитание, ограничение, всё, что только есть, должно прийти в такую систему, в которой человек чувствовал бы себя, с одной стороны – комфортно, с другой стороны – свободно, и с третьей стороны – безопасно. А это всё противоречащие условия.

В общем, сеть, которую надо создать в обществе, должна быть очень гибкой. Но это остается проблемой и по сей день.

Мы видим, что все общества борются за плюрализм, за якобы свободу мнений, за то, чтобы его мнение главенствовало, и так далее. То есть свобода, в общем-то, предполагает постоянную борьбу.

Свобода – это ограничения

Свобода торговли, свободный рынок – это хорошо или плохо?

Но мы же видим, что это несвободно. Поскольку наш мир управляется жесткими эгоистическими законами, то ничего свободного быть не может.

Мы должны упорядочить эти законы, чтобы не убивать друг друга из-за угла. Поэтому нам надо обязательно вогнать себя в какую-то сеть взаимных отношений, ограничений, договоров.

Дело в том, что все договорные условия, существующие в обществе, идут к нам еще со времен Древнего Рима и даже с более ранних времен. На них мы и опираемся. В основе наших законов лежит Римское право, Греческое право, лозунги Французской революции и так далее. Это всё существует по сей день и носит ограничивающий характер.

Свобода – это ограничения. Но в рамках этих ограничений человек чувствует себя свободным. От чего? От того, что на него никто не нападет, с ним не сделают ничего плохого. То есть свобода – это практически свод законов, которые помогают нам не убивать друг друга и мирно сосуществовать внутри этих законов.

Обрести свободу над нашей природой

Вы говорите, что мы живем в системе абсолютной связи между собой, поэтому все определяют судьбу друг друга.

Это не та система, которую мы сами создали, а система природы, которая держит нас вместе.

А в той системе, в которой мы живем, у нас есть свобода определять судьбу друг друга вследствие наших взаимосвязей?

Мы не выбираем нашу природу, мы существуем внутри нее. Ничего тут не сделаешь, мы должны принять это как данность.

Сегодня мы приближаемся к такому состоянию, которое показывает нам, что мы абсолютно несвободны, потому что выросли из тех рамок, из тех законов, из тех общественных договоров, в которых существовали раньше, и нам казалось, что мы свободны.

Сегодня мы требуем другой свободы – духовной. Поэтому человечество сейчас начинает новый этап своего развития – над-эгоистический. Мы начинаем ощущать, что эгоизм является нашим рабовладельцем.

Свобода с точки зрения каббалы заключается в том, чтобы самому осознать, что у нас нет свободы, и захотеть приобрести какие-то новые свойства. То есть обрести свободу в абсолютном смысле слова – свободу над нашей природой.

Путь к абсолютной свободе

Разве, приобретая природу Творца, человек остается свободным? Ведь сказано, что он становится рабом Творца.

Так сказано для того, чтобы показать, насколько мы входим в другое состояние. Обретая свойство отдачи и любви, свойство взаимной связи друг с другом, мы через это свойство абсолютного взаимного обеспечения, связи, обязательств подписываем совершенно другой общественный договор: «возлюби ближнего как себя».

Каждый обязан достичь этого состояния. Выполняя его, мы начинаем ощущать абсолютную свободу. Получается парадокс: выбирая правило, что он несвободен, человек при этом входит в абсолютную свободу.

Наш эгоизм специально создан так, что подталкивает нас к необходимости прийти к связи с другими настолько, чтобы практически «возлюбить ближнего».

Вывод: человек несвободен, его природа – злое начало. Единственный свободный выбор, который у него есть с точки зрения каббалы – осознать это, захотеть подняться над своей природой, что идентично постижению Творца.

Выбор или совмещение?

Когда человек находится не только в своей природе получать, а обретает еще отдачу – природу Творца, тогда ему есть что выбирать? Он постоянно выбирает между своей естественной природой и природой Творца?

Он совмещает их в средней линии. И тогда он действительно чувствует себя абсолютно свободным.

Я не могу быть в полной отдаче, потому что я не Творец. Я не могу быть в природе получения, поскольку при этом я абсолютно противоположен Ему и ощущаю себя зажатым со всех сторон.

Я могу выбрать только такое совмещение между ними, в котором я чувствовал бы себя ни в том, и ни в этом – в так называемой средней линии. В таком случае я, как творение, ощущаю себя свободным.

БРАТСТВО И ЕДИНСТВО

https://kabbalahmedia.info/ru/programs/cu/WpPj75dQ

Природа человека и благие поступки

В «Декларации прав и обязанностей человека и гражданина»[7], изданной во Франции еще в XVIII веке, говорится о свободе, равенстве, братстве. В той же Декларации написано: «Не делайте другому того, что вы не хотите, чтобы сделали вам. Постоянно делайте другим то доброе, что вы хотели бы получить сами».

Каббала тоже говорит, что надо объединяться, любить. Все понимают это. Но как к этому прийти?

Люди воспринимают это односторонне. Относительно себя я, конечно же, хочу, чтобы все относились ко мне так, как я считаю нужным. Поэтому, когда говорят: «Свобода, равенство, братство, объединение», – мне это кажется хорошим, теплым, добрым.

Но если я должен так же относиться к другим, то есть затрачивать усилия, энергию, мысли и заботы, то я уже не хочу этого. Это противно моей природе, абсолютно противоположно ей. Получается, что все мы, конечно, хотим любви, но дать любовь другому – это уже проблема. Это против нас.

Если это против нашей природы, то почему мы продолжаем говорить все эти слова? Почему они все время на слуху?

Потому что, в принципе, мы этого хотим, но не можем воплотить.

То есть мы понимаем выгоду от такого отношения к себе?

---

[7] Декларация прав и обязанностей человека и гражданина. // Библиотека электронных ресурсов Исторического факультета МГУ им. М.В. Ломоносова. //URL: http://www.hist.msu.ru/ER/Etext/cnst1795.htm (дата обращения: 20.05.2021)

Конечно. Но тогда мне надо сделать то же самое для других. Как же я могу? Я не в состоянии! Моя природа мне это не позволяет.

Выходит, что человек – существо нерациональное. Сколько мы тратим денег на вооружение вместо того, чтобы улучшить нашу жизнь!

Мы все это понимаем, и ничего не можем сделать. Это наш эгоизм. Мы созданы так, что не в состоянии делать друг другу добро.

А кто нас такими создал?

Природа. Можно сказать, что это Творец, что это Высшая сила. Нет никакой разницы. Такими мы развились от природы.

И что делать с этой природой? Что говорит каббала?

Каббала говорит, что это можно исправить, но только если человек будет сознательно желать этого и прилагать определенные усилия. Существует методика, которая позволит ему подняться над своей эгоистической природой и ощутить других как себя вплоть до того, что он станет желать другим того, чего желает себе. Тогда мир придет к состоянию совершенства, равенства, братства.

Когда единство приводит к шовинизму

В чем заключается принцип братства?

Соблюдение этого принципа обеспечивает нам самое комфортное состояние. Если мы думаем друг о друге, поддерживаем друг друга, если каждый заботится о другом, то никому из нас не может быть плохо.

Говорят, что чрезмерность единства приводит к расизму, шовинизму, фундаментализму, религиозному фанатизму.

Нет. Это происходит в том случае, если я беру какую-то группу людей и начинаю относиться к ним с повышенной заботой, потому что у нас существует определенная цель, направленная против других. Против других!

Мы начинаем ощущать себя особыми личностями. Это эгоистическое чувство дает нам силы. И тут мы, конечно, выходим за рамки. Но это уже не простой эгоизм, а шовинизм.

То есть объединение против кого-то не противоречит нашей эгоистической природе?

Да. В таком случае мне просто нужны партнеры. Я их нахожу, мы заботимся друг о друге, мы – сильная, сплоченная команда, а всех остальных мы просто подавляем.

Может быть, можно что-то придумать, чтобы все земляне сплотились против кого-то, например, против инопланетян? Якобы нам грозит какая-то опасность. И тогда бы все земляне объединились.

Так любое государство придумывает себе какого-то противника. И это действительно сплачивает народ. Этим пользуются политики. Почему все развитые страны зачастую находятся в противостоянии? Это помогает им быть сплоченными, мобилизует народ, ресурсы и проявляет дополнительные силы в массах.

Четыре состояния эгоистического общества

В Торе рассматриваются четыре состояния взаимоотношений между людьми. Одно из них, «мое – мое, твое – твое» рассматривается как самое плохое и называется «Сдом». А в нашем мире оно считается нормальным.

Нет, это ненормальное состояние, потому что обрывает все связи между людьми. Я не имею права ни дать что-то тебе, ни получить что-то от тебя. И так все в обществе абсолютно изолированы друг от друга. Кроме того, они еще следят друг за другом, чтобы соблюдать это условие.

То есть это против единства, против тенденции природы привести нас к одному общему целому?

Это вообще против природы, ведь она построена на том, чтобы между атомами, частицами, клетками, людьми была взаимосвязь хоть в чем-то, хоть как-то. А здесь все строится на изоляции.

Второе состояние: «мое – твое, твое – мое». В этом суть природы примитивного общества, когда всё общее: жены, дети, жилище, животные. Такое состояние характерно для неразвитого эгоизма, в частности, первобытнообщинного строя.

Третье состояние: «мое – твое и твое – твое». В Торе оно называется «хэсэд». Это хорошее, но неполное состояние, в котором я практически замкнут на том, чтобы отдавать другому, думать о других.

Это хорошо относительно малых групп людей, относительно детей, слабых обществ, больных, стариков, когда я все отдаю и переношу на них. Но это неполноценное состояние, когда не существует течения информации, сил, обмена. Все идет в одну сторону, а природа так не устроена.

Природа базируется на том, чтобы все ее части были интегрально замкнуты, находились в одной общей системе, и между ними был такой обмен энергией, информацией, жизненными силами, чтобы поддерживать всю систему вместе в ее интегральном, правильном взаимодействии.

Четвертое состояние: «мое – мое, а твое – тоже мое». Оно называется «преступник», когда я получаю от общества больше, чем мне полагается.

В принципе, все эти четыре вида взаимодействия между людьми существуют в эгоизме. Ни одно из них не является совершенным. Каббала поднимает нас над ними.

Совершенное состояние – когда мы находимся в полном взаимодействии между собой, во включении друг в друга. Ни в одном из четырех состояний этого нет.

Правильное взаимодействие

Правильное взаимодействие между людьми предполагает, что я что-то получаю от общества и что-то ему отдаю?

Естественно. Как в живом организме.

По какому правилу должно быть такое взаимодействие? Откуда я знаю, сколько я должен получать и сколько отдавать?

Это не регламентируется. Насколько я в состоянии отдать, я отдаю, и насколько мне необходимо получать, чтобы у меня была возможность полностью отдавать, я получаю.

На планете живет семь миллиардов людей, и каждый определяет, сколько ему нужно?

Эти семь миллиардов существуют только последние сто лет. А до этого нас было два миллиарда. Так что количество тут не имеет значения.

Мы развивались на протяжении тысяч лет. А сегодня мы постепенно осознаём, что развиваемся неправильно, и нам надо прийти к какому-то другому взаимодействию, к внутреннему гомеостазу между нами, поддерживать равновесие в общении. Сама природа, все наши свойства, все наши состояния обучают нас этому. Так пройдет еще пару сот лет, и все равно человечество к этому придет.

Если я правильно понимаю, в природе существуют силы, которые мы можем вызвать на себя, и они сами произведут это равновесие?

Конечно. Не мы сами. Мы находимся под силами природы.

Значит, эта сила сама уравновесит, сколько мне надо получать от общества и сколько отдавать?

Да. Потихоньку мы поумнеем. Мы вызовем из природы появление тех сил, которые подействуют на нас и изменят. Мы войдем в такое состояние связи между нами, в такую корреляцию, что будем получать друг от друга сколько необходимо и отдавать сколько нужно, чтобы поддерживать наше общество в абсолютном, идеальном равновесии.

Но вы понимаете, что это теория, которую надо проверить?

Это не теория. Когда-нибудь наши времена станут историей, и тогда эта теория станет реальностью.

СОПРОТИВЛЕНИЕ

https://kabbalahmedia.info/ru/programs/cu/rVhwGSVH

Как одна семья

Человек развивался на протяжении всей истории, и в какой-то определенный момент он задумался о смысле жизни. 3800 лет назад желание постичь скрытые силы природы проснулось в жителях Древнего Вавилона.

В первоисточниках говорится, что до этого все человечество было, как одна семья, хотя мы понимаем, что ко времени их написания жизнь существовала уже десятки тысяч лет, и люди убивали друг друга. Непонятно, что значит «как одна семья»?

Дело в том, что дружелюбные отношения между вавилонянами были обусловлены определенным историческим развитием. В те времена в Междуречье, между Тигром и Евфратом, внешние условия благоприятствовали мирной жизни. Обилие воды и разливы рек способствовали хорошему урожаю.

Люди питались рыбой, чесноком, выпекали ячменный хлеб, разводили коров и овец. Природа была настолько щедра к ним, что они не должны были отвоевывать друг у друга ее плоды. Поэтому они жили в относительном равновесии между собой.

В Торе сказано, что «на всей земле был один язык и одно наречие». Это значит, что люди понимали друг друга. Ведь дело не в языке. Им не нужно было более того, что они имели.

С одной стороны, природа благосклонно относилась к ним и взамен на небольшие усилия с их стороны давала им все. С другой стороны, они не были еще такими эгоистами, чтобы брать от природы больше необходимого. Это было правильное, красивое, естественное существование. В каббале это называется нулевым уровнем эгоизма.

Между вавилонянами царило полное взаимопонимание, как в нормальной семье. А потом вдруг произошел всплеск эгоизма, и они сразу же захотели разделиться на классы: кто богаче, кто беднее, кто сильнее и так далее. Так между ними появились всевозможные знаки различия.

Противостояние между Авраамом и Нимродом

Один из знаменитых каббалистов, комментатор Танаха Давид Альтшулер писал, что до времен царя Нимрода все люди были равны, и никто из них не возвышался, чтобы властвовать над другими. А Нимрод стал доминировать и править на Земле. Тогда люди начали строить Вавилонскую Башню.

Вавилонская Башня – *ивр.* «Мигдаль Бавель» от слова «лебальбель», «путать» – означает спутывание, смешивание языков. Это значит, что эгоизм стал выше людей, и они перестали понимать друг друга.

И здесь появились два персонажа, Авраам и Нимрод, символизирующие добро и зло, положительную и отрицательную силу. Авраам говорил, что надо объединяться над возникшими противоречиями, а Нимрод предлагал разойтись и расселиться по всему миру. В чем тут сопротивление?

Авраам призывал к тому же единству, что и раньше. Только раньше это было естественно, а теперь, когда появились противоречия, нужно было достичь соединения над ними. А Нимрод ратовал, что называется, за капиталистическое развитие, за рациональное решение.

И оба были правы. Потому что, с одной стороны, Авраам говорил: «Мы жили хорошо. А сейчас эгоизм поднялся, он разъединяет нас. Давайте объединяться!» Нимрод же считал: «Зачем нам соединяться? Все, что происходит от природы, это хорошо. Если появился эгоизм, он даст нам развитие. Зачем нам снова нивелировать себя?»

Понятно, что между ними возник конфликт. Но поскольку Тора не говорит о материальном, что означает с вну-

тренней точки зрения, что в человеке проявляются две силы: Авраам и Нимрод? Что это за силы?

Авраам призывал людей, у которых появились эти две точки, возвысить точку объединения, поднять ее еще выше, ведь именно для этого развивается эгоизм. А Нимрод говорил, что эгоизм необходим для себя самого, чтобы мы, используя его, стали развиваться материально-технически.

Нимрод (от слова «меред», «революционер») выступал против интегральной природы. Он был убежден, что эгоизмом надо пользоваться везде и всюду.

А разве эгоизм – это не природа? Такое ощущение, что Нимрод шел естественным путем, по природе.

Смотря в чем. Природа основывается на равновесии и находится во внутреннем гомеостазисе. А эгоизм, как раковое образование, нарушает все.

Получается, что с одной стороны, природа построена на конкуренции, а с другой стороны, на взаимодействии, на равновесии двух противоположных систем. Одна система – это Нимрод, вторая – Авраам. Как их уравновесить – в этом и заключается проблема.

Две системы: «Авраам» и «Нимрод»

Каббала говорит, что внутри человека есть две системы. Они существуют внутри нас и должны существовать в обществе. Но общество не может правильно адаптировать эти системы. Поэтому во времена Древнего Вавилона развилась система Нимрода – капиталистическая, и групповая система Авраама – каббалистическая.

В наше время они начинают постепенно находить друг друга и соединяться между собой. Дело в том, что система Авраама должна реализовываться во всех людях, в общей системе по принципу «возлюби ближнего, как себя». А система Нимрода приходит в упадок, обнаруживая, что эгоизм, если его не уравновешивать, является самым большим злом.

Поэтому только сейчас, через три с половиной тысячи лет они начинают сходиться, поскольку мы начинаем понимать, что надо уравновесить обе системы. А они уравновешиваются в виде получения ради отдачи. Получение – это свойство Нимрода, отдача – свойство Авраама. Вот так сегодня они должны реализовываться в обществе.

Обнаружить в себе Авраама

Каббалист и философ XII века Рамбам пишет: «Когда народ, сбегавшийся к нему [Аврааму], сомневался в его утверждениях, он наставлял каждого по его способности, пока не приводил его на путь истины, и таким образом тысячи и десятки тысяч присоединились к нему. Они были теми, кого называют "сынами дома Авраамова"».[8]
Откуда Рамбам, который жил через 2000 лет после этих событий, знал, что именно так все происходило?

Когда каббалист занимается исследованием, он сам проходит все эти состояния внутри себя. Дело в том, что мы видим мир, который существует в нас. А вне нас ничего нет.

Может быть, каббалист так и видит, но обычный человек видит мир, который вне его.

Обычный человек видит якобы окружающий мир. Ему лишь кажется, что этот мир существует. А каббалист понимает, что все это существует в его свойствах. И поэтому если он меняет свои свойства, – а каббалист может их менять, – он как бы путешествует во времени.

К примеру, и Бааль Сулам, и другие каббалисты пишут о том, что говорил Авраам. Откуда они знают, что тот говорил в такое-то время при таких-то обстоятельствах? Они как бы облачаются в него.

То есть Рамбам обнаружил Авраама в себе?

---

[8] Рамбам. Законы чуждого служения. Глава 1. // URL: http://old.ort.spb.ru/nesh/rambam5.htm (дата обращения 21.05.21)

Конечно! Все эти свойства! Я как бы проигрываю в себе эти состояния, нахожу Авраама внутри себя, абсолютно четко переживаю те же обстоятельства, связи, взаимоотношения, что и они, смотрю на мир так же, как они.

Свойство «Авраам» начинает собирать во мне свойства, подобные ему. А со свойством «Нимрод» у них возникает конфликт. И все это в одном человеке.

Именно так внутри него начинается сопротивление, когда он обнаруживает в себе раздвоение на Нимрода и Авраама, на свойство получения и свойство отдачи.

ПРИВЫЧКА – ВТОРАЯ НАТУРА

https://kabbalahmedia.info/ru/programs/cu/H5aIDCvP

Нет ничего сильнее привычки

Нет ничего сильнее привычки. Натура человека, его естество – это желание получать, которое работает по определенной программе: максимум наслаждения при минимуме затрат энергии. Но поскольку характер человека нельзя изменить, то, получается, что и привычки тоже невозможно изменить?

Очень-очень сложно. Для этого необходима серьезная мотивация, что мы желаем приобрести какие-то новые навязанные, наведенные, ставшие привычными действия, поступки, вкусы.

Действительно, привычка – вторая натура. От природы мы получаем лишь какие-то основы нашего характера, а все остальное образуется при воздействии на нас окружающей среды.

Из науки каббала мы знаем, что невозможно изменить природу человека.

Но внутри самой природы – к чему я буду стремиться, что любить и что ненавидеть – все происходит в рамках нашего общего эгоизма. Мы программируемся отношением к нам родителей, общества, друзей.

Мы знаем, что привычка – это действие, которое связано напрямую с наслаждением или страданием.
Например, дети не любят чистить зубы, но эту привычку можно в них развить, если давать им за это какое-то вознаграждение, доставляющее наслаждение. И если потом уже за него ничего не давать, само действие станет наслаждением, и, не чистя зубы, человек будет ощущать страдание. Значит, через наслаждение и страдание можно развить привычку в человеке, но это же все равно не меняет его природу?

Природу поменять мы не можем. В рамках нашей природы можно просто проявить ее в определенных стилях, но не более того.

Вообще, без награды ничего не делается. Природа или мы и общество – что-то должно побуждать нас делать те или иные вещи.

Получается, что дурные привычки можно искоренить страданиями?

Не обязательно страданиями. Любые привычки можно искоренить. Все зависит только от того, насколько мы действительно желаем и умеем это делать.

Привычка – программное наполнение

«Когда человек приучает себя к какой-то вещи, эта вещь становится для него привычной, а любая привычка может стать второй натурой человека. Поэтому нет ничего такого, в чем бы человек не мог ощутить вкуса реальности. И даже если оставался совершенно бесчувственным к какой-то вещи, но благодаря привычке начинает ее ощущать».[9]

Все зависит от того, насколько мы будем себя тренировать, навязывать себе определенную форму мыслей, поведения, движения, реакции. Таким образом мы можем переформатировать себя так, что будем наслаждаться от каких-то действий, объектов, вещей. Или наоборот.

Все зависит от того, как мы себя запрограммируем. Нет ничего другого в человеке кроме программного наполнения.

В принципе, наше желание – это сырье, а программа – это воспитание. Можно ли воспитать человека относиться к ближнему, как к себе? Так заботиться о ближнем, как о себе?

---

[9] Бааль Сулам. Шамати. Статья 7. // Каббала Медиа. URL: https://kabbalahmedia.info/ru/sources/vPfTROUl (дата обращения 25.07.21)

Это непросто. Такой процесс должен постоянно сопровождаться определенными вознаграждениями, чтобы я заботился о ком-то другом, чтобы я чувствовал, что выигрываю от этого.

Это все связано с такими же действиями, как мы обычно обучаем животных: собаку или кошку. Ничего особенного в этом нет. Просто животных намного легче приучить, поскольку они уже одомашнены. В течение многих поколений мы дрессировали их, и они стали более гибкими относительно наших требований к ним.

Если для того, чтобы раскрыть высший свет или высшую силу, мы должны исправить свое отношение к ближнему, то получается, что я могу приучить себя ощущать свет через привычку чувствовать ближнего?

Хотя все это очень непросто, но возможно, поскольку это не более, чем направленная привычка.

Что значит привычка?

Привычка – это воздействие на себя волевым усилием – внутреннее и также внешнее, допустим, воспитателя. При этом в любом случае вызывается определенное общее воздействие природы, так называемого высшего света, который изменяет нас, на каком бы уровне мы ни находились.

Речь не идет о каких-то космических, духовных уровнях и изменениях. Даже обычные земные изменения, происходящие с нами под воздействием направленного обучения, все равно предполагают наличие в природе особой силы, которую мы должны вызвать. Эта сила меняет нас и придает нам другую привычку.

Привычки делятся на два уровня: земной и духовный. Земной уровень предполагает замену одних привязанностей на другие, когда мы меняем свои вкусы. Для этого в человеческом обществе существуют целые системы. Их много, и мы видим, что они работают.

Но существует еще и каббалистическая система, когда вследствие особой цели мы привлекаем на себя такие силы природы, которые меняют нас и делают обратными нашей первоначальной природе.

Жизнь за товарищей

Можно ли приучить человека к тому, что коллектив важнее, чем он сам?

Мы видим это на примерах людей, которые работают в особых коллективах: подводников или альпинистов – в общем, тех, кто постоянно сталкивается с вопросом выживания в зависимости от своей связи в коллективе. Они так держатся друг за друга, что готовы отдать жизнь, если их товарищи погибают.

В принципе, весь процесс воспитания – это смена эгоцентрического мировосприятия на альтруистическое, даже не выходя за рамки нашей природы?

Да, это все равно находится в рамках эгоизма.

Но мы видим, что это не работает. Сколько нас ни пытались воспитывать в детском саду, в школе...

Над нами не работали, как надо. Из человека можно сделать такое существо, которое будет видеть свое предназначение только лишь в служении своему коллективу. Обычно это работает в небольших, замкнутых группах, когда человек отождествляет свое существование с коллективом настолько, что если коллектив погибает, то он тоже гибнет. Он не может остаться вне их.

Когда нет поддержки общества

Как воспитать человека, чтобы он был просто хорошим? В школе нам пытались привить этику, мораль. Но мы видим, что это не работает.

Наши общественные, школьные системы не работают, потому что у них нет поддержки общества. По мере того, как общество становится все более раскрытым, люди больше отдаляются друг от друга. Возьмем такой яркий пример, как Китай – замкнутое общество, которое жило по своим законам, отличным от всего мира.

Сейчас, когда китайское общество стало открытым, оно начало расползаться. Никакого объединения. Сколько бы ни пытались делать, все равно они не могут долго держаться вместе. Тем более, такое разносортное, разнообразное множество людей.

Ты не можешь ассоциировать себя с огромным количеством людей столь разных, непонятных, необъемлемых твоими чувствами. Когда это миллионы – это невозможно.

Выстроить над собой земным себя духовного

Согласно каббале, для того чтобы духовно развиваться, то есть менять намерение с эгоистического на альтруистическое, надо изменить свою природу. Как развить такую привычку?

Это проявляется не как привычка, а как настоятельная необходимость вследствие того, что человек видит, насколько его природа – зло. И только поэтому он сознательно идет к тому, чтобы ее изменить.

Поначалу он приходит к этому чисто эгоистически, поскольку видит, что станет лучше, если будет так действовать. Он хочет узнать о своей жизни, смерти, о цели существования, о том, как обрести нечто большее. Еще в этой жизни познать, что называется, небесную механику, которая им управляет и исправляет его. Он желает подняться выше других, ощущать себя творящим.

Когда он начинает входить в это больше, то видит, что может быть действительно выше других, больше других не со злой целью. Просто он желает видеть, познать, творить. Из того, что ему объясняет каббала, ему становится ясно, что это можно сделать, только обретя новые свойства – свойства отдачи, любви, свойства над-человеческого обычного существа.

Постепенно он начинает понимать, что это, в общем-то, наверное, невозможно. Он проходит очень серьезный период, когда должен подняться над собой, принудить себя двигаться дальше, чтобы извлекать из своих занятий с природой, из своих отношений к природе особую энергию, которая меняла бы его, исправляла, поднимала над эгоизмом. Таким образом он строит над собой земным себя духовного.

Подставить себя под воздействие высшей силы

Существует тонкая граница между привычками в нашем материальном мире, где человек просто меняет приоритеты, и тем состоянием, когда он осознанно меняет свою природу и видит весь мир, всех людей уже не через свою эгоистическую призму, а через альтруистическое намерение, и так постигает Духовный мир.
То есть человек начинает духовный путь из эгоистического постижения Творца, когда хочет раскрыть Его для себя. Но потом это входит у него в привычку и становится его второй натурой – видеть мир через альтруистические намерения?

Да, эта привычка действительно становится его второй сутью, второй природой, и он так поступает.

Получается, что он уже не может вернуться назад и мыслить эгоистически?

Этого я не могу сказать. Есть разные возможности. Но пребывать в одной природе, затем в другой и падать иногда в первую природу – тоже возможно.

Все зависит от того, насколько он подставит себя под высшую силу, которая держит его, как магнит держит в воздухе кусок железа. Железо повисает в воздухе силой магнита и удерживается ею. Так и человек может сделать, чтобы высшая положительная сила природы, дающая антиэгоистические возможности, держала его над землей, над нашим эгоизмом.

Как у Творца нет мысли о Себе, так и у человека, который приобретает вторую природу, тоже не возникает мыслей о себе?

В той мере, в которой он получил от Творца эту силу.

Что значит, что у Творца нет мысли о Себе?

Творец – это природа, абсолютно противоположная нашей эгоистической. Поскольку в Нем нет желания получать, то вся Его суть направлена на отдачу. Вот так Он и работает.

Окружение сильнее привычки

Есть ли какая-либо связь между привычкой и влиянием окружения на человека?

Окружение оказывает огромное воздействие на человека.

Что работает лучше: окружение или привычка?

Окружение сильнее. Оно может изменить наши привычки, ведь в человеке есть очень много свойств, на которых можно играть: ненависть, любовь, почести, слава, и особенно, стыд. Поэтому внешнее воздействие окружения – это средство, меняющее человека.

Под воздействием окружения человек может сделать все быстро и правильно.

Эффект первоисточников и правильного окружения

Если человек автоматически привыкает читать, допустим, Книгу Зоар, или псалмы, или молиться, развивает ли его это?

Да. Если он все время занимается этим, то либо Книга Зоар, либо любые другие правильные источники начинают воздействовать на него, и мы видим, как он меняется.

В этом, в принципе, и заключается их смысл. Откуда мы еще можем взять высшую силу, высшую энергию, высшее воздействие на нас? Мы должны притянуть их на себя.

Влияние высшей силы возникает именно в результате учебы, чтения, изучения первоисточников и главное — нахождения в особых сферах, в особых маленьких коллективах — десятках, которые могут организовывать для человека подходящее окружение, когда он просто попадает под их воздействие и готов меняться. А если даже не очень готов, они все равно меняют его.

Рекомендуете ли вы в таких десятках два-три раза в день читать первоисточники, чтобы это стало привычкой человека?

Да. Но это не всё. Всё-таки чтение первоисточников зачастую происходит один на один — ты и первоисточник. А когда есть ты и окружающая тебя среда, то есть не неживая, растительная, животная, а человеческая — особые люди, которые демонстрируют тебе правильные взаимоотношения и требуют от тебя того же, тогда получается, что вы сами подтягиваете себя к духовным уровням.

Многих людей с детства обучают молиться, читать псалмы, и человек автоматически читает их, поскольку ему сказали, что за это он получит какое-то вознаграждение и в этом, и в будущем мире.
А если его не приучать к этому с детства, то он начинает задавать вопрос: «Для чего я читаю?» Ведь он не ощущает наслаждения в этих текстах, не понимает их. Как здесь развить привычку? Или привычка заключается в усилиях? Вы как-то говорили, что прилагать усилия — это и есть привычка.

Относительно. Все зависит от общества. Самое главное — создать правильное окружение для любого человека, для любых компаний, обществ, народов, чтобы каждый желающий нашел для себя то окружение, в котором он мог бы правильно развиваться.

Привычка, ведущая к прекрасной жизни

Какую бы вы посоветовали приобрести привычку, помогающую человеку в его духовном развитии?

Я бы посоветовал всем понять, что все мы находимся в одной системе, зависим друг от друга, и даже если нам так не кажется, не чувствуется, не видится, все равно представлять себе, что мы находимся в полной взаимной зависимости. По сути дела, когда мы будем ощущать свою зависимость друг от друга, привычка очень поможет каждому из нас.

Человек должен выстроить такую умозрительную картину, что он зависит от всех, и все зависят от него. Поэтому ему нет смысла думать плохо ни о ком в мире и пытаться как-то оторваться от них. Наоборот, чувствовать, что всеми силами он пытается и хочет, чтобы все люди находились в понимании общей связи.

Тогда он станет правильно действовать для себя и для других. Не будет ошибаться в жизни, станет всегда поступать верно. Ведь высшее управление природы – когда она общая, требует этого от нас.

Но так представлять себе мир – это огромное усилие.

Если мы будем пытаться таким образом удерживать глобальную, интегральную картину нашего мира, нам будет проще.

Для того чтобы приложить такие огромные усилия, надо показать огромные наслаждения, которые я могу получить за эти усилия. Что это за наслаждения?

Даже одно то, что это правда, только наш эгоизм не позволяет нам это делать, –уже многое значит. Мы не портили бы природу, человеческое общество, не вредили бы друг другу, не развивали средства уничтожения и так далее. Мы могли бы прекрасно жить на нашей планете, если бы просто правильно себе представляли, что с нами происходит.

Правильная привычка может привести нас к прекрасному существованию. Она заключается в том, чтобы представить себе, что мы находимся в общей системе полной взаимосвязи: я абсолютно взаимосвязан со всеми людьми в мире, и мне надо думать только о них, а не о себе.

КАББАЛИСТИЧЕСКАЯ ТРАПЕЗА

https://kabbalahmedia.info/ru/programs/cu/2Cyuc4CW

Трапеза – получение высшего изобилия

Каков духовный корень трапезы?

Трапеза – это великое действие. Даже тот факт, что животные пасутся вместе, говорит об их сближении, доверии между собой. А тем более люди, которые гораздо коварнее и дальше друг от друга. Когда они вместе садятся за стол, или один приглашает другого, или оба проводят совместную трапезу, это говорит о том, что у них есть намерение как-то сблизиться, по крайней мере, временно.

Поэтому у всех народов, всех культур трапеза представляет собой некое объединение людей – двух, трех, хоть до тысячи, неважно сколько.

С другой стороны, мы знаем из каббалистических источников, что когда речь идет о сближении, объединении, о чем-то радостном или даже не совсем радостном, но особенно торжественном, значимом, то всегда устраивается трапеза.

В каббале трапеза олицетворяет собой получение высшего изобилия от Творца. Поскольку Он источник всего живого, то всякое поглощение пищи связано с обращением к Творцу. Поэтому до трапезы, во время трапезы и после нее принято особое обращение к Творцу, чтобы само объединение людей со всем, что окружает и входит в трапезу, имело доброе следствие, успех.

Поэтому мы устраиваем трапезу всегда, когда нам радостно, и даже не очень, то есть когда хотим отметить особое состояние. Но обычно трапеза символизирует что-то бодрое, приятное, например, трапеза в честь рождения ребенка, в честь его тринадцатилетия, обручения, свадьбы и так далее.

В общем, трапезы сопровождают нас во все благие времена. Но даже если человек умирает, то, как следствие этого, его родные тоже устраивают трапезу. Конечно, она уже не торжественная, не веселая, но все-таки она необходима, чтобы отдать дань уважения покойному.

Внутренний смысл трапезы

Существуют разные виды трапез: праздничные, субботние, трапезы новолуния и так далее. Каждая из них символизирует определенный вид получения света, изобилия.

В проведении каббалистической трапезы есть очень жесткий порядок. Самое важное в ней – это внутренняя работа, правильное намерение, потому что трапеза олицетворяет собой получение высшего изобилия от Творца творению.

Когда мы поглощаем пищу, вознося благодарность Творцу и приветствуя других участников трапезы, что олицетворяет подъем над нашим личным эгоизмом и сближение между собой, тогда мы практически выполняем внутренний смысл трапезы.

Трапеза-благодарность

Вы часто рассказывали, как ваш учитель проводил трапезы. В их рацион входили лук, оливковое масло, хлеб, соль, перец. Такой простой рацион выбирался специально, чтобы еда не мешала намерению? Или была какая-то другая причина?

Это было в самом начале моего пути. Приезжая по вечерам на занятия, я заходил на кухню, чтобы сделать себе стакан кофе, и видел там простые пластмассовые тарелки с кусочками недоеденного хлеба и остатками нарезанного, поперченного лука, окропленного оливковым маслом. Рядом всегда стояла пара пустых бутылок пива.

Оказалось, что 5-6 учеников отца моего рава, Бааль Сулама – старики, которым было уже за 70 лет, – собирались вместе на занятия и каждый вечер заканчивали свой день трапезой.

Не думаю, что им нужна была какая-то другая пища, этого по вечерам им было достаточно. Такая пища олицетворяла собой трапезу-благодарность: благодарность Творцу, благодарность друг другу за то, что собрались, вместе занимались, постигали мироздание в своей учебе. Этой благодарностью Творцу они и заканчивали свой день.

Согласитесь, если бы у них был какой-то изощренный рацион, специальные, очень вкусные блюда, то было бы, наверное, тяжелее держать намерение, ради чего ты это делаешь. Поэтому такая простая пища выбиралась специально?

Я не думаю, что для них это было бы тяжело. Не ради этого устраивается такая скромная трапеза. Просто большего не нужно. Это не обычный обед или ужин. Такой символической трапезой, когда за стол садятся товарищи, вместе прожившие 50-60 лет, они завершали день. Таким совместным объединением они подчеркивали свое духовное возвышение.

Молчание на трапезах

На каббалистической трапезе часто используется элемент молчания. В чем его смысл?

Смысл не в молчании, а в намерении. Когда ты трапезничаешь со своими товарищами по духовному пути, то углубляешься в очень сильные внутренние намерения: как устремляться вместе к цели, каким образом объединяться, какую еще бо́льшую ступень в объединении и затем от себя к Творцу вы хотите сейчас развить. Поэтому очень важно, чтобы люди сидели тихо, поглощенные в себя.

А еще на трапезах часто используются каббалистические мелодии.

Да, есть определенные мелодии, обычно без слов, которые люди вместе поют.

Все эти элементы помогают им внутренне сближаться, чтобы поднять общее внутреннее объединение к духовному источнику – к Творцу.

По аналогии с Духовным миром

Великий каббалист XII века, философ, врач Рамбам посвятил немало медицинских трудов трапезе и приему пищи. Он говорил, что человеку, принимающему пищу, лучше всего задействовать все пять органов чувств. То есть трапезу должны сопровождать запахи, музыка, благовония и так далее.

В наше время благовония уже не употребляются, хотя раньше в среде каббалистов были очень популярны маленькие табакерки с табаком для вдыхания.

В чем смыл того, что надо задействовать все пять органов ощущений? Ведь это целая церемония.

Да, это действительно так. Когда старики-каббалисты, которые учились у Рабаша, пригласили меня присоединиться к их трапезе, для меня она стала целой церемонией. Помню, с каким большим внутренним трепетом я готовился к ней. Для меня это значило очень многое.

Рамбам еще писал, что необходимо тщательно пережевывать пищу, иначе она пойдет во вред. Для этого у нас есть зубы.

32 зуба – это как бы 32 жернова, которые перемалывают пищу, чтобы ее отсортировать, подготовить к перемещению внутрь и проглотить. Здесь нужно понять механику жевательного аппарата: почему у нас существуют губы, язык, щеки, каким образом устроен рот, к чему ведут все наши движения.

Мы устроены по аналогии с Духовным миром. Наше биологическое тело является следствием сопоставления между собой духовных сил. И поскольку свыше должно быть именно такое получение света в наше желание, то наше тело устроено так, чтобы можно было поглощать пищу и двигаться к духовному получению.

Открыть путь высшему свету

Вы как-то говорили, что с духовной точки зрения пища – это свет Хохма, а намерение – свет Хасадим. И когда человек пережевывает пищу, он как бы разделяет все желания на разные частицы.

Он добавляет к желаниям намерение.

Высший свет, представляющий собой свет Хохма, свет наслаждения и наполнения, приходит к человеку только тогда, когда он подготовлен к его приему в соответствии со свойством света.

Свет несет с собой свойство отдачи, любви, связи, антиэгоистическое начало. Если человек может так же отреагировать на свое антиэгоистическое желание, то этим открывает в себе путь к высшему свету, который может его наполнить, принести ощущение Творца, высшей природы, раздвинуть рамки нашего мира. И человек начинает чувствовать, что он уже появляется в Высшем мире.

Жертва – отделение от себя эгоизма

Обычно мы используем в пищу неживой, растительный и животный уровни природы. Раньше люди приносили жертву от каждого из этих уровней. Что в духовном означает приносить жертву?

Это значит, что ты должен отделить от всего, что ты получаешь, маленькую часть и символически сжечь. Раньше какую-то маленькую часть пищи отливали или сжигали, показывая тем самым, что человек принимает это не в свое эгоистическое желание получать, а в альтруистическое желание отдавать, что он принимает эту пищу только для того, чтобы здравствовать и в своем добром здравии делать добрые дела.

Все, что есть на неживом, растительном и животном уровне, символизирует виды наших эгоистических желаний, и в зависимости от того, что мы приносим в жертву, мы как бы поднимаемся над разными уровнями эгоизма.

Самый высокий – это животный уровень. Если человек приносит его в жертву, это значит, что над этим уровнем эгоизма он может объединиться с другими людьми.

Трапезы в Храме

Из истории известно, что в Храме не просто приносили в жертву животных, а еще устраивали большие трапезы.

Дело в том, что Храм одновременно был местом для занятий, куда съезжались люди со всей страны. Человек, приходя в Храм, должен был принести с собой жертвоприношения, часть из которых уходила на приготовление пищи. Эти блюда ставились на общие столы, и любой человек мог прийти и принять участие в трапезе.

В каббалистической трапезе обычно принимают участие те, кто с ее помощью желает духовно возвыситься. Они понимают, для чего собираются вместе, – это большая внутренняя работа, огромные усилия.

Что означает кошерная пища?

Есть кошерная и не кошерная пища. Что это значит?

Кошерная – в переводе «годная». Годная для употребления в пищу. Она олицетворяет собой поглощение высшего света. Потому эта пища должна быть кошерной, то есть особой, приготовленной определенным образом. Имеется в виду уже следующий уровень сближения человека с Творцом.

Кошерными считаются те виды домашних животных, у которых есть внутренний круг пищеварения. Проглатывая пищу, они переходят на повторный круг. Это говорит о том, что любая пища у них не проскакивает сверху вниз, что символизирует правильное намерение.

Все действия Высшего мира отражаются на животном уровне. Человек, который находится в духовном постижении, глядя на рыбу или на какого-то зверька, может сразу сказать – это кошерное или не кошерное животное.

Если мы говорим, что пища символизирует изобилие высшего света, то какие-то формы наслаждения от связи с Творцом я могу себе позволить, а какие-то нет?

Да, некошерная пища олицетворяет собой такие формы, которые невозможно принять с намерением ради отдачи. Поэтому мы ее не употребляем.

Говорят, что в конце исправления можно будет употреблять в пищу все.

Абсолютно всё. Потому это и будет концом исправления.

Благословения до и после еды

В чем заключается смысл благословений до и после еды?

Любое поглощение пищи должно сопровождаться благословениями, потому что все исходит от Творца. К человеку все нисходит сверху вниз. Поэтому, прежде чем принять пищу или выпить напиток, человек соответственным образом должен поблагодарить Творца. Только после этого можно приступать к трапезе.

Многие благословляют пищу до и после еды. Это считается народной традицией.

Да, но в принципе, это благодарение за то, что мы сидим за трапезой и сейчас будем наполнять свои желания, утолять свой голод. Поэтому мы благодарим Творца, от которого нисходит все – и солнце, и вода, и все остальное, благодаря чему мы можем наполнить, оживить себя, поддержать в жизни.

Если рассматривать Творца как природу, что значит благодарить природу?

Это значит, что ты формируешь в себе правильное отношение к природе, считая себя не хозяином всего, что есть в природе, а лишь получателем. Очень важно понимать, что не ты хозяин.

В чем разница благословений до и после трапезы?

До трапезы ты благодаришь за то, что получаешь эту пищу. А после – за то, что ты насытился, и теперь можешь жить дальше.

Трапеза – сближение с Творцом

Все элементы трапезы созданы специально, чтобы не отрывать человека от мыслей о его духовном предназначении. Чтобы он понимал, где и с кем он находится, почему таким образом настроен на Высший мир, на Творца, почему не должен от этого отрываться.

Все благословения, условности, законы необходимы только для того, чтобы в каждом своем действии и мысли человек все время чувствовал, что находится в поле Творца. А когда он начнет ощущать это поле, тогда будет это все выполнять естественным образом.

Сама работа, сами усилия должны показывать человеку, что с их помощью он может все время приближаться к Творцу.

Но никто не заставляет его их делать. По мере того, как человек начинает понимать их смысл, он сам выбирает для себя тот или иной уровень соблюдения этих благословений.

ПУТЕШЕСТВИЕ ПО ДУХОВНОЙ ЗЕМЛЕ ИЗРАИЛЯ

ЗЕМЛЯ ИЗРАИЛЯ

https://kabbalahmedia.info/ru/programs/cu/39KmnoqF

Земля материальная и духовная

Мы знаем из каббалистических первоисточников, что «земля» (ивр. «эрец») происходит от слова «рацон», «желание». А Израиль (Исраэль) означает «Яшар Кель», «Прямо к Творцу». Таким образом, Земля Израиля – это желание к свойству отдачи, подобию Творцу.
Какова связь этого желания с грубой материей, которую мы видим в нашем мире, как следствие такого высокого свойства?

В нашем мире мы тоже наблюдаем соответствие духовному и земному. В каббале во многих источниках описывается, что все духовные силы, которые распределяются в Духовном мире, имеют свое материальное выражение на Земле, в космосе, вокруг Земли. И все это мы можем видеть.

О Земле Израиля сказано очень многое. Если мы соблюдаем законы Духовного мира – законы отдачи, любви, объединения, правильного взаимодействия между собой, то, живя на материальной земле Израиля, ощущаем благодать.

И наоборот, если мы не будем соблюдать их, то эта земля, как сказано, изрыгнет нас, мы не сможем на ней существовать, и после долгих мучений все равно будем вынуждены ее покинуть.

70 лет назад мы вроде бы получили эту землю, но нельзя сказать, что мы ее действительно получили. Мы просто заняли ее, а не адаптировались к ней, поскольку не стали соблюдать в материальном виде духовные законы отдачи, любви, объединения, благостного отношения друг к другу.

Но почему сама земля – это грубое вещество, которое состоит из атомов и молекул, соответствует желанию уподобиться Творцу, свойству отдачи?

Потому что духовные силы действуют на всех уровнях природы: неживом, растительном, животном, человеческом. И земля ощущает это.

Земля – это не грубая материя. Мы на ней существуем, от нее кормимся. Это наша благодать, наша мать, что называется. Без нее человек не может существовать.

Пока мы не приведем себя в порядок в любви друг к другу, в объединении между собой и со всем миром, с человечеством и мирозданием, мы не достигнем хороших состояний в этом мире и на этой земле.

Мы знаем, что Земля состоит из атомов, атомы объединяются в молекулы. У Земли есть ядро, мантия, кора. А из каких элементов состоит желание отдавать, уподобиться Творцу?

Оно состоит из самого желания и намерения. Всё. Больше ничего. В самом желании есть пять уровней: ноль, один, два, три, четыре. И в соответствии с ними есть пять видов намерения. Все просто. Главное – чтобы все твои желания были на благо другим.

Какими мы должны быть

Бааль Сулам в газете «Народ», изданной в сороковом году прошлого века, пишет, что мы, люди, все время находимся в состоянии развития так же, как планета Земля, которая проходит постоянную борьбу двух сил – положительной и отрицательной.
К чему мы должны прийти? К какому совершенству? Насколько я понимаю, неживая, растительная и животная природа уже находится в своем совершенстве, а человек еще не достиг его.

Да, неживая, растительная, животная природа сама по себе находится в совершенстве. Но из-за того, что человек несовершенен, он влияет на нее, иррадиируя свои плохие свойства. Поэтому страдает вся природа.

Поэтому он должен прийти к тому, чтобы стать Человеком. А человек – на иврите «Адам». «Адам» от слова «подобный», «эдоме ле-Элион» – подобный Творцу. Вот какими мы должны быть, то есть находиться между собой в отдаче и любви. И тогда, естественно, став другими, мы ощутим мир, в котором живем, – другой мир.

Уравновесить все силы природы

Как отрицательная и положительная силы, которые постоянно находятся в конфликте, проявляются в нашем мире на человеческом уровне?

В нашем мире мы почти не чувствуем добрые силы. Только в очень ограниченном виде между друзьями, родственниками, родителями и детьми. Или мы ощущаем их в инстинктах природы, которая навязывает нам добрые отношения, поскольку иначе не было бы жизни и продолжения рода. А на остальных уровнях природы мы не видим этих сил, потому что не привносим их в наш мир.

Значит, есть положительная и отрицательная сила, которые уравновешены, допустим, на неживом уровне, и поэтому Земля, этот сгусток вещества, может существовать. Но был период, когда эти силы не были в равновесии, и между ними шла постоянная борьба.
То же происходит и с человечеством. И как следствие этого, ведутся постоянные войны, когда силы добра и зла все время воюют между собой. Что будет, когда они придут к равновесию?

Силы добра и зла придут к равновесию, только лишь когда человек вмешается в их соотношение, противостояние и уравновесит все силы природы. Тогда природа будет действовать во благо всем наполняющим ее.

Можно сказать, что наше желание к Творцу, то есть к свойству отдачи, еще до конца не сформировалось, вследствие чего возникают войны и конфликты?

Да. Именно взаимоотношения между нами определяют все состояния природы на всех ее уровнях и наше отношение к Творцу.

Достояние двенадцати колен

В газете «Народ» Бааль Сулам пишет, что Земля Израиля является достоянием двенадцати колен, а сам народ называется иудеями, так как является потомком двух оставшихся колен. Остальные десять колен исчезли.
Если Земля Израиля уже дана нам, и через две тысячи лет мы вернулись сюда, то наверняка, чтобы соответствовать духовному корню, на ней должны проживать все двенадцать колен?

Эти двенадцать колен в скором времени раскроются. Пока на этой территории проживают только два с половиной колена, а остальные каким-то образом рассосались по всей Земле. Мы их не видим, не можем определить. Нам не дано ощущать весь народ, поскольку мы не можем правильно использовать наше взаимодействие.

Вы как-то объясняли, что двенадцать колен – это строение нашего желания «йуд-кей-вав-кей».

Любое желание состоит из четырех стадий. Поэтому желание «Исраэль» тоже включает четыре стадии, каждая из которых состоит из трех линий. Четыре помноженное на три – получаем 12 колен. Как следствие, в нашем мире существовали двенадцать племен.

Когда после 40-летнего похода по пустыне эти племена входили в Землю Израиля, все двенадцать колен четко распределились определенным образом. Что это значит во внутренней работе?

Им было указано, каким образом они должны распределиться, чтобы каждая из двенадцати частей соответствовала своему месту на земле. Ведь земля имеет свой определенный потенциал. И каждое колено, то есть человеческое желание, должно соответствовать желанию животного, растительного и неживого мира.

Внутренняя карта души

Земля Израиля соответствует желанию на неживом уровне. А есть еще желание на уровне «человек». И одно должно четко накладываться на другое?

В идеале – да. Так оно и будет в будущем.

Намерение накладывается на желание, оформляет его, и желание таким образом становится соответствующим определенной части земли. Это и вызывает в человеке необходимость изменить место жительства или какие-то другие изменения.

Когда человек занимается духовным развитием, он обнаруживает в себе эту карту Израиля со всеми местами? Так это происходит?

Это зависит от сорта души и ощущается не каждым человеком. Но в общем люди будут чувствовать, к какому месту во вселенной они относятся, где их духовный корень.

В нашем мире есть люди, которые знают больше или меньше, и есть, которые вообще ничего не знают. Так и в духовном?

Да, придет время, когда мы начнем это ощущать и обнаружим, что должны поступать согласно духовным свойствам.

От Земли Ханаан к Земле Израиля

До того, как земля Израиля стала называться Эрец Исраэль («эрец» – от слова «рацон», «желание». «Исраэль» – «яшар кель», «прямо к Творцу»), она называлась Ханаан – от слова «ахнаа», «принижать себя». Что именно принижает человек?

Принижение – это предварительное свойство, которое должно быть на этой земле, в этом желании. Для того чтобы желание стало направленным на отдачу, любовь, объединение, оно должно пройти состояние «ахнаа», подавление своего эгоизма.

Предварительная стадия подавления эгоизма, его подготовка к более высоким альтруистическим действиям называется «ахнаа» или Ханаан.

Прежде чем человек входит в Землю Израиля, он должен принизить свой эгоизм. Поэтому сначала этот участок земли назывался Ханаан, а потом стал называться Землей Израиля.

Стадии изменения желания

С точки зрения каббалы, творение – это желание получать. У желания нет места. Поэтому в Торе речь идет о развитии одного и того же желания, которое постоянно проходит трансформации.

Сказано: «Вначале создал Творец небо и землю. Земля была пустынна и хаотична». Что это за начальное состояние, которое человек обнаруживает в себе – землю, желание, которое было хаотично и пустынно?

Человек не знает, как работать со своими желаниями. У него есть только начальное стремление к постижению своего духовного корня, но что с этим делать, как работать – он не знает. Поэтому для него все выглядит как в тумане: хаотично и пустынно.

А что значит «потоп», который произошел потом?

Это всё стадии пробуждения человека к осознанной, четко направленной духовной работе.

«Потоп», «Вавилон», «Ханаан», «Египет», «Земля Израиля» – это стадии постепенного изменения желания в человеке на всех уровнях – неживом, растительном, животном – до тех пор, пока он не приходит к полному подобию Творцу.

И конечная стадия – это Земля Израиля?

Да, но на самом деле мы пока еще не можем ее достигнуть. Мы приходим к этой Земле, а она, что называется, извергает нас.

Мир – наш внутренний видеообраз

Человек, духовно развиваясь, сначала ощущает, что все его желания запутаны, он не знает, как их направить, как уравновесить. Потом происходит всплеск эгоизма (состояние «Вавилон»), когда он не может никаким образом наладить отношения с другими людьми. Затем он начинает осознавать свой эгоизм – это уже вход в Египет.

А во внешнем мире, где существует пространство, время и скорость, нам рисуются материальные картинки, такие как Вавилон, пустыня и так далее. Но все эти рассказы говорят только о внутреннем?

Да, так же как у тебя в компьютере есть какая-то программа, ты ее запускаешь, и она показывает тебе какие-то видео.

Так и внутри нас есть всевозможные информационные записи, которые проявляются в том, что мы видим себя существующими в этом мире, и действуем в соответствии с тем, что перед нами прокручивает природа. А на самом деле это все наш внутренний видеообраз.

Как будто твои внутренние желания, вывернутые наизнанку, показывают эту картину, чтобы ты смог ее изменить. Поменяй свои внутренние свойства, и увидишь мир вне себя. Представляешь, что тебе дано? Менять себя в таком большом, увеличенном масштабе.

Немного изменишь себя — увидишь большие изменения в окружающем мире, между собой и неживой природой, животными и людьми, с которыми ты взаимодействуешь. Меняя себя внутренне, ты видишь следствия во внешнем мире. Сам делаешь свое кино.

Получается, что внешний мир является как бы индикатором для меня?

Внешний мир является отображением твоего внутреннего состояния. Если ты сейчас видишь, допустим, какие-то войны в той же Земле Израиля, значит надо что-то в себе менять. Только так ты сможешь воздействовать на внешнюю ситуацию.

Если я хочу рассказать людям о внутренней земле Израиля или о Египте, то какую картинку лучше показать человеку? Показать это на фоне Земли Израиля? Допустим, у меня есть возможность выехать, показать горы, пустыню и так далее.

Это неживой уровень. Ничего интересного в нем нет. Надо показывать то, что мы можем менять, на что мы можем воздействовать.

И что? Мне стоять как бы на белом фоне, вне пространства, времени и всего? Ведь я хочу показать внутренние изменения.

Как ты их покажешь?

Ты можешь дать лишь пример, что начинаешь правильно относиться к людям, к окружению, приближаться к правильному взаимодействию с ними, с животной, растительной и неживой природой.

Если ты пытаешься утвердить любовь между всеми уровнями творения, то тогда ты начинаешь ощущать себя существующим как бы в другом формате, в другом измерении. Так и должно быть. В принципе, мы можем прийти к этому.

Разные уровни желания

Иногда вы говорите, что народ Израиля – это намерение «прямо к Творцу», а иногда, что это «желание отдавать». Так же мы называем Храм, который был построен в Иерусалиме, Бейт а-Микдаш, то есть «сосуд святости», желание отдавать. То есть всё это – разные уровни желания?

Это разные уровни или желания получать, или желания отдавать.

Какая разница, допустим, между желанием отдавать, которое символизирует Храм, и желанием отдавать, которое символизирует Земля Израиля?

Это разные уровни желания. Как у тебя есть всевозможные желания к чему-то – плохому, хорошему, неважно, – но они на разных уровнях, так и это. Только желания отдачи включают в себя правильное отношение ко всем пяти уровням: неживой, растительной, животной природе, человеку и Творцу.

Увидеть мир меняющимся

Вы говорили, что все находится внутри меня. Чтобы изменить что-то во внешнем мире, я должен что-то изменить в себе. А что значит «изменить в себе»? Я должен менять себя или свое отношение к другим? Я же здесь не один.

Но ведь желания – твои, и менять ты можешь их или относительно себя, или относительно неживой, растительной, животной природы и людей. И всех их – относительно Творца. То есть ты выбираешь, какого сорта желания ты хочешь использовать, к чему ты хочешь относиться.

Если ты хочешь использовать все свои желания с правильным намерением, с добром ко всем, начиная с неживого мира – с экологии, с того, что мы сегодня называем неживым, растительным и животным, а тем более, к людям, то тогда ты этим переделываешь мир.

Согласно твоим желаниям ты начинаешь обращать внимание на общую природу. Ты ощущаешь в ней ее великую силу – Творца, и просишь Его о том, чтобы Он начал менять свое отношение к миру по твоему велению, по твоему хотению. Таким образом ты можешь наблюдать, как мир действительно меняется.

Соответствовать Земле Израиля

Бааль Сулам в статье «Последнее поколение» говорит, что, хотя сегодня эта Земля и дана народу Израиля после 2000-летнего изгнания, но не исключено состояние, когда Творец (Природа) снова заберет ее у нас, если мы не будем ей соответствовать.
Получается, что нам дан какой-то определенный срок, для того чтобы мы могли исправить себя? О каком сроке идет речь?

Я не могу точно сказать, но возможно это ограниченный срок и довольно-таки небольшой. Нам нужно взяться за себя, за свое соответствие Земле Израиля, которое, кстати, прописано в наших законах – что же это за Земля, как к ней относиться, какие люди здесь должны быть. Причем, именно евреи.

То есть евреи должны менять свои намерения и желания с получения на отдачу. Если они таким образом будут работать над собой, то смогут продолжать жить на этой земле и наслаждаться ее плодами. Но если этого не будет, то земля, как сказано, изрыгнет тех, кто живет на ней.

Действительно, последнее изгнание длилось 2000 лет – огромный период времени. Почему потребовалось столько лет?

Дело в том, что мы должны понять, как мы существуем, что же это за изгнание и в чем заключается выход из него, так же, как из Египта. В первую очередь надо осознать само изгнание – в чем оно заключается, и только потом быть готовыми к нему.

На самом деле мы и сегодня пребываем в изгнании. Мы не считаемся находящимися в Земле Израиля, потому что она символизирует желание, которое устремлено к Творцу, а наши желания еще не устремлены к Нему. Наоборот, мы находимся в противоположном состоянии.

А то, что народ Израиля существует тут более 70 лет – это просто какой-то знак, символ чего-то?

Ничего особого это не значит. Это, конечно, символ, но, по крайней мере, еще не духовное определение состояния народа и Земли.

АВРААМ

https://kabbalahmedia.info/ru/programs/cu/4XT6wgmc

Авраам – свойство милосердия

Что ощущает человек, который поднимается на ступень «Авраам»?

Авраам – это духовная ступень, которую может постичь человек, когда он получает от Творца все, что должно снизойти к творениям.

От Творца к творениям нисходят три первые сфиры, три эманации: Кетэр, Хохма, Бина. Самая высшая ступень, которую Творец дает творениям, находится на сфире Хэсэд (милосердие).

Авраам олицетворяет свойство Хэсэд, означающее, что он милосерден, отзывчив, включается во всех, ощущает всех и ни в коем случае не связывает это с собой, а поднимает всех выше себя.

Авраам был двадцатым по цепочке всех мудрецов, начиная от Адама, жившего 5781 год назад. Почему в Танахе указывается именно число 20, а не 17 или 28?

На эту тему есть разные мнения, в частности, что это десять сфирот прямого света и десять сфирот отраженного света. Я считаю, что любое высшее духовное воздействие обычно нисходит по правой линии, по левой линии, и в середине между ними достигает ступени, называемой «Авраам».

Можно еще сказать, что по отношению к Творцу Авраам – наивысшая точка, наивысшее свойство творения. Мы не можем подняться выше. Это самое близкое к Творцу свойство, которое человек обнаруживает в себе.

На истоке развития эгоизма

Рассказ об Аврааме в книге «Бытие» начинается с того, что в Древнем Вавилоне люди жили как один народ и говорили на одном языке. Никто не властвовал над другими. Как такое может быть? Ведь до этого десятки тысяч разных племен воевали друг с другом.

Был такой период в Междуречье, между Тигром и Евфратом, когда в том месте, где жили вавилоняне, не было никаких противоречий, поскольку всего было в достатке. В реках водилась рыба, плодородная земля давала хороший урожай, и люди ни в чем не нуждались. У них даже не было чувства зависти друг к другу и духа соревнования.

Все было очень хорошо. Никто не властвовал над остальными, все были равны. Люди жили в спокойном, как бы законсервированном состоянии. Это говорит о нулевом (корневом) уровне эгоизма. Тогда он только начинал развиваться в человечестве.

В принципе, мы говорим о Древнем Вавилоне, как о первоначальном состоянии человечества, когда люди еще не ощущали в себе эгоизма, жажды наживы, зависти и тому подобных потребностей.

Нулевой уровень – это мертвый эгоизм. Ему не надо больше, чем есть. Он олицетворяет первоначальное животное состояние человечества.

Нимрод – свойство эгоизма

Во времена господства в Древнем Вавилоне царя Нимрода (от слова «мэрэт», «восстание») там одновременно проявилось несколько векторов развития человечества.

С одной стороны, Нимрод, как жесткий, коварный, давящий правитель. С другой стороны, люди стали более агрессивными, требовательными, эгоистичными по отношению друг к другу.

Кроме того, отец Авраама Терах начал так называемое разделение богов. Он ваял всевозможные статуэтки и говорил вавилонянам, что каждая из них представляет какое-то божество, которому надо молиться, умащать, зажигать свечки.

С духовной точки зрения, это какие-то неведомые силы в человеке, которые он хочет как-то ублажить, понять, совладать с ними. Это и есть поклонение божествам.

Сказано, что Нимрод был сильный зверолов перед Господом. Это означает, что он желает вытащить людей из их примитивного животного состояния и поднять выше, разжигает их эгоизм, конкуренцию, жажду всевозможных обретений.

Против кого восстал Нимрод?

В принципе, не было никого, против кого ему восставать, кроме как против самой природы, которая убаюкивала людей. А он этого не хотел. Он хотел, чтобы его подданные были эгоистичными, конкурентоспособными, сами двигались вперед и двигали вперед его царство.

В общем-то, это положительное свойство. Ведь мы же хотим, чтобы наш ребенок соревновался и так развивался.

Соревнования могут носить и другой характер. Человек может соревноваться за то, чтобы не быть эгоистом и не побеждать всех и вся.

«Нимрод» в человеке – это отрицательное свойство, которое и по сей день развивается в человечестве с неукротимой скоростью.

Вавилонская башня – подъем эгоизма

При строительстве Вавилонской башни, символизирующей рост эгоизма, произошло смешивание языков. Это значит, что люди перестали понимать друг друга, хотя говорили на одном языке. Что это означает внутри человека? Он перестает себя понимать?

На самом деле люди не только не понимают друг друга, они и сами себя не понимают. Получается, что человек живет, не осознавая, для чего, ради чего, в связи с чем.

В той мере, в которой он становится эгоистом, он постепенно отодвигается от природы, противопоставляет себя ей. А заменить эту утерю ему нечем. И выходит, что он, в общем-то, теряет и с этой, и с той стороны.

Что происходит в человеке, когда он строит в себе Вавилонскую башню? Что это за состояние?

Строительство Вавилонской башни – это то, что навязал людям Нимрод, чтобы поднять их эгоизм. Эгоизм должен достичь состояния, когда он превалирует над всеми другими человеческими свойствами.

Два вида желаний в человеке

Поколение Авраама называется поколением разделения, раздора (ивр. «дор афлага»). Люди, которые пошли за Авраамом, стали называться «Исраэль», а все остальные – «народы мира». Что это за разделение на два вида желаний внутри человека?

Устремление к сближению между людьми – это альтруистическое свойство. Стремление к тому, чтобы довлеть над людьми – эгоистическое свойство.

Авраам положил начало разделению человечества на две группы: маленькую, ничтожную группу эгоистов, которые хотели подняться над собой, и поэтому назывались «иудеи», «евреи», «израильтяне»; и группу, которая называлась «народы мира».

Это два вида желаний внутри человека: эгоистические желания, которые уже исправлены и готовы к использованию, и неисправленные желания, которыми пользоваться нельзя.

Как трактовать числа Торы?

Авраам был первым человеком, который поднял Малхут в Бину за 40 лет. Так и сказано в Торе, что в 40 лет он постиг Творца. Что означает цифра 40?

Всем присуще эгоистическое желание получать. Исправить его можно только лишь подъемом до уровня Бины, числовое значение которого 40. Это значит, что мы можем подняться до уровня Бины как бы за 40 лет, за 40 ступеней.

На самом деле это чисто условно, поэтому можно отсчитывать и воспринимать этот уровень по-другому. Но в Торе число 40 встречается очень часто.

Еще в Торе упоминается число три. Например, было сказано, что Авраам начал размышлять о смысле жизни в три года. Что это значит? Понятно, что это не возраст.

Конечно, это не физический возраст. Но можно сказать, что это духовный возраст, когда в человеке появляется возможность получать и отдавать, и из этих двух противоположных состояний строить среднюю линию. Три – это образование средней линии.

В служении Творцу

До того, как народ вошел в Землю Израиля, она называлась Ханаан – от слова «леахния», «принижать себя». Что это значит внутри человека?

Это свойство Авраама, который постоянно принижает себя перед Творцом. Если человек в своем движении вперед достигает желания («земля», «эрец» – от слова «рацон», «желание»), когда он еще больше может приблизить себя к Творцу, то это называется, что он «пришел в Землю Кнаан».

Хотя в материальном было такое, что Авраам пришел в Ханаан из Древнего Вавилона, потом опять спустился в Египет, и опять пошел в Ханаан, а затем в Беер-Шеву, Содом и Гоморру, но все эти передвижения происходили внутри человека? Это изменения состояний?

Конечно! Именно это и происходит, именно это самое главное. Имеются в виду внутренние, а не внешние перемещения.

Сказано, что Авраам сидел в шатре и обучал всех желающих. Чему он их обучал?

Принципу единобожия – тому, что высшая положительная сила (свойство отдачи) управляет всем миром, и именно этому свойству мы должны поклоняться и всячески в себе культивировать.

Авраам был вынужден уйти от Нимрода из Вавилона в Ханаан. Но там был голод, и он все равно должен был спуститься в Египет. Что это значит?

Авраам, будучи только лишь в свойстве отдачи, не мог наполнить себя в служении Творцу, в совпадении с Ним по свойствам. Поэтому он должен был открыть свое желание и эгоистическим свойствам, чтобы на определенном совмещении между эгоистическими и альтруистическими свойствами – получения и отдачи – он смог правильно уподобиться Творцу.

Не количество голов, а мощность душ

В Торе говорится, что в Египет спустились 70 душ, хотя мы знаем, что это были десятки тысяч людей. Почему речь идет именно об этой цифре?

Во-первых, во времена Авраама действительно было мало людей. В Торе всегда имеется в виду не количество голов, а мощность душ.

«70» – это полное число, поскольку наша душа состоит из 70 частей. Если эти 70 частей соединяются вместе и устремляют свои частные и общие усилия к Кетэр – к вершине объединения, то это называется «цельная работа», «цельная душа», то есть связь с Творцом на соединении этих свойств.

Лот – свойство противоположное Аврааму

Рядом с Авраамом всегда был его племянник Лот. Что это за свойство, которое постоянно ходит рядом с Авраамом?

Духовные свойства всегда состоят из положительной и отрицательной части, потому как невозможно ничего определить, осознать, сосчитать, направить на что-то, если нет двух противоположных свойств.

Поэтому Лот — это свойство, противоположное Аврааму, а с другой стороны, он этим же помогает Аврааму проявить себя. То есть Авраам проявляется благодаря Лоту.

Но потом на каком-то этапе они все равно должны разойтись?

Естественно. Авраам так и говорит: «Если ты — направо, я — налево». То есть потом они уже разделяются.

Ни я тебе, ни ты мне

Когда Творец хотел уничтожить Сдом и Гоморру, Авраам попытался защитить их. Что это за отношения, которые называются «Сдом»: «моё — моё, твоё — твоё»?

«Моё — моё, твоё — твоё» — это абсолютно анти-альтруистические отношения, хотя это не преступление, не свойство эгоизма в его истинном, ярком виде.

Тем не менее, при таких отношениях я не могу ничего исправить. Потому это свойство указывается в Торе как очень противоположное Творцу, от которого надо избавляться.

Но для нашего эгоизма — это самое комфортное состояние?

Нет, для эгоизма это не комфортно, поскольку ты не берешь у другого. Ты говоришь: «Твое — твое, моё — моё». Я тебя не трогаю, ты меня не трогаешь.

Так мы существовали бы без войн, без всяких конфликтов.

Но именно от того, что такое состояние — самое тупиковое: ни я тебе, ни ты мне, и мы вместе никак, то оставаться в нем — в этом нет никакого исправления. Потому это средство не готово для достижения цели. Ведь цель творения — объединить всех.

А свойство Сдома в человеке противоположно замыслу творения. И поэтому Творец уничтожил эти города.

Колодец – источник мудрости

В Торе говорится, что Авраам постоянно ходил по пустыне? Что такое пустыня внутри человека?

Ощущение, что нечем питаться, нечем наполнить свое свойство отдачи, любви, связи с другими, никак не реализовать себя – это свойство пустыни.

Речь идет о внутренней пустоте. И неважно, от чего она возникает: от того, что я не могу наполнить себя эгоистически, или от того, что не могу наполнить Творца.

Бродя по пустыне, Авраам все время искал колодцы. Почему это было так важно?

Колодцы – это источники воды. Вода символизирует свет Хасадим, то есть свойство отдачи и любви, без которого невозможно цветение и полевые всходы. Поэтому все упирается в колодцы, в воду – в свойство отдачи.

В каббале колодцы в пустыне называют источником мудрости, потому что пустыня показывает, насколько человек жаждет найти этот источник жизни. И когда он его находит, тогда и получается всплеск мудрости, всплеск добрых намерений.

О какой мудрости идет речь?

О том, как стать подобными Творцу.

Блиц-ответы каббалиста

В Торе часто описывается, как пастух пасет стадо овец. Что это означает с духовной точки зрения?

Овцы олицетворяют собой животные желания человека, наиболее близкие к духовным желаниям.

Пасти овец внутри себя означает, что ты наращиваешь в себе такие желания, которые в итоге будут желаниями отдачи, любви, добрых отношений.

Город Сдом находился в районе Мертвого моря. Когда Лот с женой убегали из разрушенного города, жена Лота обернулась и превратилась в соляной столб. Что это значит в духовном?

Жена Лота не захотела расставаться с прошлой эгоистической жизнью и поэтому превратилась в соляной столб, который олицетворяет постоянство в своих желаниях. Их нельзя исправить, ведь они как соль.

Мертвое море находится на 400 метров ниже уровня моря. Вы говорили, что в каббале «четыреста» означает четыре стадии развития желания.

Да, это полная глубина эгоизма – Малхут, которую нужно исправить. Если во внутреннем мы исправим эгоизм, добавив к свойству получения свойство отдачи, то это может проявиться и во внешнем: Мертвое море наполнится изнутри чистой водой, в нем появятся рыбы, пустыня зацветет!

Почему в Торе очень много рассказов связано с Авраамом?

Авраам – основоположник нашего мира. Без него мир не смог бы существовать. Ведь именно благодаря Аврааму появились религиозные свойства, общественные начала и все прочее. Он был великим философом, великим мудрецом.

ПЕЩЕРА ПАТРИАРХОВ

https://kabbalahmedia.info/ru/programs/cu/3xnKnOvn

Махпела – двойная пещера

В древней части Хеврона находится пещера Махпела, где, согласно Торе, похоронены наши праотцы: Авраам, Ицхак, Яаков. И даже по традиции говорится, что это место захоронения Адама и Евы.
Махпела в переводе с иврита означает «двойная пещера». Мы знаем, что в каббале любое название имеет какой-то смысл. Почему эта пещера называется двойной?

Потому что пещера Махпела представляет собой соединение двух миров – нашего мира и Высшего мира. И хотя там покоятся тела нашего мира, но дух людей, захороненных в ней – дух Высшего мира.

Когда вы говорите «два мира», вы имеете в виду два свойства: получения и отдачи – Малхут и Бину?

Да.

Говорят, что пещера Махпела – это второе по святости место после Храма, который был некогда разрушен. Стоит ли физически посещать такие места?

Да, стоит. Рабаш писал, что Бааль Сулам ездил туда. И когда Рабаш его спрашивал: «Зачем?» – он отвечал, что человек должен стремиться к месту своих предков. А в Хевроне похоронены (хотя слово «похоронены» – это аллегория) все предки.

Пещера – и защитник, и хранитель

Интересно, что пещера – это особое место в земле, где можно жить. Но, в принципе, в земле жить невозможно.

С точки зрения каббалы земля – это «рацон», «желание», и нет там жизни. И вдруг оказывается, что есть такое место в земле, где можно жить. Что это?

Природой (естественным образом) или человеком (искусственно) создается такое место, которое включает в себя все необходимые условия, чтобы человек существовал там как будто вне пещеры. В таком случае пещера одновременно и защитник, и хранитель.

Мы знаем, что автор Книги Зоар рабби Шимон и его сын долгое время жили в пещере. Как рассказывают первоисточники, многие из наших праотцов селились в таких местах.

Но смысл пещеры не в том, чтобы зарыться куда-то в землю и прятаться от кого-то. Ее смысл – духовный. То есть, с одной стороны, человек, в общем-то, принижается, скрывается от всех. С другой стороны, именно в своем принижении он объединяет свойство Бины и Малхут – свойство отдачи Высшего мира и свойство получения низшего мира.

Таким образом в земле, в которой нет, в общем-то, ничего пригодного для жизни человека, он образует такое место, создает в ней (в Малхут) такие условия, которые были бы равны воздуху (Высшему миру). И так он живет.

Иными словами, благодаря Бине, свойству отдачи, в пещере можно жить.

Защитная сила Бины

Обычно Бина олицетворяет воду, а вы говорите, что в пещере она олицетворяет воздух.

В данном случае Бина как воздух. Надо понимать, что это аллегории. Многие народы и по сей день живут в различных пещерах или укрытиях, но это ничего им не дает дополнительно.

Здесь имеется в виду, что человек сознательно выбирает в себе такое состояние, такую модель поведения, которая подняла бы его над эгоизмом, называемым «земля», и он обрел бы свойство альтруизма, свойство отдачи, свойство связи с другими, называемое «Бина».

Человек своими усилиями создает такие свойства в себе. Он привлекает на себя свойство света, Высшего мира – свойство отдачи. Это, в общем-то, сила Творца, сила Бины, с помощью которой он организует в себе нечто типа укрытия. И хотя он не может полностью подняться и переместиться в Духовный мир на более высокую ступень, но, по крайней мере, в своем состоянии он создает для себя как бы пузырь, наполненный высшим свойством, и в нем он существует.

Можно ли назвать десятку пещерой?

Можно ли назвать окружение или, к примеру, десятку, в которой находится человек, пещерой?

Конечно. По сути дела, пещера – это свойство отдачи, свойство любви, которое можно создать даже в нашем мире в каком-то ограниченном объеме.

Допустим, человек создал вокруг себя такое окружение, и вдруг он обнаруживает там праотцов. Или даже Адама, Еву? Как это понять?

Когда человек хочет видеть весь мир в объединении, в отдаче, во взаимном соединении, он раскрывает в этом мире такие свойства, которые раньше были скрыты от него. Он ощущает, что там действительно существует свойство отдачи, любви, объединения, подъема над эгоизмом. И для него уже нет никаких преград и ограничений, он живет в том объеме, в той мере, в той силе, которые он создал своим свойством отдачи.

Почему люди боятся пещер?

Почему большинство людей боятся пещер? С чем это связано?

Любая пещера представляет собой очень замкнутое пространство, угрозу для жизни человека. Это ограничение воздуха, движения, может быть, неизвестность.

В Торе под пещерой подразумевается свойство получения и свойство отдачи – Малхут и Бина, которую человек специально создает в себе своим исправлением. И даже находясь в свойстве Малхут (получении), он обнаруживает себя существующим в Высшем мире, в свойстве отдачи. Потому для него это благо.

Но это же противоположно нашему естественному свойству получения. Может быть, из-за этого человек боится пещер?

Если мы говорим про обычного человека, то, конечно, – да. Но если мы говорим о людях, которые стремятся подняться из свойства получения, называемого нашим миром, к свойству отдачи, называемому Высшим миром, то тогда в нашем мире, даже если человек находит такое состояние, где может временно пребывать в свойстве отдачи в ограниченном пространстве и времени, это для него является большой удачей и большой находкой.

Постижение, называемое «пещера»

«Когда Авраам впервые вошел в пещеру, он увидел там свет, и расступился пред ним прах, и раскрылись ему две могилы. Тем временем встал из своей могилы Адам в образе своем и увидел Авраама, и обрадовался. Отсюда стало ясно Аврааму, что в будущем он там будет похоронен».[10]
О чем здесь идет речь? Что значит «увидел праотцов, могилы»? Почему все это надо было так описывать?

А как еще это описать? Человек видит, что он, работая над собой и обретая свойства подобия Творцу, сможет достичь такого состояния, когда всего себя переделает на свойство отдачи и любви, и весь его сегодняшний эгоизм станет противоположным нынешнему состоянию.

---

[10] Книга Зоар. Глава Хаей Сара, п.105. // Каббала Медиа. URL: https://kabbalahmedia.info/ru/sources/1Q1D78Td (дата обращения 21.05.21)

Тогда он со всеми своими исправленными свойствами, ведь неисправленных в нем больше не останется, будет полностью существовать в Высшем мире. Это он обнаруживает в пещере.

Книга Зоар говорит об этом иносказательно. Речь идет о таком постижении, которое называется пещерой.

То есть он увидел Адама (от слова «подобен») и обрадовался, что станет таким же, подобным Творцу?

Верно. Он постиг свой корень и увидел, что тот находится в общем корне всех существующих, потому что Адам – это наш общий духовный предок.

Соединить в себе два мира

Сказано в Книге Зоар, что в пещере патриархов – меарат а-махпела («меара» в переводе с иврита «пещера») – есть вход в Ган Эден (райский сад). Что это значит?

Пещера патриархов – символизирует связь Бины и Малхут. Малхут – свойство нашего мира. Бина – свойство Высшего мира. А меарат а-махпела – это состояние, которое человек проходит по совмещению нашего и Высшего мира, и начинает раскрывать, что существует в Высшем мире в каких-то определенных свойствах, – не полностью, не окончательно, как это было у наших праотцов.

Получается, что все рассказы и в Книге Зоар, и в Торе сводятся к тому, что Малхут и Бина – это свойства получения и отдачи. Все равно что взять наш мир, который создан из углерода и водорода, и связи между ними.

Да. Плюс-минус вместе образуют всё.

Получение и отдача – два основные противоположные свойства природы. Свойство Творца (отдача) – это положительная сила, а свойство творения (получение), которое Он создал специально, чтобы противоположное Ему было существующим – отрицательная сила. И на совпадении, слиянии, симбиозе этих двух свойств существует вся материя.

Как в математике есть ноль и нечто отличное от него – всего лишь два свойства, и из этого состояния ты можешь строить любую науку.

То есть все, что здесь описано, надо просто почувствовать? Иначе это так и останется в тебе или рассказом, или просто сухим объяснением – Бина, Малхут, и всё?

Нет, это не сухое объяснение. Ведь существует свойство отдачи – основополагающее, единственно существующее во всем мироздании, во всех мирах. И кроме этого появляется свойство получения – в чем-то противоположное ему.

Свойство отдачи развивает противоположное себе свойство получения и таким образом создает относительно себя все миры до состояния, когда они становятся подобными, оставаясь при этом противоположными друг другу.

Из этого состоит все существующее. А человек должен найти два мира, уравнять и соединить их в себе.

Информация о пещере Махпела

Как человек, который начал изучать каббалу или только решает заняться ее изучением, может правильно использовать информацию о пещере Махпела для духовного развития?

Для духовного развития здесь есть несколько возможностей. Во-первых, может быть, человеку вообще не стоит думать, говорить и слушать о том, что такие места существуют физически. Потому что он будет думать, что в них концентрируются духовные силы и духовные свойства. Он начнет ездить туда, поклоняться и так далее, что, в общем-то, не является целью нашей беседы.

А может быть, его заинтересует эта тема с исторической или географической точки зрения. Это всё – очень интересные моменты, поскольку в нашем мире нет ничего, что не имело бы корня в Высшем мире. Потому стоит посмотреть на это именно с такой стороны.

Считается, что это место опасно для жизни. Туда нельзя так просто поехать. Почему? Вроде бы это святое место.

Есть очень много желающих властвовать над любыми особыми местами. За право их принадлежности тому или иному государству и происходят войны. В данный момент идет борьба между исламом и иудаизмом.

Десятка – то, что мы создаем внутри себя

Могу ли я представить себе пещеру Махпела как десятку, в которой у меня существует возможность и отдавать, и получать, то есть как-то уравновешивать свой эгоизм?

Можно. Но десятка – это не пещера праотцов. Это то, что мы создаем внутри нас. Группа представляет собой именно такие свойства, в которых раскрывается отдача и любовь – то, что определяет свойство Бины относительно свойства земли (Малхут).

Так что любые наши движения вперед основаны на том, что мы строим из себя, из нашего объединения в десятку, из всего мира, такое свойство, которое является группой или даже, можно сказать, в чем-то пещерой.

В принципе, человек должен найти себе такое окружение, где бы он мог развивать в себе духовное свойство отдачи и любви.

Да, именно так.

Через такой как бы внешний рассказ о пещере Махпела мы затрагиваем какие-то внутренние свойства.

Мне трудно говорить об этом, потому что для меня это не внешний рассказ. Для меня он имеет только один смысл. Так что меня не интересуют всевозможные беспорядки, которые происходят в этих местах или что-то еще. Для меня эти места не физические, а чисто внутренние.

ЭЛЛИНИЗАЦИЯ ИУДЕЕВ

https://kabbalahmedia.info/ru/programs/cu/PnvbK1cz

Истинная религия евреев

В X-VIII в. до нашей эры сложились древнегреческие мифы, которые повлияли на культуру многих народов. Греки овеществляли силы природы. По их мировоззрению Землю населяли чудовища, великаны, циклопы.
Затем начался период философов: софисты, пифагорейцы и Сократ. К этому времени относятся факты, говорящие о том, что они обучались у каббалистов. Это действительно так?

Во-первых, иудейская религия в своем первозданном виде не чуралась никого, кто приходил к ней, поскольку сами евреи сформировались в Древнем Вавилоне как часть населения, которая оторвалась от вавилонян и стала придерживаться принципа «возлюби ближнего как самого себя». Это и было их религией, причем не просто верой, а действием.

Все действия, в результате которых человек становится способным относиться к ближнему как к себе и таким образом начинает ощущать через это объединение всю природу, и являются основой истиной еврейской религии, называемой «каббала».

Отход философии от каббалы

Немецкий философ Иоганн Рейхлин писал: «Мой учитель Пифагор, отец философии, все-таки перенял свое учение не от греков, а скорее от иудеев. Поэтому он должен быть назван каббалистом. Он был первым, кто перевел слово «каббала», неизвестное его современникам, на греческий язык словом «философия»[11].

---

[11] Мыслители мира о каббале // Каббала, наука и смысл жизни. Персональный блог Михаэля Лайтмана URL: https://www.laitman.ru/kabbalah/45.html (дата обращения 21.05.21)

Первоначальной философией для всех была каббала — наука о силах, которые правят в мире и миром.

Начиная с X века до нашей эры и далее, древние греки перенимали эту мудрость у древних евреев. Она переходила к ним до тех пор, пока они не оторвались от каббалистов и не стали интерпретировать ее по-своему, считая, что Землю населяют боги, а в камни, в животных и так далее вселяются всевозможные силы.

Это был уже четкий тотемизм и, конечно, от каббалы ничего не осталось, как не осталось от нее ничего во всех религиях, взявших свое начало из каббалы, а потом спустивших ее до уровня нашего мира и всевозможных житейских действий, которые сегодня существуют в религиях как их обычаи и законы.

Переход от мудрости каббалы к примитивной философии

Каково ваше мнение, как каббалиста, об эллинизации иудеев? Как можно было принять такую примитивную на то время греческую идеологию и оставить очень продвинутую иудейскую философию?

Дело в том, что мы не совсем понимаем те времена. Начиная с X века до нашей эры, когда евреи вышли из Египта и, пройдя по пустыне, вступили в Землю Израиля, сразу же началась острая борьба между их кланами и семьями.

Моше остался по ту сторону Иордана, он не вошел в Землю Израиля. И, как обычно бывает, когда предводитель умирает или оставляет свой народ, в нем начинается брожение. Кто-то пошел за объявившимися в еврейском народе предводителями, которые говорили, что надо поклоняться статуям, делать какие-то знаки-обереги, строить капища и так далее. Кто-то был против этого.

Так в народе возникло много всевозможных направлений. Естественно, что ничего хорошего из этого не получилось. Народ раскололся на множество групп. Десять из двенадцати колен покинули Землю Израиля и ушли, не желая участвовать в кознях друг против друга. Осталось только два колена, между которыми все время были распри.

В течение десяти веков они поднимались и опускались в своей приверженности к настоящему иудаизму. На территории Земли Израиля жило много различных племен, и у каждого племени были свои божки, свои статуи и так далее. Поэтому евреям хватало помех, способствующих отрыву от поклонения духу и переходу к поклонению камням.

Эллинизация иудеев

В человеке есть такие желания, которые в каббале называются «яваним», то есть «греки».

Греки (яваним, митьявним) – это те люди, которые желают овеществить свои стремления к высшему. Они не понимают духовное без каких-либо тотемов, каких-то признаков камня, дерева и так далее. Так постепенно и возникли все религии. С тех пор иудейская религия сильно изменилась. А вслед за ней появились христианство и ислам.

Вы считаете это естественным процессом? Так и должно было произойти?

Да. Потеряв такого предводителя как Моисей, люди оторвались от четкого устремления к духу и стали видеть его в дереве и камнях. Появились целые ответвления от настоящего иудаизма. Так произошла эллинизация сотен тысяч иудеев.

Еврей – это состояние души

Перевод Торы на греческий язык 70-ю мудрецами что-то привнесло в мир? Ведь очень многие были против этого.

Этого невозможно было избежать, потому что многие евреи, во-первых, перестали говорить на иврите. Во-вторых, постепенное понижение уровня народа тоже сыграло свою роль.

Конечно, в этом не было ничего положительного. Но для того чтобы раздвинуть рамки настоящей религии, то есть настоящей связи с Творцом, необходимо углубиться и расшириться во все народы мира, а не оставаться такой, как сегодняшняя иудейская религия, которая представляет собой очень узкую, замкнутую, не подпускающую к себе идеологию. Таким образом она не может долго существовать.

Если бы не ускоренный процесс к исправлению человеческой души, то мы увидели бы в течение буквально 1-2 веков, как исчезает весь иудаизм. Ведь все западные евреи практически абсорбированы в тех народах, где они живут. Среди американских, французских, русских евреев наблюдается огромное количество смешанных браков.

Так что вряд ли тут надо работать на чистоту крови. Поэтому Творец поневоле заставляет принимать за еврея человека с исправленным духом, который устремляется к духовному постижению мира, а не того, кто выполняет какие-то земные действия и считает, что в этом весь иудаизм.

Еврей – это состояние души. Если желания человека направлены на отдачу и любовь к другим и через них – к Творцу, на раскрытие Творца, и это для него является самой главной целью, такой человек называется «еуди» от слова «ехуд» – «единство», «сближение с Творцом».

ВОЙНА ГОГА И МАГОГА

https://kabbalahmedia.info/ru/programs/cu/FVUztP4l

Противостояние двух свойств природы

«Война Гога и Магога» – предсказание, написанное пророком Иехезкелем в V веке до нашей эры, две с половиной тысячи лет назад. Но события, которые описаны в книге «Пророки», и те признаки, которые там упоминаются, указывают на наше время.

Мы знаем, что во всех первоисточниках, написанных тысячи лет назад, речь шла не о материальных событиях, а о духовных. Кроме того, Гог и Магог – это не два разных персонажа, так как Гог – это царь, а Магог – место, из которого он пришел.

Дело в том, что весь наш мир проходит череду исправлений, которые заключаются в противостоянии желания получать и желания отдавать, эгоистических и альтруистических сил, плюса и минуса. Из этого состоит вся природа на неживом, растительном, животном и человеческом уровне.

На неживом, растительном и животном уровнях происходит взаимодействие плюса и минуса, поглощения и расширения – всего, что только есть в природе, во всех силах: физических, химических и прочих. Это разбирается в наших земных науках.

Но те же силы есть на уровне, на котором находятся свойства человека: отдача и получение. Эти так называемые душевные свойства разбираются только в науке каббала. Мы не можем их точно определить, потому что эти силы нам известны лишь отчасти, а в большинстве своем они скрыты.

К тому же они проявляются только в том виде, в котором положительные и отрицательные свойства выражаются в нас. А поскольку человек исследует это в себе и на себе, то ему очень трудно их изучать, ведь он при этом должен отделиться от себя.

Поэтому, когда наука каббала занимается отношением человека к себе и к миру, нашими свойствами отдачи и получения – тем, что в природе называется плюс и минус, притяжение и отталкивание, то нам уже не хватает наших знаний о физическом мире, нам надо исследовать наши внутренние свойства.

Но поскольку они скрыты от нас, мы видим их не перед собой, а только в себе, то, исследуя их в себе, мы являемся отчасти заинтересованной стороной, и поэтому не можем изучать себя объективно.

Вследствие этого наука каббала развивалась и развивается только в той мере, в которой человек может подняться над собой. В таком виде, когда он как бы отталкивает себя, идет выше себя, что называется «в вере выше знания», он только и может исследовать себя объективно, независимо от своего отношения к тому, что он изучает. А изучать он может только лишь сами свойства.

«Я приведу тебя на землю Мою»

Сказано в книге «Пророки»: «…Когда народ Мой Исраэль будет обитать безопасно… придешь ты [Гог] с места твоего, с окраины севера – ты и народы многие с тобой, всадники на конях все они, толпа огромная и войско великое. И поднимешься на народ Мой Исраэль, как туча, чтобы покрыть эту землю. В конце дней будет это, и приведу Я тебя на землю Мою, чтобы знали Меня народы…»[12]. **Получается, что Творец как бы говорит: «Я Сам тебя приведу». О чем идет речь?**

Речь идет о том, что сила Творца выше всех. Она одна управляет всеми остальными силами в мире, которые можно разделить на положительные и отрицательные, плюс и минус, то есть находящиеся в противостоянии между собой на любых уровнях.

Тем, что высшая сила возбуждает эти две противоположные силы друг против друга, она их развивает. Лишь в том случае, когда они находятся в противоречии, в войне между собой, они могут правильно развиваться.

И тогда можно говорить, что происходит война Гога и Магога. На самом деле она идет постоянно на протяжении всей истории,

---

[12] Пророки, Книга Йехезкель, 38:14-38:16. // URL: https://toldot.ru/limud/library/neviim/yechezkel/ (дата обр. 21.05.21)

всего развития, каждую секунду, каждое мгновение, но мы относим войну «Гог и Магог» к такому уровню, когда это возникает уже между основными, самыми величественными силами природы.

«Чтобы узнали Меня народы»

В «Пророках» говорится: «...Чтобы знали Меня народы, когда освящусь Я через тебя пред глазами их, Гог! ...И будет в день тот, в день прихода Гога на землю Исраэля... возгорится гнев Мой в ярости Моей... Но призову на него (на Гога) меч на всех горах Моих»[13] **Это как-то странно звучит. Получается, что Творец приводит эту силу, для того чтобы все Его узнали?**

Если рассуждать с точки зрения нашей эгоистической природы, то, конечно, это выглядит как какое-то ребячество.

Но на самом деле все не так. Мы знаем, как это происходит, из науки каббала и из своего личного опыта, который есть у каждого каббалиста. Ведь каждый из нас в каком-то более-менее относительном виде проходит эту форму борьбы правой и левой стороны природы – получения и отдачи.

Так что вся наша жизнь проходит в изучении этих противоположных свойств и их соединении в среднюю линию, которая называется «Исраэль», поскольку, включая в себя обе стороны, она направляет их обладателя прямо к Творцу.

Сила, ведущая к намерению ради отдачи

Каббалист XVI века Ари Заль пишет, что числовое значение слов «гог» и «магог» – 70. Наверняка это объясняет сказанное в Книге Зоар, что Гог приведет с собой на Израиль все 70 народов мира.

---

[13] Пророки, Книга Йехезкель, 38:16-38:21. // URL: https://toldot.ru/limud/library/neviim/yechezkel/ (дата обр. 21.05.21)

Речь идет о полном кли (сосуде). Все желания, созданные Творцом, Он приведет к общему состоянию, когда они обязаны будут выяснять между собой все противоположные отношения, чтобы в конечном итоге соединиться в одну общую гармонию.

А у пророков написано, что Гог соберет все народы мира и приведет их воевать против Израиля.

Да, потому что Израиль не считается одним из 70 народов, он не числится среди них, а возникает как совокупность всех народов мира, когда они в попытке воевать между собой начинают понимать под воздействием этой силы, называемой «Израиль», что она увлекает их к Творцу («Исра Эль» – «прямо к Творцу»). В таком случае Израиль приводит все народы мира через войну «Гог и Магог» к Творцу.

Как мы знаем, в Древнем Вавилоне Авраам создал из 70 народов группу, собранную на идеологической основе, которая стала народом Израиля. А потом все 70 народов мира стали воевать против народа Израиля. Получается, как сказано в каббале, что народ Израиля – это намерение, а 70 народов – это желания?

Верно.

А поскольку сам Творец – свойство отдачи и любви, то, в принципе, это свойство должно победить.

Израиль является как бы представителем Творца в этом мире, потому что он дает направление желаниям. Существует 70 желаний, которые должны объединиться между собой намерением «прямо к Творцу».

То есть «Израиль победит» – это значит, что на каждое желание народов мира будет поставлено правильное намерение ради отдачи?

Да. Тут ни в коем случае не имеется в виду, что кто-то кого-то уничтожает. Просто у этих 70 желаний, существующих в каждом человеке и в общем во всем человечестве, есть эгоистическое намерение действовать только ради себя.

А Израиль – это та сила, которая способна показать, убедить, доказать и вести все эти желания к обретению намерения ради отдачи, к взаимной отдаче и любви. И тогда все эти так называемые 70 народов мира, то есть все желания, которые есть в каждом человеке, направляются к Творцу.

Между Эйсавом и Ишмаэлем

У пророка Иехезкеля говорится, что сначала война «Гог и Магог» будет вестись между сыновьями Эйсава и Ишмаэля, а затем вместе они объединятся и пойдут против Израиля. Что это значит?

Эйсав и Ишмаэль – это те, кто связывает себя или с исламом, или с христианством. А Израиль – посредине, у него нет иной идеологии, кроме как той, что любое желание, возникающее в природе, ведь вся природа состоит из желаний, должно быть направлено только лишь на отдачу и любовь, на связь всех со всеми, что значит на Творца.

Миссия Израиля (средняя линия) – показать, что все в природе может прийти к равновесию, спокойствию, взаимной доброй связи, только лишь если мы будем направлять себя, каждый и все вместе, на Творца, то есть на один общий знаменатель, на общий источник, из которого мы произошли и к которому должны вернуться.

Ишмаэль – это правая линия, Эйсав – левая линия, а Израиль должен объединить их в среднюю линию.

Дать возможность Израилю проявить себя

Согласно Книге Зоар, все цари, преследовавшие евреев на протяжении истории, такие как Санхерив, Навуходоносор и другие, примут участие в войне «Гог и Магог». Как это правильно понять?

Все идеологии, даже те, которые когда-то властвовали в этом мире, а затем показали свою несостоятельность, будут снова и снова подниматься против Израиля, чтобы дать возможность Израилю – средней линии, силе взаимосвязи, любви, объединения и направления на Творца – продемонстрировать себя.

В Книге Зоар говорится, что в будущем Творец воскресит всех царей, которые притесняли Исраэль и Иерусалим: «Он даст им власть, и они соберут в себе остальные народы, и будут воевать против Иерусалима. И Творец в будущем воздаст им открыто возле Иерусалима, как сказано: «Это будет поражение, которым поразит Творец все народы, воевавшие против Иерусалима».

Книга Зоар аллегорически описывает все духовные действия. Понятно, что здесь не подразумеваются никакие привязки к действительности, к телам, местам, войнам, силам. Все это на 99% решается только в Духовном мире.

А в нашем мире есть только какая-то тень от этого, маленькая незначительная копия, совсем незаметная для глаз. Это проявляется, допустим, в виде какого-то небольшого конфликта между народами, между странами, для того чтобы они немного выявили эту основу, а затем пришли к общему знаменателю.

Война на духовном уровне

Сказано в Книге Зоар, что Гог придет с севера. Поэтому уже по христианской традиции считается, что последняя война между силами тьмы и света произойдет, скорее всего, на севере возле горы Мегидо.
От названия этой горы произошло слово «Армагеддон» («ар – мегидо»). «Ар» – это «гора», Мегидо – это место в 10 километрах от Афулы. Оно называется Израильской низменностью, и там на протяжении тысяч лет происходило большинство сражений.
Почему сила «Гог» придет именно с севера?

Потому что грозная сила всегда приходит с севера. Север – это та часть, которая не любит мира, всегда задирается, всегда проявляет себя как «гвурот» (жесткие силы).

Как человечество узнает, что начнется война Гога и Магога?

Я думаю, что никак не узнает. Надеюсь, что все это произойдет именно на духовном уровне и не понадобится никаких физических действий. Мы только увидим, как все успокаивается, приходит в норму, за исключением, может быть, нескольких моментов, которые обычный человек и не заметит. Я очень рассчитываю на это.

По крайней мере, мы, согласно каббале, стремимся к тому, чтобы перевести это из военных действий, страданий, смертей в плоскость решения их самим человеком с собой и с другими.

Признаки «последних дней»

Идея противостояния света и тьмы в иудаизме не нова. Об этом прямым текстом написано в кумранских свитках, которые были найдены в 50-х годах прошлого века возле Мертвого моря, в пещерах Кумран.

Эту идею изложили те, кто уже в то время чувствовали, что живут в этот период.

Свитки писались как раз в это время, начиная с III-го века до нашей эры по I-й век нашей эры.
Есть определенные признаки, по которым можно сказать, что эта война уже началась. Например, говорится о том, что война произойдет в последние дни перед приходом Машиаха, это первое условие. Что это за «последние дни» и что значит «приход Машиаха»?

Приход Машиаха означает, что в мир приходит сила, знание, озарение, что вся природа, все мы находимся в одной единой системе и обязаны прийти к абсолютной связи между собой, стать подобными Творцу, подняться до Его уровня.

Таким образом люди будут настраиваться на это, ведь у них возникнут такие проблемы, которые они не смогут решить в рамках своей земной жизни ни в силах, ни в разуме.

> Одним из условий является также, что все иудеи должны будут собраться на земле Израиля.

Я не думаю, что это обязательно должно произойти в физическом смысле, но все будут ощущать себя более-менее принадлежащими земле Израиля.

«Земля» («эрец») – от слова «рацон» («желание»). «Исраэль» (Исра-Эль) – это «прямо к Творцу». То есть в людях будет возникать последовательное направление на раскрытие Творца, на связь с Творцом. Но не в области религии, а в области внутренней связи, постижения.

> Во многих первоисточниках указано, что все наше развитие длится 6000 лет. Сегодня до конца исправления осталось чуть более 200 лет. Это тоже как бы указывает, что мы находимся, что называется, в «последние дни».

На самом деле земные годы играют здесь довольно опосредованную роль. Но все-таки я надеюсь, что мы еще в наше время можем застать такие события, которые приблизят к нам состояние, когда весь мир, все народы мира, все желания на всех уровнях ощутят, что они управляются одним единым желанием свыше.

Это желание добра, связи, взаимной любви. И все творения – представители неживого, растительного, животного и, самое главное, человек – пожелают, чтобы в них царствовала только эта единая сила.

Судный день с точки зрения каббалы

> В Книге «Пророки» упоминается Судный день. Практически все религии говорят, что Бог будет судить всех людей за разные поступки. Что означает Судный день с внутренней точки зрения? Кто кого судит и за что?

Судный день – имеется в виду, что людям раскрывается истинная причина их существования, их страданий, и истинная возможность исправления всего, что возложено на человека. Когда люди это увидят, то для них этот день станет самым счастливым. С одной стороны, он судный, с другой стороны – счастливый, поскольку людям раскрывается истина, как можно привести себя к вечному, совершенному существованию.

В связи с Судным днем также затрагивается тема о жизни после смерти. Хотя в иудаизме мало об этом говорят, но все же есть такое понятие – воскрешение мертвых. Что это значит внутри человека, с духовной точки зрения?

Иудаизм рассматривает человека не как белковое тело, а как совокупность его положительных и отрицательных свойств, причем человеческих, а не животных. Наше тело не считается человеком. Оно считается животным. Так и сказано: «Все подобны животным».

Но то, что в нас есть, то есть то, что определяет отношение человека к окружающему миру, особенно к другим людям, необходимо исправлять. Человеком называется тот, кто объединяет себя со всем миром. Человек на иврите «Адам», от слова «домэ» – «подобный» Творцу.

Можно сказать, что воскрешение мертвых желаний – это правильное их использование нами?

Именно. Это и называется «полное исправление».

Постичь мир сил и света

В христианских источниках и в иудаизме указывается, что после войны единый Бог будет властвовать над всем миром в новом Иерусалиме. Что это значит?

«Над всем миром» – на иврите «Мелех аль коль hаарец», то есть «Царь всей земли».

«Земля» («арец») – от слова «рацон», «желание». Это значит, что единое желание будет у всех творений, нужно только объединиться и в этом единстве выявить скрытую силу природы, которая проявится как единое, доброе, вечное состояние всего человечества.

При этом человечество поднимается уже на духовный уровень. Оно не остается существовать в материальном мире, в материальных телах. Это всё пропадает. А человек постигает мир сил и света.

В Кумранских рукописях также говорится о том, что это произойдет именно в новом Иерусалиме. Что означает «новый Иерусалим»?

Иерусалим – от слова «ир шалем», то есть «абсолютный трепет» перед высшей силой. «Трепет» – это огромное желание быть подобным этой единой силе. Мы должны присоединиться к ней, обрести ее, чтобы у нас было лишь одно желание: в нашем объединении постичь единую силу Творца.

Наше единство должно создать такое условие, когда единая сила может проявиться в нас. Именно потому, что мы все такие разные, такие удаленные друг от друга, противоположные, мы должны объединиться так, чтобы в итоге создать между собой единое поле, которое состоит из всех нас – из всех противоположных желаний, стремлений, намерений, мыслей. Тогда высшая сила проявится в нас как единая. К этому мы и должны стремиться.

Война со своим эгоизмом

Война Гога и Магога – это постоянная война человека со своим эгоизмом?

Да. Но, в основном, она протекает именно в наш период и далее. Потому этот период называется «конец дней». Даже Бааль Сулам называл его «последнее поколение».

Именно потому, что сегодня вырос эгоизм?

Сейчас проявляется самая последняя стадия эго: абсолютная ненависть, неприятие одного другим.

С войной Гога и Магога связано понятие «конец света». На иврите «конец света» – это «соф а-олам». «Олам» – от слова «аалама», «скрытие». Получается, что это конец скрытия, то есть положительное явление?

Конечно! Мы идем к абсолютно положительному явлению. Вопрос только в том, когда мы к нему придем. Сможем ли мы сократить этот путь? Говорят, что – да, каббала указывает, как это сделать. Будем надеяться на такой исход.

Два варианта ведения войны

Бааль Сулам пишет, что есть два варианта ведения войны с эгоизмом: или она пройдет на уровне мыслей, выяснений внутри каждого человека, или же, если мы не будем этого делать, она может каким-то образом проявиться на материальном уровне.

Тогда она проявится намного хуже, чтобы встряхнуть нас и дать понять, что мы обязаны начать подобру сближаться друг с другом.

Действительно, Бааль Сулам пишет, что может быть и третья, и четвертая мировая война.

А ведь все может пройти добрым и кратким путем. В этом и заключается проблема. Если появляется сила, которая называется «Исраэль» (устремленная к Творцу), то сказано, что Исраэль сокращает время исправления. Это то, что мы пытаемся делать в рамках нашей организации, со всеми людьми в мире.

Что значит бороться со своим эгоизмом? И с каким именно эгоизмом бороться?

С тем, который направлен против другого.

Это именно тот узкий эгоизм, который против объединения с другими людьми?

Да. Только сближение с другими – вот что мы должны принять как единственное направление нашего развития.

Израиль, евреи должны проявить себя именно в этом. Поэтому они такие эгоистичные. Но если выполнят это, то смогут увлечь за собой весь мир.

ИУДЕЙСКИЕ ВОЙНЫ

https://kabbalahmedia.info/ru/programs/cu/m2XYlrD8

Иудейская война

Все мы знаем, что такое война. Это вооруженный конфликт между противоборствующими сторонами, который выражается в навязывании своей воли какому-то другому государству, народу. А что такое война в духовном, в частности «иудейская война»? Кто с кем воюет?

Мы созданы в известном всем нам свойстве «эгоизм». Согласно замыслу творения, мы должны подняться с эгоистического уровня существования на альтруистический, с взаимной ненависти к любви.

Это крайне невероятный переход из одного качества в другое. Но он совершается под воздействием особой силы, которая существует в природе и готова нам помочь в преодолении эгоизма и в подъеме до уровня любви к ближнему. Мы можем это сделать, если только поймем и захотим.

Реализация условия нашего подъема вопреки эгоизму, против него, в борьбе с ним, до уровня отдачи, любви, объединения – это и есть «иудейская война».

Дело в том, что мы находимся в программе природы, которая воздействует на нас и требует, чтобы мы постепенно ее реализовывали. Каждый момент времени мы должны совершать свой переход из эгоистов в альтруисты, из ненависти к любви между собой и демонстрировать это народам мира как возможное состояние.

А если мы не реализуем эту программу, то тогда природа давит на нас, помогая нам осознать, что мы находимся в неправильном состоянии, в неправильном отношении к ней. И тогда, благодаря природе, которая нас подталкивает к борьбе с собственным эгоизмом, мы постепенно поднимаемся над ним и даже можем заменить его на альтруизм.

Получается, что в природе есть две силы: плюс-минус, отрицательная-положительная. И вся материя, вся вселенная построена на стыке этих двух противоборствующих сил. А на уровне человека это проявляется как силы добра и зла, то есть эгоизм и альтруизм?

Абсолютно верно. Так и пишется в каббалистических источниках о войне сил добра и зла.

Внутренние войны на внешнем уровне

Есть разные виды войн: гражданская война, холодная война, информационная война, религиозные войны и так далее. Так это проявляется в нашем мире.
Вы часто говорите, что война – это средство исправления. В чем разница всех этих войн как средства исправления?

Они происходят на разных уровнях эгоизма.

Дело в том, что можно воевать с нашим эгоизмом просто «в лоб». Если он небольшой, то так и делается. Как, допустим, мы заставляем детей или самих себя подниматься и что-то делать, выполнять, силовыми методами заменяем нехорошие отношения между нами на добрые, вынуждаем человека сближаться с другими людьми.

Хотя изначально ему это совершенно не хочется, но мы создаем такие условия, чтобы захотелось, ведь если он не будет слушать указаний к добру и миру, то в результате проигрыш будет намного больше.

Поэтому войны, которые велись в разные моменты истории на протяжении тысяч лет, сменяют друг друга. Но мы находимся в постоянной войне.

То есть мы постоянно воюем с эгоизмом внутри нас, так как это наша естественная природа, и как следствие этого во внешнем мире тоже проявляются всевозможные войны? Мы так устроены, что как бы видим наш внутренний эгоизм вовне. Получается, если мы не справляемся со своим внутренним эгоизмом, то нам приходится воевать и с внешним врагом?

Да, нас заставляют через всевозможные внешние причины, оболочки, воздействия выполнять эту работу против нашего эгоизма.

Исправления на двух уровнях

В Торе рассказывается, что на пути к Земле обетованной народ Израиля воевал с несколькими народами, и ему было дано указание уничтожить Амалека, даже стереть память о нем.
Еще в Торе говорится, что когда семь народов захватывали Землю Израиля, то мужчин надо было убить, а женщин взять в плен. Кроме того, описывается, что евреи воевали с большим сбродом (эрев рав), но нигде не сказано, что их надо убивать.
Получается, в нас есть разные желания и с ними надо по-разному обходиться. Почему?

Верно, все это наши разные желания. Мы ни с кем не должны воевать внешне. Тора описывает внутренние исправления человека, в себе. И поэтому Амалек и семь народов, которые населяли Землю Израиля до тех пор, пока туда не пришли евреи, и все окружающие, с которым мы должны были воевать – это наши внутренние свойства, против которых мы должны восстать и изменить с эгоистических на альтруистические. В этом, в общем-то, и заключаются все войны.

Но всё-таки это происходило и как исторические события.

Да, потому что каждая духовная сила имеет в нашем мире свое следствие. Сама высшая сила называется «корень», а ее следствие называется ветвью. Поэтому мы должны так же и в материальном мире, который мы ощущаем в наших эгоистических свойствах, выполнять эти условия – уничтожать и так далее, если не можем это сделать на уровне Духовного мира. Но, в принципе, Тора призывает нас совершить исправление в духовном виде.

Войны – следствие внутреннего противостояния

Когда я интерпретирую все войны как мои внутренние желания, и якобы убиваю их или беру в плен, это значит, что я не использую эти желания?

Не только. Это значит изменить, сократить свои желания.

В Торе сказано: «Пришли они и убили все семь народов». Причем, перебили всех мужчин.
Вы говорите, что народы мира – это эгоистические намерения человека, а женщины – это желания. То есть перебить всех мужчин означает убить в себе эгоистическое намерение, а потом уже использовать женщин (желания)?

«Женщины» символизируют желания без намерения. Поэтому к ним можно прилепить новые намерения – альтруистические, и тогда их можно использовать.

Но все-таки есть четкое соответствие, что духовный корень должен проявиться в нашем мире, поэтому был захват, людей убивали, и это как-то тяжело воспринимать. Как Тора, которая говорит о любви, может давать такие указания?

Тора говорит о любви как о высшем состоянии связи между людьми, которая осуществляется именно на совпадении намерений. А если эти намерения противоположны, тогда речь идет не о сближении, связи и любви, а о ненависти и войне.

Тогда что делать во внешнем мире?

А это так и происходит во внешнем мире. Следствие внутреннего раздвоения, отдаления друг от друга, противостояния приводит в нашем мире к войнам и истреблению.

Получается, что народ Израиля не смог исправить в себе определенные желания, и поэтому во внешнем мире истребил семь народов.

Понятно, что когда на тебя нападают, ты должен первым убить того, кто пришел уничтожить тебя. Но непонятно, как можно брать, захватывать, убивать в нашем мире?

Это следствие духовных корней, проявляющихся в нашем мире. Тора говорит только о духовных корнях. А то, что происходит в материальном мире, исходит именно из такого противостояния.

Ты не можешь пользоваться какими-то сегодняшними или прошлыми, или будущими ценностями, оценками, критериями, чтобы сказать – это правильно или нет. В свое время все так действовали, и в этом не было ничего особенного, зазорного. Наоборот – гордились.

То есть лучше брать это все на духовном уровне и использовать по отношению к своим желаниям. А то, что это происходило в истории – так было принято. Понятно, что никакого либерализма, демократии, прав человека нигде не было.

Это все философия нашего времени. Я понимаю, что это камень преткновения для многих либералов и современных людей. Но они не понимают, что значит современность, что в прошлом все было совершенно по-другому.

Были другие люди, другие взгляды, ко всему относились иначе. Если бы сегодня мы увидели человека даже не XVII-XVIII, а XIX-го века, то поразились бы его действиям, его поведению. Оно показалось бы нам очень странным, и мы не смогли бы его воспринимать.

Физическое проявление идеологических войн

Евреи должны были постоянно воевать за объединение. Но почему, если брать ту же Тору, вначале они воевали с внешними врагами, а потом стали воевать друг против друга, причем с теми евреями, которые принимали эллинизм?

Все иудейские войны были между исконными представителями иудеев и тех, кто хотели оторваться от этого народа и проповедовать другие ценности, но не выходили из их числа. Они хотели переубедить весь народ в том, что новые ценности, которые несут эллины или римляне, правильные. Против них восставали сторонники соблюдения истинных народных ценностей. Между ними и велись войны.

А между иудеями и римлянами, иудеями и греками практически не было никаких серьезных войн. Отчасти они были уже потом — больше с римлянами, чем с греками. Противостояние, охватившее всю страну, очень мешало римлянам, которые не знали, что с этим делать, и поэтому посылали сюда своих представителей, наместников, вплоть до того, что вынуждены были вводить войска.

Получается, что конфликты внутри народа вызывали как бы ответную реакцию высшей силы, которая проявлялась именно в том, что сюда приходили греки, римляне и делали свое дело.
Если это перенести на внутреннюю войну, то допустим, «греки» — это мои желания?

Всё, из чего создан человек — это его желания. Они все эгоистические и делятся на несколько ступеней. Одна из этих ступеней называется «римляне», другая — «греки» и так далее.

Если ты, как иудей, с ними не справляешься, то тогда попадаешь под их власть и входишь в состояние войны. Ты вынужден их уничтожать, а они тебя до тех пор, пока ты не получишь определенный результат от этих стычек.

То есть те войны, которые ты не сможешь вести внутри себя, идеологически, ты обязан будешь вести вне себя, физически.

Создавать добрые связи

Если я не культивирую в себе альтруистическое намерение, если я не объединяюсь внутри, то вхожу в состояние войны? А с кем я должен объединяться: объединять свои желания внутри себя или же объединяться с другими людьми?

Ты должен объединяться со всем народом настолько, чтобы в тебе не возникали никакие другие порывы ни на уровне греков, ни тем более на уровне римлян. Потому что «греки» и «римляне» – это два эгоистических свойства, которые четко возникают в человеке.

Почему недостаточно просто воевать и исправлять свои внутренние желания? Почему я должен еще объединяться с какими-то другими людьми, которых я вижу вокруг себя?

Цель развития человечества в том, чтобы каждый развился индивидуально как можно выше относительно других, и в то же время, чтобы он из этой индивидуальности связался с остальными узами любви, взаимопомощи, связи.

Если я занимаюсь собственным исправлением, мне недостаточно просто сидеть и исправлять свои желания?

А как исправлять? В чем будет заключаться твое исправление? В том, что ты будешь связан с другими себе подобными над своим эгоизмом, который тебя от них отторгает.

То есть, если я это не делаю или недостаточно делаю, то включается другой механизм и проявляются внешние желания «греки» и «римляне», которые начинают вести войну?

Да, чтобы помочь тебе преодолеть свою лень и все-таки включиться в борьбу.

Как работает этот механизм, когда вдруг включается внешняя сила и начинается внешняя война?

Очень просто. Представь кондиционер или электрическую печь, которой ты задаешь определенный уровень температуры, и термостат автоматически включается. А у нас этот автомат называется «центральная сила природы», которая развивает нас, и в каждый момент времени мы должны достигать между собой определенных контактов.

Человечество развивается на неживом, растительном и животном уроне так, что создает между собой взаимные контакты:

промышленные, торговые и так далее. В этом заключается материальное развитие нашей цивилизации.

Но для развития чувственной, внутренней связи, в дружбе вплоть до любви, как сказано: «возлюби ближнего как самого себя», – тут уже необходимо четкое участие самих людей во взаимопомощи друг другу, чтобы они смогли действительно подняться с уровня взаимной ненависти на уровень любви. Это очень сложно.

Тогда здесь включается дополнительный механизм природы, который показывает людям, насколько они погружаются в страдания, если не занимаются созданием добрых связей.

Исправление под воздействием внешних сил

Если время пришло, и на данном этапе развития все человечество должно быть чувственно связано, допустим, на ступени «38», а они связаны на ступени «36», то эти две недостающие ступени включаются, и какая-то внешняя сила начинает корректировку?

Если мы недостаточно работаем внутри себя на чувственном уровне, то включаются внешние силы, которые осуществляют эту работу, хотя, конечно, она недоброкачественная, поскольку выполняется без нашего желания, а не по нашему велению, по нашему хотению. Поэтому мы должны будем проходить очень большой период страданий, осознания их смысла, их исправления. Это очень нехороший, длительный путь.

А если бы мы понимали и знали, как должны действовать, чтобы сближаться друг с другом, тогда любое маленькое отрицательное побуждение от природы подтолкнуло бы нас и сделало всю нашу работу.

То есть на уровне сил и намерений исправление может происходить за долю секунды, а если это уже проявляется в материи нашего мира, то может затягиваться на годы, сотни и даже тысячи лет?

Да, это то, что мы видим в истории.

«Если кто-то пришел убить тебя, опереди его»

Сказано в Торе: если кто-то встал, чтобы убить тебя, опереди его и убей. Что это значит во внутренней работе?

Если у тебя в природе заложена программа достижения любви, связи, а кто-то встает против этого, то ты обязан его уничтожить. У нас есть четкая программа исправления мира, сближения, объединения всех, а если кто-то против этого, воюй с ним.

Получается, что любые наши духовные силы должны каким-то образом проявиться и в материи нашего мира. Иными словами, если я не успел исправить какую-то часть своего эгоизма, и он уже начал проявляться в виде внешнего врага, который нападает на меня в материальном мире, то существует четкий закон: я должен с ним воевать. Почему недостаточно только внутренней войны?

Но ты с ней не справляешься, поэтому восполняешь ее внешней борьбой. Причем внешняя война должна быть намного более сильной, жестокой, чем внутренняя, поскольку ты каким-то образом должен исправить свои свойства.

А если я веду только внешнюю войну без внутренней?

Это ничего не даст. Войны могут продолжаться сотни, тысячи лет и никакого толку от них не будет. Даже более того, я должен сказать, что все войны, которые ведутся в мире, можно считать иудейскими.

Объединение – основной закон природы

Чтобы достичь Земли Израиля, надо принять условие поручительства?

Под понятием «земля» имеется в виду духовная основа. Земля Израиля – это не Палестина или государство Израиль, а духовное свойство, в котором люди находятся в состоянии взаимной любви.

В каббале объясняется, что «земля», «эрец» – это желание, а «Израиль» – это те, кто стремятся к Творцу, к свойству отдачи.
В Торе описывается, что когда люди подошли к горе Синай, то есть когда между ними проявилась ненависть, им было поставлено условие: или вы должны объединиться, или здесь будет место вашего погребения.

Объединение является основным законом природы, и мы должны его реализовать.

Дело в том, что после Большого взрыва произошло разбиение нашего желания на огромное количество желаний, и мы должны их соединить.

Вся природа стремится к своему соединению, только очень медленно, постепенно, по своим законам. А от нас требуется сделать объединение между нами на нашем уровне, на человеческом, то есть на наивысшем уровне природы.

И здесь возникает проблема: мы не осознаем, не понимаем, не желаем это реализовывать. Но нам придется все-таки выполнить эту задачу или подобру, или, что называется, «палкой к счастью».

Во имя объединения

Сказано, что все войны по объединению ведет за нас Творец, высшая сила природы. Как это действует?

Действительно, у нас самих нет никаких сил. Есть только пожелание, чтобы это произошло. В той мере, в которой мы желаем подняться над своей эгоистической природой и объединиться между собой, мы возбуждаем высшую силу природы, которая выполняет эти действия и соединяет противоположные силы в одну – положительную. Так это работает.

Войны стимулируют технический прогресс, но не способствуют внутреннему развитию человека.

Они делают затяжными наши движения вперед. Прогресс только задерживает нас на материальном уровне и не дает подняться на духовный.

Что такое «священная война»?

Священная война – это война во имя объединения, во имя торжества любви между людьми.

Должен ли каббалист оправдывать мировые войны?

Саму войну оправдать нельзя, но ее цель, если она необходима и идет изнутри природы, – да.

ПРАЗДНИКИ И ОСОБЫЕ ДАТЫ

РОШ аШАНА И ЙОМ КИПУР

https://kabbalahmedia.info/ru/programs/cu/WQ2tiLBw

Смысл еврейских праздников

Все еврейские праздники символизируют определенные духовные состояния, к которым человек приходит в результате духовной работы. С другой стороны, в эти даты, как вы говорили, есть какое-то пробуждение, какая-то подсветка свыше. Что это за состояния – праздники?

Дело в том, что мы находимся в поле света. Это не обычный физический, а духовный свет – свойство отдачи и любви, свойство жизни, энергия для всех видов существования.

Этот свет эманирует, изменяется, влияет на нас, и своими переменными воздействиями постоянно растит нас, воспитывает, делает всё более и более сложными, составными, и таким образом двигает нас вперед. В этом и заключается наша духовная эволюция.

Практически физическая эволюция тоже исходит от того же света, только на самом низком уровне.

Существует соответствие между физическим и духовным уровнем. Свет воздействует на весь объем мироздания – неживой, растительный, животный, человеческий, на наши духовные свойства и состояния, на ступени, которые мы изучаем в науке каббала, и заодно изучаем, как осваивать их, как действительно начинать их ощущать и подниматься по ним.

Все это находится в определенной зависимости друг от друга, в определенном кругообороте, который называется «год». В соответствии с этим меняется воздействие света на нас и на окружающий мир. Поэтому в нашем мире мы отмечаем различные даты – символически, относительно Духовного мира, в котором эти состояния реализуются.

Месяц – это лунный цикл. Год – это обращение Земли вокруг Солнца. А недели нет. Таким образом, сутки и все прочие временные отметки исходят из воздействия высшей силы, света, который меняет все вокруг нас и одновременно с этим наш физический мир.

Поэтому в материальном мире мы можем отмечать всевозможные даты, то есть его соответствия Духовному миру. Только в нашем мире эти даты осуществляются автоматически, в соответствии с движениями Солнца, Луны, Земли и так далее, а в Духовном мире эти воздействия происходят только благодаря человеку – насколько он в своих действиях устремляется ко всему большему подобию духовным Земле, Луне, Солнцу и так далее.

В этом и заключается смысл всех праздников, так называемых «моадим», и событий в нашем мире.

Первый человек, родившийся духовно

Рош аШана (Новый Год) ведет свой отсчет с того дня, когда 3760 лет до нашей эры родился первый человек, Адам, постигший духовную систему, которую мы называем «Творец».

Адам – первый человек, родившийся в нашем мире духовно, ведь люди на Земле существовали и до него. А он был первым человеком, который достиг духовного уровня, и поэтому назывался «Адам» от слова «эдомэ» – «подобный» высшей силе.

Сейчас мы говорим, что каждый из нас тоже должен стать Адамом. Допустим, я хочу раскрыть эту высшую силу. Что это за состояние?

Мы не можем раскрыть эту силу по своему внутреннему наитию, как это делал Адам или люди после него. Но он сразу же стал разрабатывать методику постижения высшей силы и даже написал книгу «Скрытый ангел» («Разиэль а-Малах»).

Так продолжалось долгое время, пока это знание не дошло до Авраама и его последователей.

Наука каббала – от слова «получение» – изучает, как постичь, получить, раскрыть эту высшую силу, которая называется «Творец», при жизни в нашем мире.

Наши желания постоянно эволюционируют от базисных – к пище, сексу, семье, безопасности – до желаний к власти, богатству. Несколько сот лет назад в человеке появилось желание к знаниям. А когда в нем проявляется желание постичь первопричину, то есть узнать, в чем смысл жизни, то это значит, что в нем проявляется желание «Адам»?

Да, он должен взрастить в себе Человека. И когда желание постичь первопричину первый раз реализуется в нем, тогда считается, что в нем родился Человек.

А кто такая Ева?

Хава (Ева) – это его желание, в связи с которым он постигает Творца.

Дело в том, что духовное желание делится на мужскую и женскую часть, на правую и левую линию, которые так и называются – «Адам» и «Хава». И именно на связи между ними рождается постижение Творца.

Когда высшая сила облачается в материю...

Вы говорили, что Творец – это просто сила без материи, а материю для нее мы должны каким-то образом создать сами. Что это за законы, которые проявятся там?

Сила без материи – это Творец. Когда эта сила облачается в материю, в желание, по закону подобия себе, тогда она становится как бы материальной. Хотя это не материя, а просто желание человека, которое становится подобным свойству отдачи.

Поэтому Адам состоит из этих двух свойств, из желания получать, создающего из себя внешнюю форму желания отдавать.

Адам и Ева – это две силы, которые, таким образом взаимодействуя между собой, составляют систему, называемую «Адам». Адам состоит из двух частей. Женская часть включается в него как материя, а он эту материю оформляет под подобие Творцу. Поэтому и называется «Адам», что значит «подобный Творцу». Этого должен достичь каждый из нас.

Почему в Рош аШана едят голову рыбы?

Символами Рош аШана являются определенные продукты на праздничном столе. Хотелось бы понять, откуда это? Почему мы едим голову рыбы, зерна граната, морковь?

Это все взято из так называемых намеков на новый год. Ведь мы ожидаем, что он будет хорошим, что мы преуспеем в грядущем году в большем постижении Творца, который раскроется в еще большем объединении между нами.

Поэтому мы просим Творца снабдить нас правильными намерениями и желаниями, правильным движением друг к другу, чтобы мы могли в объединении между собой раскрыть Его, поскольку Он раскрывается на доброй связи между людьми.

Именно это мы и считаем «головой года» – Рош аШана. То есть самое главное – объединение между нами, в котором раскрывается Творец. Мы желаем, чтобы оно стало нашей головой. И как символ этого, мы едим голову рыбы.

Рыба, кстати говоря, – это не мясо и не овощи, а нечто нейтральное, как бы не относящееся к нашему миру. Она – из воды. Вода олицетворяет собой свет Хасадим, свет милосердия. А рыба – это то, что растет в этом свете добра.

То есть каббалисты не просто так выбрали именно голову рыбы?

Голова – это глава года, когда мы желаем отметить, что хотим сейчас подняться на новый уровень и идти новым путем.

Внешние признаки духовных действий

Блюда, которыми в Рош аШана мы накрываем праздничный стол, олицетворяют какие-то внутренние изменения. А зачем это нужно есть?

Дело в том, что когда мы хотим передать какие-то законы, то мы их вкладываем в народные обычаи и придаем им что-то вроде присказок. Таким образом они сохраняются и передаются из поколения в поколение. А если ты начнешь рассказывать: «Свет хасадим, свет хохма...» – и так далее, то из этого ничего не получится. Если у людей нет адекватных чувств, они не будут это беречь. Поэтому так все передается.

Чтобы сохранить внутренний смысл духовных явлений и действий, каббалисты облачили это в какие-то материальные проявления.

В Рош аШана мы едим морковь, символизирующую доброту. Яблоко обмакиваем в мед, чтобы у нас был добрый, сладкий год. Гранат олицетворяет собой 613 желаний, которые нам надо исправить с получения на отдачу, с эгоистических на альтруистические.

То есть все это – своеобразные знаки в нашем мире. Так из поколения в поколение передаются народные обычаи, хотя каббалисты вложили в них гораздо более глубокий смысл. Мы их знаем и ценим, потому что таким образом передаются традиции. Но самое главное – то, на что эти обычаи указывают. А они указывают на свой внутренний очень высокий смысл. Это мы и должны выполнять.

То есть каббалист ощущает желание получать с намерением ради себя. И в этом мире, для того чтобы каким-то образом передать всем остальным признаки исправления, он берет яблоко, которое символизирует желание получать, макает его в мед, как бы подслащивая правильным намерением, и таким образом получается такая семантика?

Это всего лишь внешние признаки, не более того. Надо понимать, что при этом каббалист желает, чтобы плод того дерева, который специально сбросил человека с духовного уровня, сейчас с помощью «амтакат а-диним» («подслащивание суда»), то есть подслащивания медом, исправил бы злое начало человека, и он поднялся бы до уровня своего исправления.

Дни искупления

Через десять дней после Нового года, называемых днями искупления, начинается Йом Кипур – день исправления. Какие исправления происходят в эти дни – с точки зрения духовной работы человека, который уже двигается вперед?

Человек, который движется вперед, в эти десять дней проверяет себя. Он должен четко определить, чем он отличается от Творца. В этом проявляется его забота о том, чтобы соблюдать духовные законы подобия Творцу.

Десять дней символизируют 10 сфирот, 10 свойств. И в каждом свойстве он смотрит, насколько он отличен от Творца.

Он может это конкретно проверить?

Человек, который находится в Духовном мире, обязан это делать. Он это и делает. А на земном уровне это остается как привычный обычай, и человек, не занимающийся духовным, просто просит, чтобы у него был хороший год.

Йом Кипур – календарный и духовный

Что означает «Йом Кипур»?

Йом Кипур – «ки Пурим», как день Пурима. «Кипур» – это «искупление», «Пурим» от слова «пур» – судьба.

Поэтому Йом Кипур показывает все наши прегрешения, которые мы должны постепенно исправить. От Йом Кипура до Хануки мы исправляем свои отдающие желания, чтобы быть только в отдаче, а от Хануки до Пурима еще и свойства получения, чтобы они были направлены на отдачу. И таким образом приходим к празднику Пурим.

В Йом Кипур действуют определенные ограничения: люди не пьют, не надевают одежду из кожи и так далее. Это значит, что мы обнаруживаем во всех своих желаниях эгоистические вкрапления, и поэтому не можем ими пользоваться.

Пять видов ограничения соответствует пяти видам сокращения, ведь наше эгоистическое желание состоит из пяти уровней. А каждый уровень соответствует еде, питью, одежде и так далее.

Почему в этот день нельзя надевать одежду из кожи?

Одеяние («левуш») означает, что у тебя есть кли (сосуд), определенное исправление, и тогда ты можешь облачиться в такое одеяние. А на самом деле ты обнаруживаешь, что все твои желания – эгоистические, и поэтому ты не можешь в них облачиться. Ограничение существует на то, чтобы не использовать неисправные желания.

Каббалист в своем духовном продвижении выполняет эти ограничения, то есть сокращения на свои желания, проверяет себя и так поступает.

А в нашем мире это тоже надо соблюдать?

Конечно, в нашем мире это существует как обычаи. Иначе они не передавались бы из поколения в поколение для народа, и существовали бы только у каббалистов, которые понимают их суть и таким образом поступают. Причем каббалисты это делают не в календарный Йом Кипур, а каждый раз, когда находятся в таком состоянии.

О чем в этот день просит каббалист?

Он просит, чтобы Творец помог ему выйти за пределы своего эгоизма. Никаких других просьб у него нет.

К Творцу может быть только два вида обращения: первое – с благодарностью за то, что получил такую особую работу, второе – с просьбой о силе, чтобы подняться еще выше к свойству отдачи.

Символы Йом Кипур

Накануне Йом Кипур совершают обряд «капарот» – «искупление». Он выглядит как языческий обряд, когда берут петуха, крутят над головой, а потом убивают.

Дело в том, что обычаи многих религий сегодня кажутся нам дикими. На земном уровне человек во имя искупления как бы жертвует вместо себя петухом, представляя себя в виде этого петуха.

На самом деле, это все, конечно, не так должно быть, ведь, с точки зрения каббалы, всё происходит на духовном уровне.

Еще есть обычай желать, чтобы нас записали в Книгу Жизни – «Гмар хатима това» («Хорошей записи в Книге Жизни»).

Книга Жизни – это тоже аллегория, символ высшего света, который записывает все действия человека. В той мере, в которой он желает пользоваться этим светом для своего исправления, своего подобия Творцу, записываются его добрые дела.

Получается, что человек сам в течение не только года, но и всей жизни записывает свои дела: привлекая высший свет исправления – добрые дела, не привлекая – злые.

Есть мнение, что как проведешь Йом Кипур, так и будешь жить в следующем году. Это как-то влияет на нашу обычную жизнь?

На самом деле ничего в нашем мире не влияет на Духовный мир, кроме наших отношений друг к другу. Так и сказано, что Йом Кипур их не исправляет. Человек должен сам их исправить.

Творец может как бы простить в этот день все прегрешения, кроме злого отношения к другим. Это выше Его установки, под которой создан наш мир, Вселенная. И чем мы ближе друг другу чувственно, духовно, тем мы ближе к Творцу.

Йом Кипур – не скорбь, а праздник

Каббалисты считают, что Йом Кипур – это не траур, не скорбь, а очень высокий духовный уровень, как какой-то праздник.

Конечно, это праздник, праздник искупления. То есть я могу с помощью раздумий над своими проблемами и просьб о собственном исправлении исправить свои неправильные поступки – допустим, я не доделал какие-то дела, поступил плохо и так далее.

Почему же я должен плакать? Наоборот, надо просить и радоваться, что у меня есть возможность обратиться к Творцу и получить от Него силы стать лучше.

Великий каббалист XX века Бааль Сулам пишет: «Нет более счастливого момента в существовании человека, чем когда он чувствует себя отчаявшимся в собственных силах, иными словами, что он уже старался и сделал всё, что представляется в его силах возможным сделать, а исцеления нет»[14]*.*

То есть когда человек приходит к состоянию, что он все перепробовал, и у него осталось только одно – каким-то образом обратиться к высшей силе, которую он не знает, – это считается праздником, самым возвышенным состоянием?

Это самое лучшее состояние, поскольку, благодаря этому, он может обратиться к высшей силе, она выходит на контакт с ним и выполняет то, что он просит.

Получается, что к высшей силе можно обратиться, только когда есть проблемы?

А как ты сможешь обратиться, когда тебе хорошо? Как правило, люди обращаются, когда им плохо. Мы же эгоисты, такими мы созданы.

От Творца не убежишь!

В Йом Кипур есть традиция читать рассказ о пророке Йона, который указывает на обязанность всего народа Израиля, особенно тех, кто стремится к духовному постижению, сделать свое исправление и передать это другим.

---

[14] Бааль Сулам. Письмо 57 // Каббала Медиа URL: https://kabbalahmedia.info/ru/sources/0KJCqCgi (дата обращения 20.07.21).

Это рассказ о том, как Творец указал пророку Йоне идти в город Нинвей спасать людей, то есть вызволять их из эгоизма. Йона не захотел туда идти, сел на корабль и уплыл в море.

Творец нагнал на море бурю, и чтобы спасти корабль, матросы стали искать, кто виноват. В трюме они нашли спокойно спящего Йону и спросили его: «Как это ты можешь спокойно спать?! Мы тонем! Что делать?» Он ответил: «Это из-за меня. Если хотите, чтобы буря утихла, бросьте меня в море».

Матросам ничего не оставалось делать, как сделать это, и море сразу же успокоилось. Йону проглотила большая рыба, которая доставила его к берегу рядом с городом Нинвей.

Он пришел в этот город и выполнил то, что указал ему Творец: сделать всех жителей Нинвея праведниками, то есть обратить их злые отношения в добрые.

Получается, он не смог уклониться от своей обязанности?

Человек никогда не сможет убежать от Творца! Это же ясно.

У каждого человека есть свое предназначение – сделать какие-то добрые дела в мире, и он должен это выполнять, а не убегать от своих обязанностей. Это и символизирует нам Йом Кипур (День Искупления), а именно та часть Торы, которая называется «Книга Йона».

Существует программа творения, и если в человеке возбудили желание к исправлению, и он начал этот процесс, то убежать невозможно.

СУККОТ И СИМХАТ ТОРА

https://kabbalahmedia.info/ru/programs/cu/Z4MeMyUy

Йом Кипур – осознание эгоизма

В Рош аШана человек решает начать новую жизнь, и, несмотря на то, что ему надо подняться над своей природой, он все-таки хочет проверить все свои свойства в течение десяти дней до Йом Кипур. Сравнивая их со свойствами Творца, он видит, что ни в одном из них не может уподобиться Творцу, и в Йом Кипур решает сделать на них сокращения, которые выражаются в нашем мире в пяти ограничениях.

После этого, через пять дней, символизирующих пять сфирот, начинается праздник Суккот. В чем суть этих праздников?

Новому году (Рош аШана) предшествует целая серия дней, когда люди просят прощения. Они как бы оценивают свои поступки, что сделали хорошего и плохого, и в общем-то понимают, что ничего особо хорошего не сделали.

Так человек проверяет свои действия и приходит к выводу, что обязан подчиниться высшей воле Творца, потому что «нет никого кроме Него». Он принимает высшую волю как единственную силу, правящую в мире. Из этого состояния он и начинает оценивать себя. У него действительно возникает очень серьезный анализ своих действий и поступков, который продолжается до Йом Кипур.

Йом Кипур – это внутреннее состояние человека, когда он осознаёт, что в нем действует лишь один сплошной эгоизм, и он должен подняться над собой. Ведь главная заповедь Торы – «возлюби ближнего как себя», а он абсолютно далек от этого и даже обратен этому. Поэтому он просит прощения.

В этом и заключается принцип Йом Кипур, когда он готов прекратить использование своих эгоистических желаний. В человеке их всего пять. Поэтому они олицетворяются в нашем мире пятью ограничениями: запрет на еду, питье и так далее.

Сукка – построение духовного сосуда

После того как проходит Йом Кипур, человек, совершивший внутренние исправления, должен восстановить себя в правильном виде, в правильной форме. Это восстановление олицетворяется построением беседки, называемой «сукка».

Из отходов поля и деревьев, в основном, из отходов земледелия, а также производства хлеба и вина, мы строим временное жилище. Этим мы олицетворяем, что те наши желания, намерения и действия, которые раньше были для нас совершенно неважны, были как отходы, то есть мы не обращали внимания на взаимоотношения с другими людьми, – сейчас, наоборот, мы сосредотачиваемся на том, как относиться к другим, как приближаться друг к другу.

Именно из этих, бывших как бы в отходе от правильного использования действиях, мы делаем сейчас покрытие на сукку. А затем сидим в ней целую неделю и празднуем наш новый дом. Это символизирует то, что мы действительно хотим так построить себя в новом виде.

То есть построение сукки олицетворяет построение духовного кли (сосуда). Кровля символизирует антиэгоистическое свойство, экран.

Хлеб олицетворяет особую силу, которая называется «свет Хасадим», а вино – силу света Хохма. Две эти силы должны быть правильно согласованы между собой, чтобы они четко наполнили нашу душу. Это материализуется в том, что мы сидим внутри сукки и проводим трапезу.

Связь между светом, Творцом и человеком

Построить сукку означает построить кли (сосуд), а покрыть сукку кровлей – сделать свои желания готовыми к принятию света. Что значит принятие света? Какая связь между светом, Творцом и людьми, к которым я вдруг начинаю хорошо относиться?

Наши души – это наши желания. Только исправленные альтруистическими намерениями они наполняются высшим светом, высшей энергией. Таким образом мы начинаем ощущать находящегося внутри нас, в наших правильных намерениях, Творца.

Высший свет или Творец входит в нас и наполняет в соответствии с той мерой подобия с Ним, которую мы достигаем.

Когда несколько человек выстраивают между собой правильную коммуникацию по четким законам, тогда в этой связи начинают проявляться чувства взаимной отдачи, взаимной любви. А в них, поскольку они правильные, то есть направлены не на себя-эгоиста, а на пользу других, мы ощущаем свойство Творца по подобию Ему.

Это свойство эманации, интеграции существует в природе, но для того чтобы ощутить его, мы выстраиваем в себе соответствующий приемник. Если я внутри себя создаю условия отдачи и любви, то во мне проявляется существующее вокруг меня поле отдачи и любви, то есть индуцируется поле такой же направленности.

Творец постоянно посылает нам какую-то информацию через неживую, растительную, животную природу и, естественно, через других людей, но мы ее просто не воспринимаем.

Через каждую интеракцию с любым человеком Творец хочет мне что-то сказать, но я не могу расшифровать, потому что нахожусь с Ним на разных волнах, в разных свойствах.

Это непросто реализовать, но закон очень простой, чисто физический, как в нашем мире – закон индукции. Все радиоприемники и вообще все приемники построены по принципу подобия. По этому принципу действует вся Вселенная.

Четыре вида растений – следствия духовных корней

В Суккот мы используем четыре вида растений. Что это за действия?

Четыре вида растений исходят из того, что наш эгоизм и вообще наши желания, даже не эгоистические, состоят из четырех уровней. В каббале они обозначаются просто: один, два, три, четыре.

Если мы их связываем вместе, то они собираются в состояние, называемое «Малхут». И если это состояние действительно состоит из всех предыдущих свойств, тогда они собирают в себе свойство отдачи и любви, которое связывает все наши желания и намерения, и мы таким образом становимся подобными высшему свету.

Четыре вида растений — верба, мирт, пальмовая ветвь и цитрус — это следствия духовных корней. Каббалисты не просто взяли и решили, что так это будет, а увидели четкое соответствие им духовных корней, которые таким образом проявляются в нашем мире.

Верба — растение, у которого нет ни вкуса, ни запаха — символизирует отсутствие важности единства, правильных отношений между людьми. Для нас в них нет ничего приятного ни в сердце, ни в разуме.

У мирта нет вкуса, но есть запах. Вкус — это чувство, а запах — это то, что мы ощущаем разумом. Мы понимаем, что единство, хорошее отношение к людям — это важно, но в нашем сердце этого нет. У пальмовой ветви (финик), наоборот, есть вкус, но нет запаха. А у цитрусовых есть и вкус, и запах.

Когда ты держишь вместе все четыре вида растений, ты как бы желаешь притянуть на них высший свет, который находится вокруг нас. Это олицетворение того, что твое желание становится цельным, полным, направленным на отдачу, и таким образом в тебя входит высший свет.

«Ушпизин» — уровни высшего света

Наша душа состоит из десяти сфирот. Три первые сфиры относятся к голове, где мы принимаем решение, и семь — к телу, в которое мы получаем наслаждение от слияния с высшей силой, проявляющейся на связи между нами.

Эти семь сфирот, то есть семь дней Суккот, олицетворяют «ушпизин» — семь мудрецов от Авраама до Давида, которых мы приглашаем в гости.

Речь идет о семи уровнях нисхождения высшего света: Хэсэд, Гвура, Тифэрэт, Нэцах, Ход, Есод, Малхут. Они спускаются к нам от головной части: Кетэр, Хохма, Бина.

Мы должны проявить себя так, чтобы эти высшие света вошли в исправленную душу, собранную в правильном виде из разбитых осколков общей души. Если мы соберем их, то тогда высший свет может в них войти и наполнить.

Аллегорически говорится, что каждый вечер мы приглашаем какого-то гостя.

Под гостями имеются в виду особые света, высшие наполнения нашей души. Хэсэд, Гвура, Тифэрэт – это Авраам, Ицхак, Яков. И так далее. Каббалисты никогда не отождествляли их с какими-то личностями, поскольку это определенные свойства в человеке.

Праздник исправления души

Последний день праздника Суккот называется «Шмини Ацерет». Это как бы праздничное собрание, потому что мы исправили всю душу, свет вошел и наполнил ее. На этом заканчивается огромный период от дней, предшествующих Новому году (Рош аШана), до последнего дня Суккот.

Название праздника «Шмини Ацерет» взято из Танаха. Интересно, что на этот день попадает празднование «Симхат Тора», которое было введено мудрецами в VI-VII веке нашей эры. Какая между ними связь?

Состояние, когда мы заканчиваем полностью все исправления, получаем семь светов, и они наполняют нашу душу, называется «веселье Торы» («Симхат Тора»).

Тора – это высший свет, который входит в исправленное кли (сосуд) в течение семи дней Суккот, то есть семи ступеней. И тогда мы празднуем окончание наших исправлений.

Суккот – исправление светом

Праздник Суккот был описан в Торе 3000 лет назад, а отмечать его стали с VI-VIII века нашей эры. Почему?

Каббалистические праздники не имеют никакого отношения к календарным датам и к каким-либо происшествиям в нашем мире. Занимаясь каббалой, мы изучаем высшие корни. Снизошли они в наш мир или нет, не имеет значения. Каббалист все это ощущает и видит.

В Суккот есть обычай брать Тору и кружиться с ней. Что это значит?

Это означает, что окружающий свет, так называемый «ор макиф», из окружающего постепенно становится внутренним, светом души. Ведь душа в течение семи дней Суккот потихоньку исправляется.

Поэтому кружение с Торой – это все такие условности, которые сами по себе ничего не значат, просто в нашем мире мы желаем таким образом отметить особые состояния души.

В последний день Суккот принято читать заключительную часть Торы и начинать новую главу. Что значит, что каждую неделю читают какую-то определенную главу?

Тора дана для того, чтобы исправить душу, поэтому в течение года, читая каждый раз кусочек из Торы, мы исправляем свою душу и свет постепенно входит в нее. В последний день Суккот мы заканчиваем годовое чтение Торы, и тут же начинаем читать заново. Год Торы начинается с последнего дня Суккот – не с Нового года, а именно с Симхат Тора.

В чем суть этого праздника?

Суть праздника Суккот – дать возможность окружающему нас огромному высшему свету, который мы называем Творцом, войти в исправленную душу, потому как мы исправляемся объединением, нахождением под одной общей крышей в шалаше. Высший свет входит в нас, исправляет и наполняет.

Суккот – это действительно большой праздник.

ХАНУКА

https://kabbalahmedia.info/ru/programs/cu/BdZypRZU

В стремлении к объединению

II век до нашей эры. Греки под предводительством Антиоха IV захватили Храм.

Среди евреев произошло разделение на эллинизированных евреев, поддерживавших греков-селевкидов, и ортодоксов во главе с Маккавеями, которые возглавили восстание и изгнали селевкидов из захваченного и оскверненного ими Храма. Когда Маккавеи вошли в Храм, они увидели, что чистого масла для свечей меноры может хватить только на один день. Но произошло чудо, и масло горело восемь дней.

Таковы исторические события, произошедшие более двух тысяч лет назад. Что они означают с точки зрения каббалы?

Выйдя из Египта, народ Израиля получил методику объединения (поручительство, «арвут»), которая развивалась в течение 40 лет путешествия по пустыне. Постепенно они все больше объединялись между собой по методике, полученной от Итро – отца жены Моше. Итро не был евреем, как и его дочь, но, как сказано в Торе, полностью примкнул к ним.

Понятие «Тора» происходит от слова «свет» («ора»). Свет Торы, который человек получает свыше, необходим для того, чтобы сблизить людей между собой и обратить их в одно единое целое.

Несмотря на то, что они эгоистически отдалены, противоположны друг другу и каждый желает властвовать над остальными, но с помощью правильного окружения и высшего света каждый может подчинить себя обществу и сделать так, чтобы все люди в нем были устремлены к центру общества, к объединению между собой.

Этим евреи и занимались 40 лет в пустыне. После того, как они достигли состояния единства, пустыня для них превратилась в благоуханную землю – в то, что называется «Земля Израиля». Земля –

от слова «желание» («рацон»). То есть их желание начало расцветать и приносить плоды.

Они построили Храм, олицетворяющий результат их усилий, исходящий из связи между ними. Под Храмом имеется в виду не нечто овеществленное, не камни и деревья, а связь их желаний.

Так они и жили – враждовали, мирились, постоянно выбирая новые условия объединения. Они менялись, ведь в них все время возникали новые эгоистические желания. Поэтому они должны были все больше притягивать к себе высший свет, называемый «Тора», объединяться и таким образом продвигаться.

Но они не смогли удержаться в этом и на некоторое время упали в рабство эгоизма, который называется Вавилонским изгнанием времен Навуходоносора. А затем с помощью царицы Эстер вышли из изгнания и стали снова обживать Землю Израиля, то есть желание, направленное к объединению и связи с Творцом.

Так они двигались дальше, пока не достигли состояния строительства Второго Храма – объединения в общий сосуд, в котором постигли Творца. Но это продолжалось недолго, потому что между ними снова возник огромный, разрывающий их эгоизм. Так был разрушен Второй Храм, то есть произошло разбиение общего сосуда – общих желаний и намерений в любви друг к другу, позволяющих раскрывать в себе Творца.

Именно в это время рабби Акива, призывая евреев к объединению, кричал, что надо «возлюбить ближнего как себя», но они уже не смогли его услышать. В таком состоянии и находится сейчас народ Израиля – те люди, которые, с одной стороны, понимают, что надо объединяться, с другой стороны, не в состоянии вынудить себя к объединению.

Ханука – праздник света

За 200 лет до разрушения Храма произошло его осквернение. С духовной точки зрения осквернение означает, что народ обнаружил внутри себя греков – эгоистические желания. В это же время в народе появились другие желания, которые называются «Маккавеи», восставшие против «греков».

В честь восстания Маккавеев, которые как бы очистили Храм, начали праздновать Хануку. Что означает этот праздник?

Наша душа состоит из двух частей: сосудов получения и сосудов отдачи. Двигаясь вперед, мы на определенном этапе заканчиваем исправление отдающих сосудов и должны приступить к исправлению получающих сосудов.

Ханука от слова «ханая» означает остановку в пути, то есть переход от одного действия к другому. Отдающие желания более легкие для исправления. Потому Ханука – это праздник света.

Получается, что духовные состояния можно рассматривать с разных точек зрения. С одной стороны, это исторические события. С другой стороны, эти состояния проходил целый народ. И в-третьих, каждый человек внутри себя должен пройти те же самые состояния. И все это идентично?

Да, как сказано: «Общее и частное равны».

Греки и римляне внутри нас

В чем разница между греками и римлянами внутри нас?

Греки внутри нас – символически эгоистические мысли, направленные в сторону знания, философии. А римляне – это эгоистические действия, направленные в сторону работы с грубыми желаниями.

Допустим, я хочу стать знаменитым, прославиться. Это называется греками во мне? Это те желания, которые надо исправлять?

Нет. Речь идет об исправлении на духовных ступенях. И греки, и римляне – это те состояния, которые приходят к человеку, когда он действительно желает подставить себя под свойство отдачи. Тогда он начинает воевать с эгоистическими желаниями и сортировать их в себе на греков и римлян.

Иными словами, существуют желания нашего мира, когда ты хочешь кого-то использовать ради себя, а есть желания по отношению к Творцу. Если Творец раскрывается человеку, и он хочет использовать связь с высшей силой ради себя, то эти желания называются эгоистическими – греками, римлянами, египтянами. Их надо исправлять.

Духовный Храм

Что такое духовный Храм с точки зрения каббалы?

Духовный Храм – это наша душа, каждого и всех вместе, объединение всех наших желаний, устремленных к подобию Творцу.

Мы должны соединить свои желания таким образом, чтобы в нашем единстве, в отдаче друг другу достичь состояния, которое было бы равновесно между нами. И тогда в нем, согласно нашим усилиям, мы обнаружим высшую силу, свойство отдачи и любви, которое называется «Творец».

Почему менора включает восемь светильников?

Что такое менора? Почему она включает восемь светильников?

От высших свойств (Кетэр) до низших свойств (Малхут), от свойств Творца до свойств творения есть восемь ступеней, восемь сфирот, кроме высшей и низшей. Поэтому менору зажигают в течение восьми дней, на восьмой день делают обрезание новорожденному (брит мила) и так далее.

Как каббалисты поняли, что менора должна быть именно в такой форме?

Каббалисты исходят из своего внутреннего ви́дения. Они ощущают это из соотношения свойств внутри себя. Соединение этих свойств вырисовывается им именно в таком виде.

Более того, так вырисовывается и наш мир – согласно нашим желаниям. На самом деле его нет, просто наши овеществленные желания таким образом проявляются перед нами.

Согласно каббале масло – это эгоистическое желание, фитиль символизирует экран, а когда есть экран – анти-эгоистическое свойство, сила, покрывающая эгоистическое желание – то появляется огонь. Что такое огонь?

Огонь олицетворяет свет жизни, познания.

Чудо Хануки и материальный мир

Говорят, что в Хануку произошло чудо: масло, рассчитанное на один день, горело восемь дней. Как вы считаете, такое могло произойти?

Это зависит только от нас. Если мы стремимся к тому, чтобы наши свойства совпадали со свойствами Творца, чтобы мы участвовали в разжигании света в мире с целью осветить его свойствами любви, добра, связи, то тогда с нашей стороны достаточно такого усилия. Оно исходит из нашей части – Малхут, а остальное дается свыше.

Как вы думаете, чудо Хануки действительно могло произойти на материальном уровне?

Почему нет? Наш мир подчиняется общим законам. Если мы выполняем их, то можем сделать все. В нашем мире каждый день происходят все новые и новые чудеса, но мы их просто не замечаем, потому что включены в них. А если бы мы видели их снаружи, то они были бы для нас чудесами.

Значит, это не аллегорическое описание?

Конечно. Абсолютно все, что написано в Торе, должно произойти и обязательно произойдет в нашем мире. Я не вижу в этом никаких чудес.

Если ко мне придет, допустим, папуас, а я нажму на выключатель и зажжется свет, то он упадет на колени перед этим явлением. Это чудо или нет? Для него это чудо, для меня – нет.

Если бы сейчас мы оказались на первой духовной ступени, то все, что там происходит, было бы для нас чудесами.

Но если вы говорите, что это – законы, то любой человек мог бы повторить их. А сегодня я не думаю, что кто-то может повторить такое.

Потому что мы не находимся на том уровне.

Самые детские праздники

Интересно, что Ханука и Пурим – это два великих праздника, которые не описаны в Торе. Почему они считаются самыми детскими праздниками? В Пурим дети наряжаются в карнавальные костюмы, в Хануку поют песни, едят сладкие пончики.

Дело в том, что мы еще не достигли этих состояний в нашем мире, и потому это все символизируется в детях. Ребенок, который устремлен в будущее, как бы показывает нам, что мы должны достичь тех состояний, которые еще не прошли.

Исторически эти состояния состоялись, но внутри человека – нет. Внутренне мы еще не настроили себя на праздник Ханука, а потом на праздник Пурим.

То есть это как игра. Дети всегда ассоциируются с игрой. Так и здесь мы должны играть в это состояние?

Да. Исправление малых сосудов называется Ханука («хану-ко», «остановка в пути). Это промежуточное состояние, половина исправления. А вторая половина исправления – это уже Пурим. Оба состояния нам еще предстоит пройти – и народу Израиля, и всему человечеству.

Почему в Хануку принято есть пончики?

Масло символизирует желание получать, а тесто – силу жизни. Масло должно пропитать тесто, ведь вся сила жизни идет к нам от муки. С тех пор пошел обычай жарить тесто в масле.

Служить Творцу

Можно ли проследить в событиях II века до нашей эры, когда народ разделился на Маккавеев и эллинизированных евреев, сегодняшнее разделение в государстве Израиль?

Не думаю. Я не вижу, что в Израиле есть люди, которые стремятся к исправлению. Никто не считает, что мы находимся в духовном падении.

Во времена Маккавеев шла борьба за идеологию – каким образом народ должен продвигаться, как служить Творцу, то есть достигать принципа «возлюби ближнего, как себя».

Разве сегодня у кого-то есть программа достижения этого духовного правила? Вы видите его в программе какой-то партии или какой-то части общества? А в те времена было.

Рабби Акива и 24 тысячи его учеников, и еще многие другие считали, что принцип «возлюби ближнего» надо обязательно выполнять. Но они не смогли устоять перед своим эгоизмом, потому что весь остальной народ был направлен в другую сторону.

ПУРИМ

https://kabbalahmedia.info/ru/programs/cu/VWWHFbrs

Конечное исправление – в интеграции всего человечества

Состояние «Пурим» символизирует Конечное исправление. Что это значит?

Для начала нам надо исправить то, что испортил Творец. Он заявил прямо: «Я создал злое начало, а вы должны привести его к доброму концу».

Злое начало – это наш эгоизм, который в каждом элементе творения находится в различных формах, а мы, человечество, люди, и, в первую очередь, народ Израиля, должны преобразовать его в противоположную форму – альтруизм, свойство отдачи и любви, свойство связи, сближения, объединения.

Отсюда можно понять, что вся система творения движется от абсолютно изломанной, разрушенной в сторону объединения. Причем, это объединение происходит, с одной стороны, под воздействием высшей силы, Творца.

Если мы выдерживаем темп, который задает Творец по сближению и совершенствованию в нашем объединении, тогда чувствуем себя хорошо и комфортно. Мы даже можем увеличить этот темп и бежать, что называется, «впереди телеги».

А если мы его не выдерживаем, отстаем, то «телега» тащит нас за собой, и мы просто волоком тащимся за ней – такое бедное, несчастное, изуродованное человечество.

Когда вы говорите: «Творец», вы имеете в виду природу и весь эволюционный процесс?

Конечно. Это не бабушкины представления. Постоянная интеграция всего человечества, сближение между людьми – это то, что требует от нас Природа.

Поэтому праздник Пурим символизирует Конечное исправление всего того эгоизма, той раздробленности, которая была создана Творцом.

Выбор пути исправления

«Пурим» происходит от слова «пур» – «судьба» или «жребий». То есть как бы бросается жребий, кто ведет человечество к доброму, абсолютному, конечному, обязательному состоянию. Или оно сделает это само, осознанно, и тогда его путь будет кратким, удобным, подходящим для развитого человечества. Или это будет путь страшных ударов под воздействием силы Природы, жутких состояний, войн.

Либо мы привлекаем добрую силу, и она развивает нас. Либо злая сила, которая автоматически действует в природе, как сказано: «Я создал зло», – постоянно подталкивает нас и все равно увлекает вперед.

«Мегилат Эстер» – раскрытие скрытия

Рассказ о Пуриме изложен в «Мегилат Эстер» («Свиток Эстер»). Что означает это название?

«Свиток», «мегила» от слова «гилуй» – раскрытие. «Эстер» означает скрытие. То есть «Мегилат Эстер» – это раскрытие скрытия.

Дело в том, что от нас скрыто все творение: почему, для чего и как, какие силы в нем действуют. Почему мы должны проходить состояния от одного конца – абсолютно разломанного, к другому концу – собранному, идеальному. Для чего это нужно? Какими силами мы можем пользоваться?

Мы ничего не знаем! Ничего не понимаем! Все это «астара», то есть скрытие.

Но постепенно мы сможем это раскрыть. Ведь с какого-то этапа развития человечества нам дается наука каббала. Каббала – от слова «получать», то есть получать высшее знание, силы своего развития, когда мы можем уже начинать идти осознанно.

Две силы: Мордехай и Аман

В «Свитке Эстер» описаны две силы: Мордехай и Аман. Что они олицетворяют?

Мордехай — это сила Бины, свойство отдачи, любви, связи. Аман — эгоистическая сила, свойство разделения, разрушения. Но обе силы не могут действовать одна без другой.

Их правильное сочетание необходимо для того, чтобы привести все человечество к своему завершенному, идеальному состоянию, когда, с одной стороны, все эгоистические силы существуют в своем ужасном виде, а, с другой стороны, над ними властвует сила связи, сила любви.

Тогда обе силы, отрицательная и положительная, работают вместе на все человечество, как электрические силы, плюс и минус, работают в моторе или в какой-то машине. Таким образом нужно понять, как мы должны действовать.

То есть у каждой силы есть своя функция. Но почему тогда в свитке пишется, что сила «Аман» уничтожается?

Дело в том, что тут есть еще много нюансов. Уничтожается не сила, а эгоистическое намерение — как правильно использовать силу.

То есть Аман — это намерение получать ради себя, а не само желание получать?

Намерение ради себя. Желание получать нейтрально, это сама природа.

Кто стоит за образом царя?

В рассказе о Пуриме есть такой персонаж — царь Ахашверош, который иногда взаимодействует с положительной силой (Мордехай), а иногда — с отрицательной силой (Аман). И неизвестно, с кем он находится, поскольку Творец, которого олицетворяет царь, здесь представляется в двойном виде.

С одной стороны, все творение – эгоистическое, и у кого больше силы, тот и властвует над миром. Поэтому мы не можем сказать, что Творец добрый и творящий добро. В чем добрый?! В чем творящий добро?! Лучше бы Его не было, тогда не было бы зла. Это Ахашверош

С другой стороны, все-таки это Творец, потому что Он тайно, за спиной царя, что называется, за его образом, подгоняет все человечество к доброй цели.

Проблема в том, что Творец – это абсолютно добрая сила, которая существует сама по себе. Она не нуждается еще в какой-то силе, в каком-то основании для существования.

А творения созданы отрицательными, противоположными Творцу, для того чтобы отличаться от Него, а не растворяться в Нем, ведь тогда у них не будет никакой самоидентификации.

Получается, что невозможно создать творения, как только отличными от Творца. И если Творец абсолютно Добр, значит, творение должно быть другим, вплоть до абсолютного зла.

Программа с добрым концом

Творец – это добрая сила?

Относительно творения – добрая. А безотносительно к творению мы ничего не можем о Нем сказать. Мы говорим о Нем как об Ацмуто – Он Сам по Себе, то есть не действующий ни положительно, ни отрицательно.

И как в доброй сказке, естественно, всегда побеждает добрая сила.

На самом деле эта сказка добрая, и она не сказка. Это запланированная программа творения. В Духовном мире виден ее конец. Когда мы поднимаемся с уровня нашего мира, с происходящего в земных органах чувств – на уровень выше нашего познания, в так называемое «лишма» («ради других») – то мы видим будущее.

Сейчас мы уже начинаем понимать, что настоящее и будущее течет и в прямом, и в обратном направлении. Поэтому, поднявшись в Высший мир, мы можем явно видеть его будущие состояния. Каббалисты это видят.

Но они видят все это в силах, а не так, как это проявляется в нашем мире?

Конечно, в силах. Но они это видят и рассказывают нам об этом. А откуда же они это получили? Как смогли все описать? Из того, что они это все обнаружили.

Материальные события и духовные корни

Великий каббалист Ари писал, что в будущем все праздники отменятся, кроме праздника Пурим.

Все праздники говорят о промежуточных духовных состояниях на пути исправления от чистого эгоизма до полного альтруизма, полной любви, и поэтому последнее состояние не отменится. Это и есть Пурим.

Как люди писали «Свиток Эстер»?

Они находились в этом состоянии духовно.

Но свиток написан, как детский рассказ.

Это нам только кажется.

Понятно, что там есть какая-то глубина, но если смотреть на это простыми глазами, то там написано, что пир продолжался 180 дней. Как такое может быть?

Почему нет? Они же не сидели целыми днями за столом. Собирались руководители всех подвластных государств, вместе обсуждали, изучали что-то, смотрели танцы, ездили на охоту, трапезничали. Это все называется пир.

А за всем этим стоят духовные состояния, потому они это и описали.

Но за основу они взяли события нашего мира?

Да. Дело в том, что любое событие в нашем мире имеет свой корень в Духовном мире. Таким образом, описывая особые события, они указывали на их корень. Указывают и сегодня. Поэтому мы знаем, что так это происходило, и так должно произойти.

Под маской скрытия

Откуда пошел обычай переодеваться на Пурим в карнавальные костюмы?

В этом мире мы не видим истины, поскольку здесь все специально так закамуфлировано. Мы не знаем, где правда, где ложь, что вообще с нами происходит. Весь мир – театр. Человек всегда надевает какую-то маску.

Пурим своеобразен тем, что, надевая маски, мы притворяемся другими людьми, потому что все творение скрывается под маской. Мы не видим ни Творца, ни друг друга, не понимаем, что и как. А потом это все раскрывается.

От скрытия мы переходим к раскрытию.

Это как бы маска на желание получать? Иначе если бы мы контактировали друг с другом чисто эгоистически, это было бы тяжело?

Это было бы невозможно. И именно благодаря тому, что мы играем в масках и весь мир в масках (поэтому мир называется «олам» – от слова «алама», «скрытие»), мы приближаемся к раскрытию, к Пуриму.

Когда добро и зло сливаются воедино

Что это за заповедь пить в Пурим вино до такого состояния, чтобы не отличить Амана-разбойника от чистого свойства «Мордехай»?

В конце исправления мы получаем такой большой свет (его символизирует вино), что не в состоянии определить, где зло и где добро, поскольку между ними больше нет отличия. Они соединяются в одно единое постижение высшего корня, из которого исходят и плюс, и минус. Там нет практически ничего, только одно доброе отношение к нам.

Человек приобретает способность видеть всевозможные злые и добрые события как одно целое. И сегодня каббала приписывает нам так же относиться ко всему: во всем существует только «Добрый, Творящий добро» – «нет никого кроме Него».

Когда мы относимся ко всему как к добру, исходящему от Творца, тогда мы каждый раз приближаемся к Нему.

Человек, который достигает состояния исправления, может внутренне оправдать любые, даже самые страшные происшествия?

Он обязан их оправдать, потому что это все исходит от Творца, и нет ничего, что бы от Него не исходило. А Он абсолютно добр.

Если мы этого не понимаем и не можем оправдать, то это говорит только о нашей неисправности.

Свойство «Аман»

Какая связь между «ознэй Аман» («уши Амана») и «кисей Аман» («карманы Амана»).

«Уши Амана» символизируют свойство Бины, которое работает на Малхут (эгоизм), когда мы готовы что-то отдавать ради собственного наполнения. Это такой изощренный эгоизм: отдача ради получения. Я готов что-то отдать, для того чтобы больше получить.

А «карманы Аман» – это уже чисто эгоистические желания, которые я хочу наполнить.

Свойство «Аман» действует в нас очень умно. Аман говорит, что есть такой народ, который создает нам много проблем, и мы не знаем, что делать. Он хочет свергнуть царя. И так далее. То есть он пользуется свойствами Бины, свойствами отдачи. Он якобы хочет сделать лучше. И потому он считает, что надо этот народ уничтожить.

Намеки на духовные свойства и действия

В Пурим по традиции едят сладкие пирожки, форма которых напоминает карманы Амана. Это такой символ?

В нашем мире существует связь корня с ветвью. Поэтому мы должны всё это каким-то образом отобразить в ветвях. Народ должен быть привязан к таким вещам.

Разве не примитивно, что мы в XXI веке выполняем эти традиции?

Я считаю, что наш век самый примитивный из всех предыдущих веков. Чем больше мы развиваемся, тем больше растет наш эгоизм. Поэтому мы вдруг начинаем чувствовать себя какими-то большими, критикуем предыдущие века, ученых и всех прочих. А ведь они гораздо лучше нас разбирались в структуре миров, сил творения.

Они знали эти корни, видели их, угадывали, понимали, с чем имеют дело. И не для того, чтобы сделать из этого какой-то исторический рассказ, а чтобы включить в систему исправления, чтобы каждое поколение делало свою корректировку и постепенно мы пришли бы к полному исправлению, которое называется «Пурим».

Поэтому они ввели в народ традицию есть сладости в виде «карманов Амана»?

Конечно. Это всё сделали великие каббалисты. В этом есть несчетное количество всевозможных намеков на духовные свойства и действия, которые мы должны совершить.

В Пурим принято дарить подарки. В честь чего? В честь радости?

Да, ведь когда мы соединяемся между собой, мы наполняем друг друга: я тебя, ты меня. А каждый отдельно не может наполнить самого себя.

Праздник Пурим — это конечное исправление. Творец создал эгоизм, злое начало, которое полностью исправляется.

Пройди, почувствуй и достигни

Во всех каббалистических первоисточниках постоянно рассматриваются какие-то две силы, например, Аман и Мордехай, Моше и Фараон, и так далее.

Нет ничего другого в природе, кроме плюса и минуса.

В принципе, это можно было бы рассказать просто с точки зрения взаимодействия двух сил?

Нет, ты не можешь описать это в виде двух физических сил. Между ними существует множество всевозможных действий, условий, которые невозможно раскрыть, и поэтому их нельзя описать иначе, кроме как аллегорически, в образах нашего мира. Ты не можешь взять плюс, минус и сказать: «Вот так они приближаются друг к другу, удаляются…»

Поэтому каббала пользуется языком нашего мира, чтобы объяснить людям всю проблематику нашего исправления. Когда человек начинает исправляться, он ощущает эти свойства, но попробуй спросить у него: «Что ты ощущаешь?» — ему нечего сказать. Потому что он ощущает силы, а объяснить их может только в применении в нашем мире. В этом и проблема.

Главное — чтобы мы это прошли, почувствовали и достигли.

ПРАЗДНИК СВОБОДЫ

https://kabbalahmedia.info/ru/programs/cu/bNbsbem7

Песах: стать Человеком

Песах символизирует выход каждого из нас из животного состояния. Но все начинается с обещания Творцом Аврааму о наследовании земли Израиля. Земля Израиля – это Эрец Исраэль, желание к Творцу. Выходит, что природой изначально предусмотрено, что каждый человек достигнет этого свойства?

В общем, да. В итоге нашего развития абсолютно все люди на Земле должны достичь свойства «Человек», то есть подобия Творцу.

Что с точки зрения каббалы означает «стать человеком»? Что это за уровень?

Человек – на иврите «Адам», от слова «домэ́», что означает «подобный Творцу» или «по Божьему подобию».

Что значит «по Божьему подобию»? Поскольку все свойства Творца, Его отношение ко всему, что Он создал, – это любовь, отдача, добрые чувства, то и человек, обретая эти свойства, становится подобным Творцу и называется Человеком. А до их обретения он считается животным.

Иными словами, если человек находится в своих естественных эгоистических свойствах и заботится только о себе, то это называется «животное состояние», а если он заботится о других, и в нем находится альтруистическое свойство Творца, то это состояние называется «Человек».

Человечество в египетском рабстве

Почему для того, чтобы выйти из эгоистического состояния, надо сначала зайти в Египет?

Для того чтобы осознать, кто ты такой, что ты абсолютно противоположен Творцу, что ты – не человек, а животное, которым управляет лишь один эгоизм. Это возможно, только если ты находишься в состоянии, которое называется «Египет».

Можно ли сказать, что все человечество до сих пор находится в Египте?

Да. Абсолютно все человечество находится в состоянии «Мицраим» («Египет»), когда человек не осознаёт, что им управляет один эгоизм.

«Мицраим» («миц ра») в переводе с иврита означает «концентрация зла».

Значит, для того чтобы раскрыть любовь, надо постичь ненависть. Получается, что египетское изгнание является гарантией того, что человек когда-нибудь в будущем приобретет альтруистическое свойство?

Да. Это все уже запланировано и должно лишь обрести свое материальное обличие.

Развитие уровня «человек»

Исраэль должны были пробыть в Египте 400 лет, а вышли раньше, через 210 лет. Почему?

Дело в том, что они должны были раскрыть необходимость выхода из эгоизма за 400 лет, но это полностью раскрылось в них за 210 лет.

С другой стороны, 400 лет – это четыре стадии развития эгоизма, которое они еще проходят. И мы будем проходить, ведь наш земной путь на этом не останавливается. Эгоизм все равно будет проявляться в нас, пока мы полностью не обратим его в обратное свойство.

Несколько тысяч лет назад из животного появился человек, пройдя естественный эволюционный процесс. То, что мы должны пройти сейчас, тоже можно назвать эволюционным процессом?

Конечно. Абсолютно та же высшая сила, называемая «Творец», которая управляет нами, постепенно развивает в нас эгоистические свойства на неживом, растительном, животном и человеческом уровне. Каждый уровень состоит из таких же четырех подуровней.

То есть я живу себе, и внутри меня развиваются эти уровни. Например, животный уровень во мне – это человек, который работает, заботится о себе, семье, всей своей материальной жизни. А потом во мне начинает развиваться уровень «человек в человеке». В чем это проявляется?

В стремлении к большим желаниям. Ты и сегодня можешь видеть на Земле такие племена, народы, цивилизации, которые живут и в каменном веке, на деревьях, и в других условиях. Разница между ними в уровне существующих в них желаний. В соответствии с ними эти люди развивают вокруг себя соответствующую обстановку, отношения между собой и так далее.

Как можно определить, что в тебе развивается уровень человек? Это же не просто какие-то альтруистические свойства. Вокруг нас есть множество людей-альтруистов, которые бегают, помогают всем.

Человек обычно не отдает себе отчета в том, как развиваются эти желания. К примеру, мы смотрим на ребенка и видим, что он растет, у него уже какие-то другие желания – не такие, как раньше. Как ребенок этого не понимает, так и мы не понимаем.

Наши желания меняются. Сто лет назад мы были совершенно другими людьми. Мы смотрим, как жили люди 100, 200, 300 или 1000 лет назад, и видим, что они во многом отличались от нас. Так мы проходим этапы развития в нас эгоизма.

Допустим, стоят два человека. В одном из них развивается уровень желаний «человек», а в другом еще нет. Чем они отличаются друг от друга?

Скоростью развития эгоизма в каждом из них.

Почему мы не ощущаем Египет как рабство?

Интересно, что человек не сразу становится рабом в Египте. Согласно Танаху, фараон через Йосефа пригласил сыновей Якова и дал им землю Гошем.
Что означает в духовной работе, что человек не сразу начинает ощущать Египет как рабство?

Естественно. Есть даже такой полу-анекдот, что когда-то люди выступали с лозунгами: «Да здравствует рабовладельческое общество!», потому что оно было прогрессивным по сравнению с предыдущим.

А после рабовладельческой формации возникли другие, и каждый раз люди устремлялись ко все большему и большему наполнению растущего в них эгоизма.

Таким образом получается, что они постоянно оказываются в новой социальной среде, которую сами же и создают.

Фараон – обратная сторона Творца

Фараон (паро, иврит.) – это главная действующая сила. Ваш учитель, Рабаш, объясняет, что «паро» означает «пэ ра» («дурные уста»). О чем или о ком идет речь?

Речь идет о том, кто отрицает, что миром управляет добрая сила, высшая сила Творца, и утверждает, что миром управляет зло, эгоистическая сила, и только ее надо развивать, только ею управлять.

Если слово «паро» прочитать справа налево, то получится «ореф» – «задняя сторона шеи». Что это значит?

Это обратная сторона Творца. Практически существует одна высшая сила, которая в прямом смысле называется Творцом и проявляет себя как в добром виде, так и в обратном, как злая сила, называемая фараоном (паро).

Что значит, что фараон высасывал все благо из тех людей, которые работали на него?

Это мы видим на нашей жизни: что бы мы ни старались делать, в итоге ничего хорошего не получается, поскольку мы используем эгоизм только лишь для того, чтобы постоянно его подкармливать.

То есть эгоизмом невозможно насладиться? Как только мы наполняемся чем-то, то это наслаждение сразу же исчезает?

Более того, возникает еще больший эгоизм, и мы опять его наполняем. И так мы все время находимся в погоне за эгоистическим наслаждением, но в итоге никогда не наполняемся.

В рабстве у фараона

Человек, находясь в египетском рабстве, поначалу наслаждается от пребывания в нем: мы согласны с работой на фараона (эгоизм), нам нравится работать на него. Этот период называется «семь сытых лет». А потом, в какой-то момент фараон меняется. Что происходит?

Когда меняется фараон, тогда, пребывая в том же эгоизме, мы осознаём, что фараон не по-доброму относится к нам и не желает нам добра. Оказывается, мы все время работали не на себя, а на него, и ничего хорошего нам от этого не остается.

В Торе эта работа называется «аводат парех». Что это значит?

Этому понятию есть много объяснений. В частности, мы никогда не получаем от этой работы никакого наполнения. Никогда не добиваемся того, ради чего стоило бы так напрягаться.

Ваш учитель, Рабаш, объясняет это так: «Другими словами, с намерением ради получения тело (наш эгоизм) согласно продолжать выполнять духовную работу, и не

нужно строить намерение ради отдачи».[15] *То есть, работай ради фараона и тогда будет все нормально?*

Да. Но проходит время, и уже невозможно продолжать работать на него, поскольку ты видишь, как сам фараон раскрывает тебе, что пребывание в этом рабстве бесцельно. Ты от него ничего не имеешь. И поэтому у человека пропадает сила работать на фараона.

Несчастные города Питом и Рамсес

Фараон заставляет всех, стремящихся к раскрытию свойства отдачи или Творца (они так и называются «Исраэль»), строить города Питом и Рамсес. Что это за два города? О чем идет речь во внутренней работе человека?

Под строительством подразумевается наполнение эгоизмом огромного желания, называемого «фараон», как в правой, так и в левой линии, во всем. Но наполняя его, мы видим, что это наслаждение не приводит ни к какому результату, кроме сплошного разочарования.

Ваш учитель дает такое объяснение: Рамсес – это «рам сус», «сила коня», символизирующая работу человека ради того, чтобы наполнить свой эгоизм. Но потом он вдруг ощущает себя у края бездны.
Питом – это «пэ тэhом», «около бездны». Получается, что ты остаешься, как в сказке Пушкина, у разбитого корыта?

Конечно.

Есть еще такое объяснение, что два этих города называются «арэй мизкенот» – в переводе с иврита «опасные города». Чем они опасны?

---

[15] Рабаш. Статья 14 (1987). Связь между песахом, мацой и марором. // Каббала Медиа. Дата обращения 21.05.21. URL: https://kabbalahmedia.info/ru/sources/KwE2IyGL?language=ru

Тем, что человек может никогда не выйти из своего эгоистического свойства, не подняться над ним, а так и остаться в этих «городах», все глубже и глубже увязая в них и погибая.

Разве это не эволюционный процесс, который обязательно обяжет нас развиваться? Остается угроза навсегда остаться в Египте?

В общем, такой возможности, по сути, нет, потому что программа Творца совершенна и в итоге приводит нас к пониманию необходимости выхода из Египта. Но, с другой стороны, все-таки это опасное состояние, когда человек может очень долго находиться в нем, практически всю жизнь.

Однако он все равно ощущает состояние безысходности. Все ощущения, описанные в Торе, обязаны проявиться в каждом. Ведь, в принципе, многие из нас уже начинают видеть, что им нужно просто бежать от этих состояний.

«Белая работа»

В Торе сказано, что каждый должен написать ее на стенках своего сердца. Ваш учитель, цитируя Тору, пишет: «Египтяне делали жизнь их тяжелой работой с глиной и кирпичами». Глина – это «хомер».

Если я правильно понимаю, то египтяне, то есть мои внутренние эгоистические свойства, объясняют тем свойствам, которые хотят выйти из Египта, что это очень тяжелая работа – «ба хомер».

Да. Надо пытаться убежать от нее.

Египтяне заставляли людей делать смесь из соломы и глины, и затем, обжигая эту смесь, формовать из нее кирпичи. Это называется «Ба хомер убэ леваним».

«Леваним» в переводе с иврита означает «белый». То есть египтяне убеждали израильтян, что надо смотреть на эгоистическую работу как на «белую».

В принципе, вся работа должна была заключаться в том, чтобы понять, что ее невозможно выполнить, поскольку она нескончаема. Остается единственная возможность правильно к ней относиться – искать, как выйти из нее, убежать из египетского рабства.

Разум – производная эгоизма

«Из слов Книги Зоар следует, что свойство Фараона лежит в знании, и разумом нет никакой возможности выйти из-под его власти…».[16]

Мы не можем нашим эгоистическим разумом осознать, к чему мы должны прийти: с одной ступени понять другую ступень. Как ребенок не может понять восприятие мира взрослыми. Но мы заставляем его, и он соглашается, ведь в нем еще существует природное свойство принимать то, что ему говорят взрослые, хотя он этого не осознает.

Нельзя, будучи на низшей ступени, понять высшую ступень. Поэтому весь наш путь идет, что называется, «в вере выше знания», когда мы принимаем свойства высших ступеней как высшие и желаем их абсорбировать в себе, уподобиться им, даже не понимая их величия и особенности.

Разум не может сработать, потому что он находится во власти нашего эгоизма, подчиняется ему?

Разум – это производная эгоизма. Поэтому, основываясь лишь на разуме, невозможно выйти из того животного состояния, в котором мы находимся.

Под властью фараона

«И повелел Паро всему своему народу, говоря: Всякого сына (ново)-рожденного бросайте в реку, а всякую дочь оставляйте в живых».[17]

---

[16] Рабаш. Статья 20(1985). Кто ожесточил свое сердце. // Каббала Медиа. URL: https://kabbalahmedia.info/ru/sources/whmXpBfw (дата обр. 21.05.21)

[17] Тора. Книга «Шмот». Глава «Шмот». // URL: https://toldot.ru/limud/library/humash/shmot/shmoys/ (дата обращения 21.05.21)

Мальчик (бен, *ивр.*) означает «стремящийся к Творцу». Мужчина (гевер, *ивр.*, от слова «митгабер», «преодолевать») – это тот, кто сопротивляется эгоизму, желает подняться над ним.

Те люди, которые, независимо от их гендерных свойств, желают подняться к свойству Творца, отдачи и любви, называются мужчинами, поскольку они превозмогают свой эгоизм, работают над ним, пытаются достичь следующего, альтруистического уровня. А наш эгоизм, называемый фараоном, призывает топить таких людей, уничтожать их в себе.

То есть внутри нас находится такая сила, которая заранее пытается уничтожить эти стремления выйти из эгоизма?

Конечно. Эгоизм, управляющий нами, – это наша главная сила.

И все же сила эгоизма находится во власти еще более высокой силы – Творца.

Это верно. Но в общем, фараону дается возможность властвовать над человеком.

Так под чьей властью находится человек: Творца или фараона?

Мы находимся под властью Творца, который делает так, чтобы мы были под властью фараона.

Можно ли увидеть духовные состояния во внешней жизни?

Во всех каббалистических источниках речь идет лишь о двух силах, альтруистической и эгоистической, только в разных интерпретациях, через разные иносказательные рассказы, где говорится об их взаимодействии. То есть как бы все просто – две силы и все.

Нет, это непросто, потому что обе силы облачаются в нас, и внутри себя мы должны разобраться, когда, как и насколько каждая из них властвует в нас.

А как все ситуации из рассказа о выходе из Египта перенести на нашу обычную жизнь? Я могу увидеть, как сила эгоизма уничтожает во мне наклонности к альтруизму, к любви?

А где ты это увидишь? Вся наша нынешняя и будущая жизнь построена на эгоизме, в ней нет ничего альтруистического. Творец скрыт. Вместо Него – только фараон.

Но все библейские рассказы описывают духовные состояния, которые проходит человек. Можно ли их увидеть, как проявления материальной жизни, через внешние ситуации, которые окружают человека?

Нет. Ведь мы еще не проходим духовные состояния. Мы пока еще находимся в состоянии, когда постепенно проявляется фараон, и проявляется для нас как зло. Этот период и называется осознанием зла.

Осознать зло своей природы

Когда человек осознает свой эгоизм как зло, в нем проявляется свойство «Моше» (от слова «лимшох», «вытаскивать»), которое начинает вытаскивать его из эго.

Моше воспитывался дочерью фараона Батьей. Он вырос в этой среде, набрался фараоновской мудрости и стал, как фараон со всем своим эгоистическим отношением к жизни.

То есть даже наши альтруистические склонности базируются на эгоизме, вырастают оттуда?

Мы же видим, что происходит: все человечество находится в эгоистическом развитии. И только сейчас начинают постепенно появляться ростки нашего могучего эгоистического творчества: что мы наделали на этой Земле, насколько все бесцельно и только во вред нам. Мы проживаем эту жизнь, портим ее друг другу и умираем. В этом заключается наше существование.

Вот это осознание зла своей эгоистической природы мы и должны раскрыть в этом поколении.

Почему Творец ожесточил сердце фараона?

Творец постоянно ожесточает сердце фараона. С одной стороны, он говорит: «Идем ко Мне». А с другой стороны: «Я хочу ожесточить его сердце». Почему?

Потому что предназначение нашего эгоистического развития в том, чтобы мы убедились, что в эгоизме существовать невозможно, и просили Творца, чтобы Он освободил нас от него.

В этом и заключается цель нашего нахождения в египетском рабстве, в рабстве эгоизма, – убедиться, что это только нам во вред, и лишь Творец может вытащить нас оттуда.

Убежать от эгоизма

С одной стороны, Творец ожесточал сердце фараона, с другой – давал ему постоянные удары. Два последних удара – это египетская тьма и убиение первенцев. Что символизируют эти состояния?

«Египетская тьма» символизирует абсолютное зло и абсолютную пустоту, проявляющуюся в результате использования свойства эгоизма – получения ради себя. Этим ты ничего не достигаешь. Раскрывая эго, ты понимаешь, что находишься в Египте.

«Смерть первенцев» означает, что любые твои начинания приводят тебя к смерти. Ты видишь, что нет никакого смысла ничего начинать и предпринимать до тех пор, пока ты находишься в Египте.

То есть первенец («бен») всегда символизирует следующее состояние человека. Кроме того, что я в своем теперешнем состоянии ощущаю тьму, не вижу никаких наслаждений, я ничего не вижу и в будущем. Если я остаюсь в эгоизме, у меня нет будущего.

К такому состоянию природа должна нас привести? Только тогда мы захотим выйти из Египта? Человек осознанно в этом участвует или его заставляет природа?

Человек вместе с Творцом идет к фараону и участвует в десяти ударах казней. Он видит, как страдает эгоизм, и начинает все дальше и дальше отходить от него. То есть он относит страдания уже не к себе, а к тому эго, которое еще находится в нем.

Постепенно он начинает понимать, что ему надо избавляться от эгоизма, но видит, что нет никакой возможности уничтожить его, и остается только лишь просто удрать.

Символ Песаха: запрет есть квасное

Песах (от слова «пасах») означает «переступить», «перепрыгнуть» из эгоистических свойств к альтруистическим, к свойствам Творца.

Порядок выхода из эгоизма каббалисты аллегорически описали в виде пасхальной трапезы. Одним из символов Песаха является запрет есть квасное. Что означает квасное в нашей внутренней работе?

Запрет есть квасное означает: если ты желаешь оставить Египет, ты не можешь применять никакие намерения «ради себя». Если ты хочешь выйти из эгоистического желания, ты должен избавиться от всех действий, которые удерживают тебя в этом намерении.

А что символизирует маца, которая называется «хлеб бедняка»?

Хлеб – это то, от чего живет человек. Выход из эгоистического состояния заключается в том, что он начинает употреблять такую пищу, которая не дает наполнения эгоизму, а дает только лишь духовные силы, свойство отдачи.

Обычай есть мацу означает, что человек должен получать только необходимое для поддержания своего тела, а со всем остальным работать на отдачу.

Еще одним из символов Песаха является пред-пасхальная уборка. С чем это связано?

Это означает, что мы должны полностью отречься от эгоистических желаний. Таким образом мы покидаем Египет, то есть наши общие эгоистические намерения «ради себя».

Поэтому мы должны очиститься от квасного («хамец»), символизирующего эти намерения, и от различных действий на всех уровнях: неживом, растительном, животном, человеческом – от всего, что вокруг нас и внутри нас. Так и сказано: «Чтобы не было в твоих владениях никакого хамеца».

Оторваться от Египта

Песах продолжается семь дней. Почему?

Семь дней – это семь сфирот, все уровни нашей души. В первый день Песаха человек выходит из намерения «ради себя» и продолжает избавляться от своих эгоистических намерений во второй, в третий день и далее до тех пор, пока полностью не отрывается от них.

И так он подходит к состоянию, которое называется «Ям Суф» – «Конечное море». Он готов броситься в него, чтобы полностью оторваться от Египта (от эгоизма).

Выход из Египта – это последний рубеж материального, эгоистического мира, за которым находится условная линия, называемая «махсом». Пройдя ее, человек начинает ощущать любовь, отдачу, Духовный мир. Что с ним происходит? Какая трансформация за этой чертой?

За этой чертой человек думает только о том, как через других он может все больше и больше реализовывать в себе свойство отдачи и любви. В итоге он начинает ощущать в этом свойстве, что наполняется высшим светом – Творцом.

ДЕСЯТЬ ЕГИПЕТСКИХ КАЗНЕЙ

https://kabbalahmedia.info/ru/programs/cu/9I0xRz2x

В рамках духовных действий

Около трех с половиной тысяч лет назад, согласно Торе (глава «Исход»), Моисей именем Бога потребовал от фараона Египта отпустить израильский народ из рабства. Но фараон не послушал его, и на Египет обрушились десять казней.

С академической точки зрения считается, что такого события не было, а если даже и было, то не в тех масштабах, которые описаны в Торе. В религии, естественно, ничего не проверяется, они просто верят, что так происходило. Каббала вообще не рассматривает это как исторические события, а утверждает, что речь идет о духовных процессах, которые проходил народ и сам Моисей.

Во-первых, в Торе говорится не об отдельных людях, а о чисто внутренних проблемах всего человечества.

Во-вторых, речь не идет о физических проблемах, хотя они, возможно, как-то отражались в материальной жизни. Но дело совершенно не в этом.

Изначально все человечество создано из эгоистического желания наслаждаться. Это желание проходит определенные этапы своего рождения и развития вплоть до такого, когда люди начинают понимать, что они больше не могут оставаться в эгоизме и обязаны как-то выходить из него.

Та группа, которую Авраам вывел из Древнего Вавилона в землю Кнаан, а точнее его потомки, сыновья его внука Якова, пришла в Египет. Как рассказывается в Торе, долгое время они жили там, проходя разные этапы: хорошие и плохие. Но, в принципе, Тора говорит о внутренних состояниях этого народа.

Причем, когда речь идет о народе, как о большом количестве людей, то имеется в виду не их число, а их духовная мощь. То есть все это надо воспринимать и взвешивать в рамках духовных действий.

То же самое касается египетских казней. Под казнями подразумеваются действия, когда человек или вся группа сплачиваются под ударами своего эгоизма.

Сначала эгоизм должен давить на них. Поэтому, когда фараон, символизирующий эго, поработает их, то чувствуя себя подневольными, они обязаны как-то соединяться между собой, помогать друг другу. Ведь если человека бьют, он начинает внутренне сжиматься. Это подводит его к совершенно другому состоянию, когда он пытается освободиться от эго. Вот эта попытка освобождения от эгоизма и есть выход из Египта.

Но чтобы выйти из Египта, эта группа должна согласиться быть готовой подняться над эго. Представляя собой одно духовное объединение, называемое «парцуф» («система»), они должны пройти особое очищение от эгоизма.

Поскольку эта духовная конструкция состоит из десяти частей, десяти сфирот, то их очищение состоит из десяти высвобождений от эго, которые называются десятью ударами или египетскими казнями.

Первая египетская казнь – казнь кровью

Первая египетская казнь – это казнь кровью. Что это за удар с каббалистической точки зрения?

В духовном вода символизирует свойство отдачи, кровь – свойство получения.

Какое-то время сыны Израиля жили в свойстве отдачи, от которого они питались, благодаря которому существовали, объединялись между собой. Но вдруг это свойство перестало их объединять.

Даже то минимальное количество и качество объединения, которого они могли достичь, исчезло, и они почувствовали себя абсолютно разобщенными. Они увидели, что фараон желает властвовать над ними до такой степени, что никакой связи не остается. И поэтому не могли так жить дальше.

Казнь кровью – первое осознание их эгоистических намерений, которые ведут их к абсолютной смерти.

Вторая египетская казнь – нашествие жаб

Второй египетский удар – это нашествие жаб. Как было обещано фараону: «Они выйдут и войдут в дом твой, и в спальню твою, и в постель твою».

Речь идет о духовных свойствах. То есть какими бы духовными свойствами я ни желал воспользоваться, я везде вижу свой эгоизм, который мешает мне что-либо сделать. И поэтому у меня нет никакой духовной жизни, которая до этого была на каком-то уровне.

Получается, все, что я делаю, я делаю ради себя: и в семье, и в дороге, и даже когда обращаюсь к Творцу, то все равно ради того, чтобы Он мне помог. Так это ощущается?

Нет, у них это было не так. Всё-таки это – сыны Израиля, которые, находясь среди своего эгоизма, стремятся к взаимной отдаче, к объединению. Египет, фараон – это их общий эгоизм. А они пытаются внутри него каким-то образом быть взаимно связанными добрыми, правильными действиями, которым их обучил еще Авраам.

То есть речь идет о людях, которые пытаются уже как-то объединиться? Это не просто народ?

Нет. Поэтому и говорится, что они нисходят в Египет, где они постепенно развиваются и вдруг обнаруживают, что семь сытых лет приводят их к состоянию, когда они, будучи в эгоизме, не могут насытить себя.

То есть они не могут обрести никакого духовного свойства и наполнить себя даже минимальной духовной жизнью, хотя у них превосходная материальная жизнь. В этом отношении Египет просто рай земной. Но не духовный.

Третий и четвертый египетские удары

Третий египетский удар – это нашествие мошкары. На Египет обрушилось полчище мошек, которые нападали на египтян, облепляли их, лезли в глаза, нос, уши. А затем последовало четвертое наказание – это песьи мухи. Но что интересно, в том районе, где жили евреи, не было этого явления.

Надо сказать, что все египетские казни проходили, в основном, по египтянам, а не по евреям. То есть это внутренние удары по нашему эгоизму, для того чтобы убедить его еще и еще раз в необходимости подъема над ним. Это называется выходом из Египта.

Речь идет о человеке, который уже не ассоциирует себя со своим эгоизмом. Есть он, и есть его эгоизм. А кто такой он?

Он – это над-эгоистическое свойство отдачи, свойство взаимной связи, которое начинает в нем развиваться.

Почему же весь этот процесс надо было описывать такими терминами: мухи, мошки и так далее?

Это чисто аллегорический язык, поскольку мы находимся в десяти желаниях, в так называемых десяти сфирот. Парцуф, то есть эгоистическое строение нашей души, состоит из десяти частей, и от каждой из них мы должны отказаться. Только тогда мы выходим из нашего общего эгоизма, переходим Конечное море, бежим через пустыню, пока не доходим до горы Синай.

В общем, мы приходим к состоянию, когда у нас нет никаких возможностей оставаться в эгоизме. К этому нас подталкивает Творец. Он дает нам такое ощущение в египетском рабстве, когда в материальном у тебя вроде бы все есть, а духовно ничего нет. И что бы ты ни хотел получить духовно – ты ничего не получаешь, тебе толкают только всё материальное.

Это очень похоже на наше сегодняшнее состояние. Всё-таки мир пришел к довольно хорошему материальному состоянию, но внутренне, духовно, и евреи, и все остальные народы мира находятся в отсутствии наполнения, ощущения жизни: для чего, ради чего, зачем.

Египетская казнь: мор скота

Пятый египетский удар – это мор скота. О каком скоте идет речь, если мы говорим о внутреннем состоянии человека?

Речь идет о разных уровнях желания. Скот олицетворяет наши животные желания. Этот удар ощущается как проявление во мне эгоизма, о котором я раньше не подозревал, и как осознание того, что я им никак не могу воспользоваться.

В человеке есть десять желаний, которые идут от Малхут до Кетэр, или так называемые десять сфирот, в которых проявляются эгоистические основы этих желаний. Когда человеку дается осознать, что он не может пользоваться этими свойствами на отдачу, он понимает, что не сможет ощутить в них духовную жизнь.

Можно ли сказать, что все казни идут как бы от внешних желаний к более внутренним? Допустим, шестая казнь – это язвы и нарывы, которые появляются уже на теле самого человека, а не скота.

Да. Желания проявляются от внешних, далеких от человека, к более близким ему.

Эти желания человека по отношению к себе, к Творцу, к другим людям, в первую очередь показывают ему, что ими пользоваться нельзя. В любых видах каждое из них демонстрирует, что его нельзя использовать ради отдачи, и поэтому, если они проявляются в человеке, он не сможет с ними выйти из Египта и пройти в Духовный мир.

Эгоизм – как сорняк в поле

Седьмая египетская казнь – это огненный град и гром. Именно на этом ударе фараон пообещал отпустить евреев из Египта.

Человек начинает осознавать, что его эгоизм не сможет существовать при таких ударах. Он остается наедине со своей природой и с тем, что сваливается на него, ограничивая в использовании эгоистических свойств.

Но фараон не сдерживает свое слово и не отпускает их из Египта.

А это всегда так. Это и есть жестоковыйный народ, поскольку сразу же, как только проходит удар, они забывают об этом и возвращаются к своим эгоистическим желаниям. Это свойство эгоизма.

С альтруистическими свойствами наоборот: нам надо их все время наполнять, толкать вперед, поддерживать, культивировать. А эгоистические свойства растут сами по себе, как сорняки.

Египетская казнь: нашествие саранчи

Восьмой египетский удар – это нашествие саранчи. В Торе очень часто упоминается саранча, потому что она олицетворяет особый эгоистический уровень человека, который можно исправить. Интересно, что насекомых запрещено употреблять в пищу, кроме саранчи. Что такое саранча внутри человека? Что это за уровень желаний?

Это очень серьезный удар. Действительно, в Торе говорится о том, что можно употреблять саранчу в пищу. Мы знаем, какие ограничения существуют в использовании каких-то желаний, духовных свойств, а свойство саранчи разрешается употреблять на человеческом уровне.

Саранча олицетворяет такую ступень, которой подпитывают животный уровень человека. То есть это переходная ступень от животного к человеческому. И поэтому ее можно применять в пищу, чтобы взрастить следующий уровень.

В принципе, саранча уничтожает все. Как каббалисты объясняли это? Наверняка они видели корень и ветви. Мы знаем, что в эгоизме есть такое состояние, когда человек работает, а потом его эго всё забирает, он видит, что ничего ему не остается.

Но он от этого выигрывает. Это самая хорошая помощь, потому что благодаря ей человек проходит вперед. У него появляется возможность обратиться к Творцу.

Египетская тьма

После восьми египетских казней наступает девятый удар – египетская тьма. Если я правильно понимаю, это значит, что человек в своем нынешнем состоянии ощущает полное отсутствие наслаждения.

Я бы сказал, скорее безысходность, когда человек понимает, что у него ничего нет впереди и ничего не осталось сзади, но он соглашается пребывать в этом состоянии.

Каждая казнь представляет собой условие, когда ты принимаешь свойство отдачи как единственное приемлемое для тебя. И получается, что сейчас, в полной отдаче, которая требуется от человека во тьме, он согласен на нее.

А где он ощущает тьму? В своем эгоизме?

Да. Эгоизм уже не может никак его вдохновить, не может ни к чему привести. Человек осознаёт, что это огромное зло, от которого можно только избавиться. Не питаться им, не развиваться с ним, ведь он в таком состоянии ничего не может построить.

В принципе, все десять казней – это десять отрешений от десяти эгоистических желаний, которые представляют собой нашу душу.

Разве это не депрессия, когда человек ощущает тьму?

Нет. Ни в коем случае! Это энергичное движение вперед человека, который понимает, что только таким образом он может достичь Творца.

Первенец – следующее состояние человека

Десятый египетский удар – это смерть первенцев, когда человек не ощущает никакого наслаждения в грядущем будущем.

Самое главное, что есть в человеке, к чему он стремится и с чем должен идти вперед – это его будущее, его первенцы, продолжение жизни, его устремления. Но он обнаруживает, что эгоизм ни в коем случае не помогает ему в этом, а, наоборот, забирает у него всю перспективу. И поэтому он готов к выходу из Египта.

Первенец олицетворяет следующее состояние человека, который приходит к осознанию, что нет смысла дальше существовать в эгоизме. Если он не избавится от фараона, не выйдет из Египта, то нет смысла жить. Наступает абсолютная тьма, когда нет никакого проблеска ни жизни, ни надежды.

На самом деле такое эгоистическое состояние для других может показаться раем, а для него – нет. Он не видит в нем ничего!

Интересно, что в материальном мире у человека может быть все хорошо: семья, работа. Но вместе с тем он проходит такие внутренние состояния, из которых его может вывести только какая-то сила. Что это за сила? Откуда она появляется?

Человек не в состоянии сам вывести себя из эгоизма. Откуда у него могут быть силы? Он может не пользоваться эго, поскольку раскрыл его порочность на всех стадиях, на всех десяти уровнях. Но выйти из него... Куда?

Но как использовать его исконное желание? Отречься от него? – Это одно. А жизнь? Она заключается в том, что он все-таки должен получать свет, энергию, связь с Творцом. У него этого нет. Потому здесь необходим определенный переход на отрыв от всего предыдущего и на соединение с будущим.

Можно сказать, что это так называемый «переход махсома» – выход из Египта?

Да.

И человек уже обратно не возвращается?

Нет. Назад в Египет мы не возвращаемся. Но выйти из него должны.

В принципе, вся каббала построена на выходе из Египта. Поэтому во всех дальнейших восхождениях после Египта мы говорим: «В память о выходе из Египта».

Получается, что это самое основное событие?

Да, поскольку только после этого ты можешь становиться все более подобным Творцу. Египет – это нулевая переходная точка, с которой мы начинаем духовно расти.

Блиц-ответы каббалиста: десять египетских казней

Проходя десять египетских ударов, человек каждый раз все больше осознаёт свой эгоизм как зло, которое надо потихоньку исправлять. Как пишет наш великий учитель Рабаш, это возможно только при правильном обращении к Творцу. То есть в природе есть какая-то положительная сила, но к ней надо правильно обратиться?

А как мы можем к ней правильно обратиться, если мы полностью находимся под властью отрицательной силы, под властью фараона? Для этого мы все вместе должны вскричать Творцу, как сказано: «И возопили сыны Израиля к Творцу, и Он услышал их и начал выводить из Египта».

Человек четко ощущает все десять египетских ударов так, как они описаны в Торе?

Нет, не в таком виде. Существует так называемый язык ветвей, когда мы словами, формулировками и определениями нашего мира описываем духовные свойства и действия.

Поэтому человек в нашем мире, ощущая на себе какое-то ограничение в своих эгоистических желаниях, не может сказать: «Сейчас по мне проходит саранча». Это так не ощущается.

Есть четыре вида языка, выражающих духовные действия. Можно ли объяснить выход из Египта каббалистическим языком?

Можно. Но люди, не изучающие каббалу, к сожалению, его не поймут.

Дело в том, что аллегории используют те, кто пытаются пересказать Тору общим языком. А каббалисты пишут об этом чисто в технических терминах.

ЧЕТЫРЕ ВИДА ЖЕЛАНИЙ В ЕГИПТЕ

https://kabbalahmedia.info/ru/programs/cu/o9KpRCiV

Три вида желаний внутри человека

В рассказах Торы есть очень много персонажей, каждый из которых олицетворяет внутренние желания человека. Базисное состояние в каббале – это выход из Египта, то есть из своего эгоизма. Кто такие «египтяне» внутри нас?

«Египтяне» – это наши всевозможные эгоистические свойства. Они могут быть мелкими или крупными, в зависимости от этих персонажей.

В статьях Рабаша написано, что «египтяне» – это такие желания внутри меня, которые говорят: «Делай действия, а намерение не имеет значения. Это не для тебя, ты еще не дорос». То есть мои эгоистические свойства успокаивают меня и оттаскивают от намерений: намерения – не главное, главное – действия.

Даже в первоисточниках можно найти какую-то поддержку действиям без намерения.

Смотря как мы видим первоисточники. Ведь на самом деле Тора говорит о намерениях.

Но вы тоже часто говорите: если у тебя нет сил – главное, иди что-то делай, а намерение придет потом.

Да, но ты делаешь это ради того, чтобы у тебя появились правильные намерения.

Еще внутри нас есть желания, которые называются «светские». Они практически нейтральны. В них нет не только намерения, но даже сил делать действия по объединению.

Такие состояния бывают и у человека, который уже движется к цели. А у остальных людей нет ни действия, ни намерения. Они просто находятся в своем элементарном эгоизме.

Допустим, тебе надо идти на урок. Но нет сил идти, что-то делать в группе, не говоря уже о намерении. Это называется светскими желаниями. Человек поступает, как маленькое животное, руководствуясь только своими природными движениями, побуждениями.

А желания «египтяне» – это уже идеология: главное – четко выполнять то, что прописано, а намерение при этом совершенно не важно. Это называется «мицвот анашим мелумадам» – меня так учили, и я выполняю. То есть я своими действиями как будто могу раскрыть Творца, не изменяя свою природу, не изменяя свое намерение.

Я как машина, которая должна выполнять механические действия. А к ним я еще должен произносить всевозможные фразы, якобы заменяющие намерение: благословения и так далее.

Кроме того, в человеке есть вид желаний, который называется «эрев рав» – «большой сброд». Это люди, организованные в группы, которые выполняют действия с намерением «ради себя».

В отличие от египтян у них есть намерение?

Нет, египтяне – это следующий уровень эгоизма: «Я все выполняю ради того, чтобы достичь вознаграждения и в этом мире, и в будущем мире».

А об «эрев рав» сказано, что они боятся Творца, но работают на фараона, ведь все их действия – ради себя.

Три части общества с точки зрения духовной работы

Мы находимся в обществе, в окружении множества разных людей. Относительно духовной работы, когда человек хочет прийти к слиянию с Творцом, которое достигается именно в намерении, общество можно разделить на три части.

Одна часть – это народ Израиля («Исра-Эль»), который стремится прямо к Творцу.

Вторая часть – это «египтяне», то есть общество людей, которым духовное вообще безразлично. Они естественным образом делают то, от чего им хорошо. Они могут не понимать, что я делаю, да им это и не важно. Главное, чтобы им было хорошо.

Третья часть – это «эрев рав» («большой сброд»), то есть люди, которые считают, что надо выполнять заповеди без намерения.

А намерение – это совершенно иная картина. Человек должен подниматься над своим эго, привлекать на себя высший свет, переделывать эгоизм на альтруизм. Менять абсолютно все внутри себя, начинать ощущать Творца, Высший мир.

Это огромная и очень тяжелая духовная работа. Поэтому есть люди, считающие, что ее не надо выполнять. Они когда-то упали с уровня правильных намерений ради других и ради Творца в эгоистические намерения ради себя.

Суть уровня «эрев рав» («большой сброд»)

Если Исраэль – это люди, которые произошли от Авраама, то когда появился «эрев рав» (большой сброд)?

«Эрев рав» появились еще в период Авраама. Практически, они постоянно развивались, а в Египте тем более окрепли. Под Египтом подразумевается не географическое место, а духовное состояние человека.

Группа, которую Авраам собрал в Древнем Вавилоне, потом как бы ушла в другое место, то есть поднялась на другой уровень – Земля Кнаана (Эрец Кнаан). Это значит, что ее уровень все время менялся.

Когда они достигли такого состояния, что стали ощущать себя находящимися в Египте, то есть в отягчении эгоизма, в них проявилась еще и сила, называемая «большой сброд» («эрев рав»), которая тянула их назад.

Дело в том, что пока ты не достигнешь полного исправления, эта сила идет параллельно тебе, помогая своим отрицанием и указывая на твои недостатки, как любой противник показывает, где он может тебе навредить. То есть «эрев рав» дает тебе понимание того, где ты можешь себя улучшить.

Желания «эрев рав» («большой сброд»)

Как мне бороться с желаниями, которые называются «большой сброд» («эрев рав»)?

Каждый раз, когда человек начинает анализировать свои поступки, он видит, с чем ему надо бороться, где в нем находится условие «эрев рав».

Лучше всего это видно в группе, в десятке, когда мы пытаемся соединиться между собой. Объединение, стремление к «возлюби ближнего как себя» – это самое главное.

Здесь ты точно сталкиваешься, буквально фронтально, с условием, что главное – это объединение в намерении. И если ты его все время преследуешь, то точно выходишь с простого уровня «Исраэль», или даже еще раньше, на уровень «эрев рав», и с уровня «эрев рав» на уровень каббалиста.

То есть желания, называемые «большой сброд», говорят: «Делай действия – это самое главное. А твои намерения – ради себя»?

Нет. Они не считают, что делают это ради себя. Они думают, что намерение автоматически следует за действием. Иными словами, если человек делает какие-то отдающие действия, то, значит, и его намерения таковы. Он уже не должен контролировать и проверять, альтруистичны ли они. Он отдал от одного к другому, значит он – альтруист.

Поэтому, если он не может проанализировать, что сделал это для себя, – а в итоге, наш эгоизм делает только ради себя, иначе у него нет энергии что-то выполнить, – значит, это не определяется им.

Разница между желаниями «египтяне» и «большой сброд»

Какая разница между желаниями «египтяне» и «большой сброд» («эрев рав»)?

«Египтяне» выполняют действия, потому что их так научили, а «эрев рав» делают это идеологически. Они говорят: «Именно так надо поступать. Выполняй только действие, а намерение будет в нем самом».

Отличие от них каббалиста в том, что он считает: «Сначала ты должен думать о намерении. Если ради него необходимо делать какие-то вспомогательные действия, выполняй их, но с намерением. Потому что только в намерении у нас есть связь с Творцом. Ты даже можешь что-то получать, но если у тебя намерение ради отдачи, это будет отдача».

То есть все определяет намерение.

«Эрев рав» говорит: «Все определяет действие». Каббала говорит: «Все определяет намерение». А народу («египтянам») не важно ни то, ни другое. Они вообще не анализируют, что такое намерение. Есть действие, их этому научили, так они и поступают.

Желания «Исраэль» и «Еудим»

Внутри человека есть такие желания, как «Исраэль» и «Еудим». Что это такое?

«Еудим» от слова «ехуд», «единство» – когда мы пытаемся объединиться. «Исраэль» («прямо к Творцу») – когда мы направляемся к цели.

Это разные нюансы в зависимости от того, чем мы заняты в данный момент. В каждом человеке есть эти свойства, смотря как мы их выделяем в каждую секунду.

Исраэль выходят из Египта, потому что всё больше и больше объединяются. А когда они объединяются, то становятся «Еудим». Ступени подъема определяют название и человека, и действия.

То есть в человеке, начинающем изучать каббалу, проявляются все эти персонажи?

Абсолютно в каждом. Дело в том, что когда мы развиваемся, то все множество свойств и обстоятельств складываются в нас в одну интегральную картину, и нам это не кажется количественно многим. Например, сейчас я нахожусь в помещении, где очень много всевозможных предметов, но я вижу это как одну картину. Я понимаю это всё, знаю, знаком с этим.

Значит, мне необязательно знать и понимать все частности?

Нет, ты будешь их знать и понимать. Но смотря в каком виде, в большем или меньшем, насколько относительно корня своей души тебе необходимо быть связанным с Источником, с Творцом.

90% людей не знают, как происходят все процессы в мире. А в духовном это не так? В духовном я все должен знать?

Нет. Так же, как в нашем мире для меня главное – чувствовать в каждый момент себя эгоистически комфортно, так в Духовном мире мне главное – чувствовать себя в каждый момент альтруистически комфортно. То есть производить максимальную отдачу в тех свойствах, которые проявляются каждую секунду.

Молиться и искать связь с Творцом

Как работать с четырьмя видами желаний, которые проявляются во мне, когда я работаю в десятке?

Подготовить взаимосвязанные, взаимодополняющие свойства так, чтобы в них проявилась одна общая высшая сила.

Но что мне делать, когда во мне возникают, допустим, желания «египтяне»? Я чувствую, что хочу делать только действия, у меня нет сил даже думать о намерении. Я не хочу вообще слышать об этом!

Молиться.

Единственное, что можно сделать, провести анализ и после этого молиться?

Молиться и в начале, и во время, и после анализа. Главное – постоянно быть завязанным на Творца.

Других действий нет?

Есть действия, но они вспомогательные, направленные на то, чтобы еще больше быть связанным с Творцом. А это непросто. Нам кажется: «Ну что может быть проще? Включил какую-то лампочку и всё, ты к ней привязан». – Нет. Эгоизм будет работать против этого.

И поэтому получается: здесь находится твой эгоизм, здесь находится Творец, а ты – между ними, чтобы правильно связывать их между собой, чтобы Творец исправлял эгоизм, и эгоизм приближался к Творцу.

Да, но я же не могу нажать где-то на кнопку и начать молиться.

Начинай нажимать. Ищи эту кнопку.

Это ведь не какая-то книжка, в которой кто-то написал молитву, и я читаю. Молитва – это состояние. К нему надо прийти.

Да, его нужно искать.

То есть вся моя работа – искать? Искать, где во мне эти «египтяне», «большой сброд», «Исраэль»?

Это все проявится, главное – искать связь с Творцом.

ВЫХОД ИЗ ЕГИПТА

https://kabbalahmedia.info/ru/programs/cu/Vnkwn0wp

Точка, с которой начинается выход из эгоизма

В чем заключается выход из Египта? Что такое «Египет» с духовной точки зрения?

Выход из Египта – это выход из эгоизма и вход в свойство отдачи, единения и любви.

С какой точки он начинается?

Человек начинает ощущать, что он живет бесцельно, никакие «божки» и верования не наполняют его, не дают ему полного ответа, в чем смысл жизни, ее цель. Он постепенно перерастает то, чему его учили, и то, чему окружение учит себя и так держится.

Он чувствует, что ему надо что-то большее: знать, для чего, почему живет человек, как все устроено. Это вопрос о его существовании, которое ощущается им совершенно бесцельным.

Такие желания, развивающиеся на протяжении эволюции, называются стремлением к духовному?

Это начальное стремление.

А дальше человек раскрывает единственную силу природы?

Нет. Это происходит не сразу. Дело в том, что он даже не знает, где и как искать эту силу природы, и как она управляет человеком.

Главная его задача – найти Творца, поскольку это единственная сила, которая всем управляет. И «за себя», и как бы «против себя», неважно как, но всегда есть только одна сила. Раскрыть ее – самое важное для человека.

Однако он не знает, как ее искать. Он приходит заниматься в группу, и ему объясняют, что эта сила противоположна эгоизму. Это – духовная сила, которая сейчас находится в нем, в которой создан весь наш мир, и он должен приблизиться к этой силе Творца, свойству отдачи, любви, объединения.

Ведь все наше действие заключается в том, чтобы мы снова объединились в одну единую душу, которая разбилась на 600 000 частей, и мы должны объединить эти маленькие частные души в одну единую душу.

Движение – в объединении

Что такое одна душа?

Одна душа – это одно желание, которое было полностью в связи с Творцом, а затем разбилось на множество частей. Как при Большом Взрыве, только на более высоком уровне.

Когда человек приходит в каббалистическую группу, ему объясняют, что все наше движение заключается в объединении.

В принципе, так и написано в древних источниках, что во времена Древнего Вавилона все человечество было, как одна семья. Никто не хотел властвовать над другими. Но потом они почувствовали, что между ними вдруг взорвался эгоизм. И тут Авраам, который был их духовным вождем, призвал всех к объединению.

Как это происходит внутри человека?

Человек начинает понимать, что у него нет иного выхода: если он хочет раскрыть Творца, смысл жизни, то должен перевести себя в следующее состояние. То есть из эгоистического свойства получения, эгоистической власти над остальными перейти в состояние объединения, любви, отдачи, связи.

Идея каббалы

Сказано, что Авраам стал собирать вокруг себя людей и обучать их единству. За ним пошли десятки тысяч людей. А что человек начинает собирать внутри себя? Искать какую-то поддержку, какие-то желания?

Человек должен собрать внутри все свои желания, мысли, побуждения и устремить их к Творцу, то есть к одной силе, одной цели, одному свойству – свойству отдачи. Он работает не в себе, а вне себя.

Если он видит за всеми объектами и явлениями нашего мира не одну силу, а разные, то это называется, что он служит разным богам?

Да. Каждый из нас в этом мире устремляется к какой-то своей частной маленькой цели и пытается ее достичь. Такая работа человека в нашем мире является эгоистической, мелкой, пустой.

Идея каббалы заключается в том, чтобы изменить эгоцентрическое восприятие мира, когда я вижу все силы отдельно, на целостное восприятие.

Толчок к обращению к Творцу

Чтобы за всеми предметами и явлениями видеть одну единую силу, я должен найти в себе желания, которые поддерживают эту идею?

Нет, ты не сможешь найти в себе такие желания. Ты должен быть в соответствующей группе и из нее получать их.

На самом деле ни в одном из нас не существуют желания к объединению. В нас нет стремления к отдаче. Но когда мы собираемся в группу и видим, какие мы эгоисты, насколько не хотим и презираем все эти объединения, то начинаем понимать, как мы удалены от духовного свойства – свойства Творца.

И тогда нам ничего не остается, как пытаться всевозможными искусственными приемами приближаться друг к другу, чтобы достичь состояния, когда мы попросим Творца объединить нас.

Вся групповая работа заключается в том, чтобы мы показывали друг другу пример, каким образом устремляться к объединению. Хотя в нас нет такого естественного стремления, но, когда мы искусственно делаем это, то подаем пример своим товарищам.

В итоге мы приходим к состоянию, когда вроде бы устремляемся к объединению, но на самом деле не достигаем его. И вот здесь в нас возникает разница между желаемым и действительным. Эта разница дает нам толчок к обращению к Творцу.

В каббале нет места единоличнику

С одной стороны, сказано, что всё – внутри человека, но, с другой стороны, вы говорите, что надо начинать работать с другими людьми. То есть мне недостаточно заниматься, медитировать, молиться. Я все-таки должен выходить на связь с другими?

Человеку невозможно достичь раскрытия Творца одному. Он должен понимать, что это достигается только в группе, и другого пути нет. Единоличнику, отшельнику нет места в каббале.

Пытаясь каким-то образом объединиться с другими людьми, ты начинаешь «входить в Египет» (эгоизм). Вместе вы культивируете десятку, которая в связи между собой пытается собраться в таких свойствах, которые будут подобны Творцу.

По закону подобия между тем, что существует между вами, и свойствами Творца – свойствами взаимной отдачи, любви, сплочения, объединения – вы начнете ощущать внутри себя Творца.

Вход в Египет

Когда человек, устремляющийся к объединению, начинает исследовать свою природу, он видит, что она противится этому. Такое состояние называется входом в Египет?

Да. Он понимает, что, с одной стороны, должен идти к объединению. Это свойство в нем называется «Йосеф» (Иосиф). Но остальные его свойства, которые олицетворяют его братья, – эгоистические. Они абсолютно с этим не согласны.

В итоге все оказываются в Египте (в эгоизме) и начинают каким-то образом работать между собой – соединяться, размножаться, то есть возвышать свою связь. Человек начинает понимать, насколько он эгоист и как его эгоистические желания губят его.

Семь тучных и семь голодных лет

Будучи в Египте (в эгоизме), люди проходят «семь сытых лет». Что это за состояние?

Они начинают понимать, что совместная работа, которой до Египта не было вообще, приносит им пользу.

Они видят пользу в том, что больше понимают, больше знают, достигают в своем сплочении каких-то земных успехов. И это называется «семь тучных лет».

Сегодня даже наука доказывает, что когда люди взаимодействуют, то это приносит много пользы.

Да. Но это совершенно не является движением к постижению Творца.

А потом начинаются семь голодных лет. Что это означает?

Они начинают осознавать, что то, в чем они находятся, не приводит их к правильному результату, не дает им связи с Творцом – то, чего они хотят достичь, раскрыть, понять.

Тогда они начинают взывать к Творцу: «Что нам делать? Ведь это является нашим желанием. Ведь мы – сыновья Якова. Мы желаем раскрыть Творца, постичь Его. Для этого мы существуем. И вдруг мы видим, что нам дается всё в эгоизме, но ничего не дается в свойствах Творца. Мы никак не ощущаем, что приближаемся к Нему».

Это состояние, постигаемое ими, называется «Питом и Рамсес».

А почему это продолжается семь лет? Откуда берется число семь?

Душа состоит из десяти сфирот, десяти частей: трех головных (кетэр, хохма, бина) и семи низших, в которых отражаются головные части, то есть наполняют их, действуют в них.

Поэтому семь низших сфирот (хэсэд, гвура, тифэрэт, нэцах, ход, есод) получают от головной части души. Так оно и продолжается: семь тучных лет до осознания никчемности, пустоты и тупика пути, а затем семь голодных лет. Тучных – в эгоизме, голодных – в желании выйти из него.

«Концентрация зла»

«Египет» на иврите называется «Мицраим», то есть «миц ра» – «концентрация зла». Это такое духовное состояние?

Да. Причем оно раскрывается каждому. Все люди, которые входят в десятку, должны сказать, что сейчас мы находимся в »Египте«, потому что ощущаем наше состояние как зло.

С материальной точки зрения это состояние может быть прекрасным, но относительно цели оно очень далеко от постижения Творца.

Фараон – основа эгоистической природы

Что такое фараон, который постоянно меняется? Сначала он хороший, потом плохой. Что это за сила?

В принципе, он не хороший и не плохой. Фараон представляет собой основу нашей эгоистической природы. Если мы работаем на нее, то, естественно, он хороший, а если мы работаем против нее, то он плохой.

Фараон – как бы наш общий эгоизм, его сердцевина, желание получать, наслаждаться, использовать всё, что есть вокруг меня, для своей пользы.

То есть это не просто желание получать?

Нет. Фараон – это именно эгоистическое намерение «всё ради себя».

Моше – проявление «точки в сердце»

Моше – это сила внутри человека?

Да. Это проявление «точки в сердце», которая на каком-то этапе возникает в человеке или в группе.

В чем отличие Моше от Авраама?

Это то же устремление к Творцу, но уже на другом уровне.

Точка в сердце начинает развиваться за счет эгоизма, разбухать. Она приобретает все эгоистические свойства и формы. А иначе невозможно начать действовать по направлению к Творцу, если мы не окунаемся в эгоизм. Поэтому Моше (Моисей) должен окунуться в эго, недаром он воспитывался во дворце фараона его дочерью Батьей. После этого он уже готов к своей миссии.

Но, чтобы выполнить ее, ему надо полностью оторваться от своего приемного деда и приемной матери. Тут и возникает такое состояние, когда он вынужден убежать из Египта, хотя он является принцем. И он убегает.

Он убегает, что называется, за границу, где встречает свою будущую жену Ципору, дочь Итро. У них рождается двое детей. Но через какое-то время он снова возвращается в Египет, оставив жену и детей.

Когда вы это рассказываете, вы же не представляете себе всех этих людей, которые куда-то уходили, приходили, рожали детей.

Нет, конечно. Но так это написано. Очень легко.

А если рассматривать эти события с точки зрения десятки – куда я убегаю от десятки? Что в ней происходит?

Ты никуда не убегаешь от десятки. Когда люди в десятке начинают осознавать, что не могут достичь Творца, тогда в них возникает точное определение, что же такое их суть, духовный корень.

Они начинают еще больше объединяться между собой, достигают «точки в сердце», которая называется «Моше», и начинают работать вокруг нее. В итоге они обнаруживают, что эта точка находится во власти фараона, во власти их эгоизма. И поэтому нет никакой надежды подняться над эго, вплоть до того, что они вынуждены полностью отказаться от его использования. Но пока еще механически, искусственно.

Что значит: Моше убегает и 40 лет живет в пустыне?

Это означает, что он отрывается от своего эгоизма, не желает его использовать. Это еще не выход из Египта, но уже отрыв.

Моше (точка в сердце) существует как бы отдельно, независимо от эгоизма. Поэтому по возвращению в Египет он уже абсолютно противоположен фараону. Он не смотрит на него как на своего деда. Это совершенно новая личность, которая приходит и требует: «Ты должен отпустить мой народ».

Готовность оставить Египет

Творец наводит на Египет десять ударов. Что представляют собой все эти десять казней?

Я не думаю, что это можно легко объяснить, потому что мы не понимаем, что такое эгоистические свойства, которые раскрываются в человеке, и соответственно этому альтруистические свойства.

Например, что такое египетская тьма?

Человек видит, что перед ним нет ничего кроме тьмы в его пока еще неисправленных эгоистических свойствах, но он готов на это и идет вперед. Для него духовная тьма дороже эгоистического света. Он согласен идти с закрытыми глазами.

Когда убивают всех первенцев Египта, это значит, что человек ощущает, что он не видит просвета в своем будущем?

У него не остается никакой связи с Египтом, там у него ничего не может взрасти. И тогда он готов оставить Египет.

Он сам принимает решение?

Да.

С одной стороны, я как бы сам должен принять решение, а с другой стороны, я в десятке. Мы вместе принимаем это решение?

Вместе. Вся работа – в десятке, только на разных уровнях. Конечно, мы еще находимся в эгоизме, на неисправленном уровне. Но внутри эгоизма уже принимаются соответствующие надэгоистические решения.

То есть все эти удары получаю не я по своему эгоизму, а как бы мы вместе по нашему общему эгоизму?

Да. Десятка считается одним общим целым, поэтому называется «народ».

Аллегории и духовные свойства

В Песах мы едим мацу, а не хлеб. Что это означает в духовном?

Дело в том, что отказ от эгоизма символизирует собой выход из Египта, из власти эго. Тем, что мы едим мацу, мы как бы демонстрируем, в чем именно заключается отказ. Человек должен отказаться от использования хлеба, поскольку мука представляет собой одно свойство, а вода – совсем другое.

Мука (свойство получать) и вода (свойство отдавать) не могут быть вместе. Праздник Песах символизирует абсолютное разделение между свойством получения и свойством отдачи.

Народ, вышедший из Египта, проходил все эти состояния?

Да, они почувствовали, что именно таким образом они должны вести себя.

И именно в таких аллегорических рассказах они должны были это все описать? Разве нельзя было как-то по-другому?

Нет. Никакой другой возможности не было, поскольку еще не проявились духовные свойства. Как ты это опишешь? Только в стиле ветвей.

Есть духовные корни. Там это все происходит в наших внутренних силах, а описать это в силах невозможно, потому что я не знаю их, я с ними не знаком, у меня нет даже названий для них.

А если я беру духовные корни и провожу от них ветви (следствия) в наш мир, – ведь наш мир устроен по точному подобию Высшего мира, – то тогда я могу уже брать слова «мука», «вода», «Египет», «Красное море» и так далее, и оперировать этими значениями, представляя при этом, что мы находимся в духовных корнях.

Символы Песаха

В Песах мы пользуемся специальным подносом, на котором раскладываем шесть видов пищи. Почему выбраны именно такие виды?

Эта пища символизирует частные виды сил и свойств, которые мы проходим, чтобы выйти из эгоизма и достичь альтруистических свойств.

Ведь это всё – выход из эгоизма в альтруизм. Поэтому он происходит постепенно в различных наших свойствах.

Например, сидение за общим столом, обязательно вместе, обязательно с наклоном налево, полулежа, олицетворяет то, что нас уже не давит фараон, мы уже не рабы своих желаний.

Четыре бокала вина символизируют полный выход из эгоизма, который состоит из четырех стадий эгоистического желания.

Маца олицетворяет хлеб, но который надо быстро испечь. Потому что духовный выход из Египта очень быстрый и неожиданный. Вдруг человека подхватывает какая-то волна и несет вперед. Происходит изменение его мировосприятия.

Конечное море – окончательный отрыв от эгоизма

Когда народ Израиля выходил из Египта, то перед ними расступилось море. Что это означает?

Это еще одно, окончательное свойство. Поэтому оно называется «Ям Суф» – Конечное море, после которого уже нет возвращения в Египет. Это окончательный отрыв от эгоизма. Назад пути нет.

А до этого есть всякие сомнения, проблемы. И потом в пустыне будут сомнения и проблемы, но они уже другого вида.

Перевернуть свое мировоззрение

Каков духовный смысл пасхальной уборки? Почему вдруг надо все убирать, чистить?

Пасхальная уборка символизирует то, что мы должны полностью очиститься от своих эгоистических желаний, намерений.

И все эти состояния описаны в Пасхальной Агаде (Сказании)?

Да. Они там отображены чисто символически. Это называется «Сэдер Песах».

«Сэдер» – порядок выхода из Египта, а «Песах» от слова «пасах», то есть переход. Имеется в виду переход из эгоизма в альтруизм.

В принципе, это четкая инструкция, как человек переходит махсом?

Да. Но это не физический переход, а внутренний, к которому надо очень много готовиться.

И именно не одного человека, а группы людей?

А как может быть, чтобы из эгоизма в альтруизм человек переходил в одиночку? Это должно производиться на его связи с другими, на его отношении к другим. Он должен перевести всю заботу с себя на других, все волнение о себе на других, все свои личные цели на общие, все связи себя с собой на связи с другими. То есть он полностью должен перевернуть свое мировоззрение.

Иерусалим – абсолютный трепет

В самом начале Пасхальной Агады сказано, что наши праотцы занимались идолопоклонством. То есть у нас было раздробленное мировосприятие, когда люди жили в эгоизме, и каждый поклонялся своему божку.

Кому что хотелось, то он и делал.

А потом, после выхода из Египта, написано: «В следующем году – в Иерусалиме». Что это значит?

Это уже совсем другой вид связи между людьми, когда они в объединении над своим эгоизмом достигают нового уровня. Внутри каждого эгоизм остается, но над ним мы строим следующий уровень – уровень взаимной отдачи и любви. И этот самый высокий уровень называется «Иерушалаим», то есть «ир'а шлема», абсолютный трепет.

Нет большей заботы, большего трепета во мне, чем сохранить свойство отдачи и связи со всеми. Этим я дорожу превыше всего.

Но сегодня мы находимся в абсолютно противоположном состоянии. Сегодня «Иерусалим» – это самое противоположное духовному свойство.

Когда каббалисты писали это, они подразумевали совсем не то, что мы понимаем под этими словами.

Для них нет никакой сложности описать всё, что существует в Духовном мире, терминами нашего мира. Они это видят.

Под стенами Иерусалима, камнями, городом имеются в виду определенные внутренние свойства и уровни духовного развития.

ВЕЛИКИЙ СБРОД

https://kabbalahmedia.info/ru/programs/cu/Jra7vGxn

Связь с Творцом желают все

С точки зрения каббалы, относительно духовной работы все общество можно разделить на три части:
«Исраэль» – люди, которые стремятся к Творцу.
«Египтяне» – люди, которым духовное вообще не важно, они заняты наполнением своих материальных потребностей.
«Большой сброд» – люди, с одной стороны, богобоязненные, а с другой стороны, желающие использовать связь с Творцом ради себя, что тождественно работе на фараона.
Возникает вопрос: как возможно использовать Творца или связь с Ним ради себя?

Если посмотреть вокруг, весь мир более-менее верит в то, что существует высшая сила – Творец. Ведь сколько на Земле понастроено храмов и образовано всевозможных конфессий! И все это выражение желания человека к связи с Творцом.

На самом деле в мире практически нет ни одного настоящего атеиста, который полностью отрезает себя от Творца.

Говорят, что в мире есть всего два процента атеистов.

Даже если покопаться, то и этого нет, поскольку внутри нас изначально заложена точка связи с высшей силой. Любого человека можно загнать в такое состояние, когда он потребует веры в Творца, потому что без этого у него не останется никаких оснований, для того чтобы жить и как-то продержаться в этом мире.

Поэтому все люди четко делятся на два сорта.

Один сорт людей – это те, которые живут нормальной жизнью и используют свою связь с Творцом для того, чтобы добавить себе уверенности и всевозможных ощущений. Это обычные верующие люди всех мастей и конфессий – неважно каких. Они могут быть очень различными, противоположными, даже противниками, но все равно верят в высшую силу, называя ее по-разному и облекая свою связь с ней в различные рассказы. Все это относится к культурному обрамлению связи человечества с Творцом.

А есть люди, которые хотят раскрыть эту связь вживую. И поэтому они требуют ее, хотят сделать ее явной, раскрыть самого Творца, чтобы Он проявился в них, как проявляется перед нами знакомый нам человек.

Так же, как мы видим в окружающем мире неживую, растительную, животную и человеческую природу, они желают не менее явного проявления еще и пятого вида действительности – высшей силы, Творца. В какой форме и какие при этом есть условия, чтобы она проявилась – это надо выяснять. Но, в принципе, такое пожелание существует в человеке.

Поэтому наука каббала говорит, что если такое стремление есть в человеке, значит оно может быть наполнено, надо просто знать, как это делается. И тогда ты почувствуешь, как в нашем мире, кроме неживого, растительного, животного и человеческого вида существования, есть еще высший уровень – сила, которая всеми ими управляет и определяет абсолютно все: прошлое, настоящее и будущее. Эта могучая, великая, вездесущая сила может проявиться и раскрыться любому человеку.

Наука каббала и есть та система знаний, которая подготавливает нас к раскрытию Творца, и мы постепенно можем Его постичь. Это является предметом ее изучения и реализации.

Желания «большой сброд»

Внутри человека есть такие желания, которые называются «большой сброд». С одной стороны, они боятся Творца, а с другой, одновременно являются работниками фараона, то есть человек использует связь с Творцом ради своей выгоды. Это, как пишется в источниках, самая коварная нечистая сила (клипа).

Что значит, что они боятся Творца? Если Творец – это свойство отдачи, сила эманации, альтруистическая сила природы, как ее можно бояться?

Дело в том, что мы можем двояко использовать связь с Творцом: эгоистически и альтруистически. То есть я могу вообще никак не относиться к Творцу, а могу относиться с пониманием, что у меня есть определенное отношение к Нему, я хочу что-то заслужить от Него.

Я хочу раскрыть, понять, осознать Его. Хочу заработать связь с Ним и что-то получить от этой связи. Таким образом, мое отношение к Творцу чисто потребительское: я требую от Него. И тогда мои связи с Творцом представляют собой продолжение моих эгоистических наклонностей в нашем мире. То есть я уже иду дальше, как бы в Духовный мир, в свою связь с Творцом, и требую, чтобы Он раскрылся мне, вознаградил меня за мое стремление к Нему, и так далее.

Получается, что, в принципе, я боюсь Творца. Он великий в моих глазах, но за свои действия я требую от Него оплату?

Да, я требую или вознаграждение в этом мире, или, поскольку мы умираем, то, возможно, вознаграждение в будущем мире. Такое эгоистическое отношение к Творцу называется «большой сброд».

Желания, не стремящиеся к исправлению

Какова разница между «египтянами» и «большим сбродом»? Что хотят «египтяне» в нас? Это тоже эгоистические желания?

Египтяне хотят просто хорошей жизни без всякой связи с Творцом. Это обычное потребительское отношение к нашему миру, как у большинства людей.

А есть люди, которые говорят: «Нет, мы будем выполнять то, чего желает от нас Творец», то есть всевозможные заповеди. Желания Творца называются заповедями.

«Мы будем выполнять эти заповеди, но не для того, чтобы быть подобными Творцу, не ради свойства отдачи и любви (ведь все заповеди сводятся к «возлюби ближнего как себя»), а для того чтобы самим заработать будущий мир».

Когда происходило исчисление 12 колен, то большой сброд туда не вошел. Получается, что они вообще не относятся к исправлению?

Нет, большой сброд – это те желания, которые мы не хотим брать с собой из Египта, поднимать их оттуда. Мы не можем провести их через Конечное море. И хотя они гонятся за нами и пытаются нас силой возвратить в Египет, но мы идем дальше, а они или тонут в Конечном море, или возвращаются в Египет.

В «Большом комментарии» («Мидраш Раба») написано, что «большой сброд» дал коней для колесниц фараона, чтобы догнать израильтян. Что это означает в духовной работе?

Это значит, что они отдают всё любым эгоистическим силам, чтобы остановить тех людей, которые хотят выйти из Египта.

Пока не назрела потребность...

В первоисточниках говорится о том, что надо уничтожить, стереть из памяти определенные силы, например, силу «Амалек» (аббревиатура «аль менат лекабель» – намерение «ради себя»). Но нигде не сказано, что надо истребить «большой сброд».

Сила «большой сброд» находится рядом, параллельно с теми людьми, которые постоянно выходят из Египта и поднимаются над своим эгоизмом в желании объединения, любви и раскрытия Творца в связи между собой. Но это – борьба человека со своими эгоистическими наклонностями. Она продолжается в течение всей истории до их полного исправления.

То есть эти силы, как волки – санитары леса, которые выискивают какие-то больные желания? Они помогают человеку выяснять свои намерения?

Да. Мы не имеем права их уничтожать. Мы должны просто двигаться вперед, несмотря на их сопротивление.

Даже в нашем сообществе мы видим, как люди, которые продолжительное время были вместе с нами, вдруг встают и начинают говорить: «Ребята, вы действуете не так! Вы должны идти по другому пути! Нам достаточно только выполнять заповеди, не вникая в их внутреннюю суть! Лишь таким образом мы можем сделать то, что нужно».

И они говорят это от всего сердца. Они просто не постигают более высокий уровень предназначения заповедей. В итоге мы не можем с ними согласиться, и они уходят.

Получается, что к «большому сброду» относятся люди, которые осознанно требуют от Творца оплату за свои действия, иначе они не готовы работать?

Да. Но в чем причина? Если бы человек пошел верой выше знания, он нашел бы силы действовать дальше на отдачу, любовь, слияние, объединение. А если он не идет на это, поскольку внутри него еще не назрела эта настоятельная необходимость, то тогда ему нечего делать, он остается в своем эгоистическом состоянии, и у него нет другого выхода. Тогда он становится «эрев рав» – «большим сбродом».

Как бороться с желаниями «большой сброд»?

В каждом человеке на каждой ступени духовного развития проявляются желания «большой сброд», и мы должны с ними бороться. А как бороться? Что это? Сила воли?

Это анализ своих внутренних состояний и постоянная работа с текстами Рабаша и Бааль Сулама. Нужно видеть, каким образом это все тебя формирует, и как ты отсеиваешь то, что относится к внешнему миру, и присовокупляешь то, что относится к твоему внутреннему миру, то есть как ты отделяешь свойство Малхут от свойства Бины. Вот таким образом ты двигаешься вперед.

Свойства отдачи, любви, объединения с остальными становятся для тебя всё более важными и определяющими по сравнению с желанием получить вознаграждение, которое изначально заложено в тебе.

Но для того чтобы все это анализировать, необходимо быть в группе единомышленников, а иначе невозможно.

Естественно! Только лишь! Все эти желания не могут проявиться в одном человеке, если нет связи и интеракции с другими людьми.

ПОЧЕМУ РАССТУПИЛОСЬ МОРЕ

https://kabbalahmedia.info/ru/programs/cu/ZQXWAEgH

Рассечение Конечного моря

Рассечение Конечного моря – это одно из чудес, такое сверхъестественное явление, о котором на протяжении уже более трех тысяч лет ведутся споры: происходило ли это на самом деле. Как бы вы это прокомментировали?

Я бы сказал так, что любое явление, которое духовно может происходить с любым человеком во время его особого духовного развития, должно произойти один раз и в нашем материальном мире в своем физическом воплощении.

Перед бушующим морем

Получив разрешение фараона покинуть Египет, сыны Израиля в спешке ушли оттуда. Но фараон стал раскаиваться, что отпустил народ, и послал в погоню за ними свое войско.
Что значит во внутренней работе человека, что фараон раскаялся и почему?

Дело в том, что человек, убегая от своего эгоизма, должен выйти из него раз и навсегда. Ощущение той границы, которую он проходит, и есть состояние прохода через Конечное море.

Сыны Израиля чувствуют в этот момент самый сильный всплеск эгоизма, заставляющий их как бы повернуть обратно и вернуться в Египет, в эгоистическое рабство и, как прежде, подчиняться своему эго.

Они не знают, что делать. С одной стороны, они рвутся туда, с другой стороны – рвутся сюда. В таком состоянии они стоят перед так называемым бушующим морем, ведь все это происходит внутри человека.

Внутри одного человека или в группе людей?

Внутри каждого человека в группе людей, пытающихся подняться над своим эгоизмом, чтобы объединиться и в связи между собой пройти эгоистическую преграду.

Итак, как аллегорически рассказывается в Торе: перед ними море, сзади колесницы фараона, и Творец говорит Моше: «Подними свой жезл». Моше поднимает жезл, море расступается, воды рассекаются на две части. Что это означает?

Это тот же прием, когда человек продвигается с помощью посоха.

Посох означает «идти верой выше знания». Посох на иврите «матэ» («ниже»), то есть ниже, чем свое мнение, свое знание, свой эгоизм. Ты должен понизить свой эгоизм настолько, чтобы пренебречь тем, что он тебе говорит и идти выше него. Этот прием помогает человеку пройти через Конечное море.

Как только сыны Израиля перешли на другой берег, море вернулось в обычное состояние и поглотило всех египтян. Это значит, что те, кто не желает двигаться верой выше знания, в свойстве отдачи, связи, выше своего эгоизма, – тех это условие умертвляет. То есть у тебя не будет никакого духовного постижения, никакого прохода через Конечное море. Ты не сможешь его пересечь и обрести внешнее свойство, выше своего эгоизма. Поэтому все наши эгоистические желания тонут в море.

Рассечение моря символизирует разделение между эгоистическими и альтруистическими желаниями. Часть из них, альтруистические желания, выходят из моря, а часть, «египтяне», погибают.

Воды добрые и воды злые

Почему море, которое переходят сыны Израиля, называют Конечным? И что олицетворяет собой вода?

Вода олицетворяет собой жизнь. Это свойство Бины – свойство отдачи и любви. В воде рождается человек, в воде зарождается всё, это основа жизни.

Но есть воды добрые и воды злые. Когда вода не освобождена от эгоизма, то это злая вода, злые волны – например, Мертвое море или море, поглощающее тех, кто оказывается в нем.

Море, которое переходят сыны Израиля, называется Конечным, потому что там они полностью выходят из эгоизма и переходят границу между свойством получения и свойством отдачи.

Эту границу символизирует махсом – условная перегородка между эгоизмом и альтруизмом?

Совершенно верно.

Переход на новую основу существования

Конечное море рассекается силой веры человека, когда Моше поднимает жезл. Жезл на иврите «матэ» от слова «мата» – «ниже».

Человек опускает свой эгоизм и таким образом проходит через все препятствия. Он руководствуется не разумом и логикой, а тем, что желает отдавать. Но это совершенно нереально для него, ведь отдача, любовь, связь с другими, превыше свойства получения, собственной выгоды, личного спасения. Это и олицетворяет прыжок Нахшона в могучие волны Конечного моря.

Почему в море прыгает именно Нахшон (такое свойство в человеке), а не Моше? Обычно лидер идет впереди.

Дело в том, что Моше выше свойства «Нахшон». Моше – это свойство Бины, и поэтому для него совсем не проблема быть в свойстве отдачи и любви. Это все, чем он руководствуется, когда ведет сынов Израиля (желания), постепенно освобождая их от эгоизма и приводя к любви между собой.

В чем заключается чудо, что человеку вдруг дают такую возможность думать и заботиться о других больше, чем о себе? Ведь, в принципе, это противоестественно и не приносит никакого вознаграждения.

Это переход на совершенно иную основу существования, когда отдача, любовь, хорошее отношение к другим выше, чем отношение к себе. Человек входит в это состояние практически навсегда. Если раньше он жил в своем обычном эгоизме, только «ради себя», то перейдя эту границу, он начинает жить только «ради других».

То есть мировоззрение человека, его подход к жизни меняются?

Абсолютно во всем. За границей Египта полностью меняется наше отношение к миру. Там уже нет расчета с самим собой. Ты постоянно делаешь расчет с другими, считаешься с ними. Ты точно знаешь: то, что в тебе возникает, надо инверсно обратить в отдачу и любовь.

Но что мотивирует человека? Почему он так поступает?

Потому что это свойство Творца. А он желает быть ближе к Нему.

А если бы это не было свойством Творца, то он бы не делал такие действия?

Нет. Тогда не было бы никаких причин. Это единственная причина.

СИНАЙ – ГОРА НЕНАВИСТИ

https://kabbalahmedia.info/ru/programs/cu/CAdKeqs7

От выхода из Египта до получения Торы

В Торе рассказывается, что через семь недель (49 дней) после выхода из Египта народ Израиля, несколько миллионов человек, подошли к горе Синай и получили Тору. Есть даже такое выражение на иврите: «маамад ар Синай» – «состояние горы Синай». Почему это произошло именно через семь недель?

Дело в том, что полный отход от Египта должен занять именно такое время, то есть человек должен пройти такие состояния.

Число «семь» олицетворяет ступень или самую важную часть любой ступени. Ведь всего есть десять подступеней: семь основных и три дополнительных.

Иными словами, за семь так называемых недель мы должны проделать определенную работу по выходу из Египта. А иначе что значит «выход»? Просто взял и пошел?

Это внутренняя духовная работа, когда человек должен осознать, в каком он был изгнании из свойства Творца и как теперь должен приближаться к нему. Так что это очень серьезное осознание.

Что такое «ступень» в нашем духовном развитии?

Это – ступень постижения Высшего мира: очередное раскрытие своего эгоизма, подъем над ним и постижение Творца.

Начало духовного освобождения

Допустим, человек вышел из Египта (из своего эгоизма). Что дальше он должен исправлять?

Он должен понять, что же стоит перед ним, к чему ему нужно прийти. Постепенно ему раскрывается, что же на самом деле означает выход из эгоизма. Это не просто отрыв от эго, а его преобразование в альтруизм, то есть преобразование всех желаний, с которыми он существовал в состоянии «египетское изгнание». Это огромный эгоизм, выросший в человеке под воздействием его пребывания в так называемом Египте.

Будучи в духовном рабстве, он осознал, как далек от истины, от правильного восприятия реальности, от постижения Творца, и это его настолько придавило, что он вскричал, не соглашаясь оставаться в таком состоянии. С этого момента и начинается его духовное освобождение, выход из Египта.

Человек постепенно поднимается из духовного рабства, соглашаясь пройти полное отторжение от эгоизма. Это называется «переход Конечного моря». А затем он идет дальше. И чтобы прийти к осознанию, а это значит вообще изменить себя, проходят так называемые семь недель от выхода из Египта до подхода к горе Синай, которые характеризуют возвышение человека над своим прошлым состоянием.

Он согласен принять методику, которая его изменит. И хотя она сложна, и ее реализация совсем непроста, но человек готов на это. Поэтому он находится в таком длительном переходе – семь недель.

Семь недель по семь дней – 49. И только на 50-й день он достигает горы Синай. В рассказах Торы гора Синай, пустыня – это всё аллегорические образы. А в действительности это осознание человеком его внутреннего состояния: гора Синай – не что иное, как его огромный эгоизм, перед которым он стоит и ничего не может сделать.

На вершине горы находится Творец, который сам и создал этот эгоизм, управляет им и, если надо, развивает его в человеке, чтобы тот в итоге осознал, как ему с этим работать и преобразовывать эгоизм в обратное свойство – свойство отдачи, любви, объединения.

Бессилие перед эгоизмом

На пятидесятый день после выхода из Египта народ подошел к горе Синай. «Сина» на иврите «ненависть». Гора – от слова «ар», «ирурим», то есть сомнения. Что это за сомнения? Сомнения ненависти?

Глядя на ту ненависть, которая наполняет человека, к свойству отдачи и любви, к свойству, называемому «Творец», никто не может поверить, что ее вообще можно одолеть, взобраться на эту гору, преодолеть огромнейший эгоизм во всех его проявлениях.

Стоять у подножия горы – значит чувствовать, что ты ничего не можешь сделать, ты поднимаешь руки и будь что будет. Ты не властен над своим эгоизмом, над своей природой, она полностью владеет тобой и делает все, что пожелает.

Гора Синай – это ненависть к свойству Творца, свойству отдачи, любви? Или это ненависть к тем людям, которые тебя окружают?

Это одно и то же. Так же, как в нашем мире мы переносим свойства людей на их внешний образ и таким образом этих любим, а тех – нет. Ведь мы определяем свое отношение не к «плоти», а к тому свойству, которое реализует человек, как бы проигрывая его перед нами как артист. Именно за это мы его любим или нет, ближе к нему или дальше.

От подножия горы до ее вершины

Стояние у горы Синай – это событие, которое сформировало весь народ, или если мы говорим об одном человеке, то его духовное развитие.
Получается, что они стояли год у подножия горы. Почему именно год?

Дело не в годах, все это – очень условно, и вообще нельзя сказать, насколько все происходило точно в соответствии с тем, как рассказывается в Торе.

В горе Синай нет ничего святого, на нее может взобраться каждый и пасти там свой скот. Это не та гора, на которой мог быть построен Храм. Ведь Храм обычно строится в месте, которое освящено, то есть олицетворяет собой исправленный эгоизм.

А гора Синай – это всего лишь олицетворение эгоизма, который надо еще исправить, и поэтому ничего особого в ней нет. Туда не приходят иудейские паломники. Это даже не туристический объект.

А что значит, что народ стоял у подножия горы, а Творец – на горе, и Он там с ними как бы разговаривал?

Эта гора символизирует тот огромный эгоизм, который находится в человечестве, и человечество должно исправить его, чтобы, как аллегорически сказано, от подножия горы раскрыть Творца, находящегося на вершине горы.

Проявление духовных состояний

Человек подходит к горе Синай в таком состоянии, когда внутри него существуют и Моше, и Аарон, и коэны, и эрев рав (большой сброд), и египтяне. И все эти его свойства должны объединиться в нем. Как сказано: «Или все вы должны быть в поручительстве, или здесь будет место вашего погребения».[18]
Как могут объединиться такие разные желания человека?

Так происходит на какое-то мгновение, а в дальнейшем мы видим, что это никого ни к чему не обязывает.

То есть это, как какой-то символ, произошло один раз, чтобы проявиться в материальном мире?

---

[18] Круг отвественнности и суть нашей связи, ч.5. // Каббала, наука и смысл жизни. Персональный блог Михаэля Лайтмана URL: https://www.laitman.ru/guarantee/252625.html?utm_source=feedburner&utm_medium=feed&utm_campaign=Feed%3A+laitman-ru+%28laitman.ru%29 (дата обращения 20.07.2а)

Любое духовное состояние должно в каком-то виде хоть один раз отобразиться в нашем мире.

Что такое «получение Торы»?

Что означает в духовном получение Торы? Что человек получает? Какую-то инструкцию внутри себя, как работать со своим эгоизмом? Какое-то озарение?

Получение Торы означает, что в человеке раскрывается определенная сила, которая помогает ему быть выше своего эгоизма.

Если ты желаешь получить Тору, ты должен начать изучать ее на себе. Ведь как еще изучать ее, если не на собственном опыте, когда ты постепенно превращаешься из маленького эгоиста в огромного эгоиста, а затем из маленького альтруиста в большого альтруиста.

Принять на себя выполнение этой методики исправления можно только тогда, когда ты понимаешь, что добровольно идешь на то, чтобы изменить себя, стать человеком духовным. Духовным – то есть в свойстве отдачи и любви ко всем.

Поручительство – свойство обоюдной заботы

Что значит закон поручительства? Что значит – поручаются один за другого? Почему?

Дело в том, что на самом низшем уровне, если мы хотим начать овладевать духовным свойством – свойством отдачи и любви, то должны реализовать его в себе в виде взаимного поручительства.

Это происходит в группе людей, когда они собираются вместе и пытаются воссоздать между собой свойство обоюдной заботы, любви, взаимопомощи, и всем сердцем быть один за всех – все за одного.

А если это рассматривать в одном человеке?

Не может один человек сделать такое. Он обязан ощущать себя частью общества. Все это реализуется именно в обществе.

То есть человек реализует этот закон, но по отношению к другим людям?

Да.

Реализовать свойство отдачи и любви

Что означает состояние «сделаем и услышим»?

Пытаясь реализовать в себе свойство отдачи и любви, мы обязуемся выполнить это условие между нами. И тогда в той мере, в которой мы реализуем его в себе и между собой, мы можем осознать, что оно дает нам, как оно изменяет нас.

Что значит, что человек сначала должен сделать, а потом услышать?

Реализовать в наших отношениях, насколько можно, свойство отдачи и любви. И тогда мы начинаем осознавать, что же на самом деле означает духовное свойство.

То есть «услышать» – это уже чувство, это значит ощутить?

Да.

Заключить союз с Творцом

Что значит заключить союз с Творцом? О каком союзе идет речь?

Союз означает, что у нас уже существуют обоюдные условия, говорящие о том, что я в своем устремлении обязуюсь сделать ради Творца, и прошу Творца помочь мне суметь реализовать свои свойства, свои чаяния отдачи и любви, объединения с Ним.

Можно сказать, что человек при этом делает какие-то действия по объединению в группе? Сначала это, конечно, происходит без каких-то чувств, а затем, когда человек получает свойство отдачи, он начинает уже ощущать духовное – это называется «услышим» – и входит в состояние совпадения свойств с Творцом. И это уже называется «союз» на каком-то минимальном уровне?

Да. Но сначала он просто выполняет действия с «закрытыми глазами», без всяких обязательств, и достигает состояния, когда действия ради Творца становятся смыслом его существования.

Независимо от того, чувствует он при этом себя хорошо или нет?

Не имеет значения, что он чувствует, что предполагает, и что у него будет в будущем. То есть нет времени, пространства, ничего! Только максимально доброе воздействие от него Творцу через людей, – не прямо Творцу, а через людей, – это то, что он желает реализовать.

Вознаграждение за духовную работу

Когда человек выполняет действия ради Творца без всякого вкуса в своей работе, то есть его эгоизм не получает вознаграждение, то он начинает сомневаться в том, что делает. Это называется «ирурим» («сомнения») от слова «ар», «гора».
Он подходит к этой горе сомнений: «Правильно ли я делаю? На правильном ли я пути? Зачем это мне?» И начинает ненавидеть это состояние, это свойство, Творца. Это и называется «подход к горе Синай»?

Да. Все противоречия, раскрывающиеся от природного эгоистического свойства человека, не позволяют ему идти дальше в сторону отдачи, любви, объединения. И тогда он начинает ненавидеть эти свойства, свою эгоистическую природу, и воевать с собой.

Получается кошмарное состояние, когда человек годами делает действие против своей природы и не получает за это никакого награждения?

Его вознаграждение в том, что он способен делать действия именно против своей природы. Сама работа становится для него вознаграждением.

Народ Израиля до и после получения Торы

Чем отличается народ до и после получения Торы на горе Синай?

До получения Торы народ считается просто сборищем людей.

Но почему? Ведь они уже в Египте назывались «израильтяне»?

Они назывались так по своему природному устремлению. Но что это значит, они не знали и не понимали. Поэтому тут нельзя ничего сказать об их духовном состоянии, оно было просто минимальным.

Они частично стали чувствовать себя в эгоистическом рабстве во второй половине своего пребывания в Египте, а далее – в попытках выйти из него. Но когда они приблизились к горе Синай, то есть перед ними встала необходимость принять Тору, высшую силу, свойство отдачи и любви, и начать с помощью этого свойства исправлять себя, то им постепенно раскрылся смысл света Торы.

Свет должен переделать природу человека во всех его 620 эгоистических свойствах с «получения ради себя», самонаслаждения, на свойство отдачи, для того чтобы насладить и наполнить других.

Таким образом, изначально Авраам собрал вокруг себя людей, которые просто стремились к свойству отдачи. Поэтому они назывались «Исраэль» – буквально прямо к Творцу.

Затем они стали исследовать себя, свой эгоизм, то есть «вошли в Египет». И только по выходе из Египта началось исправление их эгоизма и была дана Тора – инструкция для его исправления. В этом отличие народа до и после получения Торы.

ПРАЗДНИК ШАВУОТ

https://kabbalahmedia.info/ru/programs/cu/iQ3KyA9q

Тора – перечень законов Природы

Существует много споров вокруг даты написания Торы, ее авторства, а также несколько подходов к этому вопросу: религиозный, академический и каббалистический.

Религиозный подход объясняет все очень просто: Сам Творец, Сам Бог дал людям Тору через Моисея (Моше).

Согласно академическому подходу, вообще не было выхода из Египта, вплоть до того, что Тора была написана в VI веке до нашей эры, и писалась на протяжении сотен лет.

Интересно, что в Книге Зоар говорится: «Когда пожелал Творец создать мир, и это проявилось в желании пред Ним, Он смотрел в Тору и создавал его».[19] *Это значит, что Тора существовала еще до создания мира.*

Что по этому поводу говорит каббала? Что такое Тора, и кто ее написал?

Действительно, существуют совершенно разные определения, что такое Тора.

Я придерживаюсь абсолютно четкого общепринятого галахического (религиозного) подхода ко всему, что касается написания не только Торы, но и Танаха, Талмуда и других источников.

Единственное отличие с точки зрения каббалы в том, что Тора – это перечень законов Природы. Просто она описана в таком виде – в приложении к человеку. А в принципе, это законы Природы.

Поэтому люди, которые находятся в постижении Творца, выполняют эти законы, поскольку чувствуют их в себе. Они внутренне изменили себя, для них эти законы являются законами их жизни, поведения, адаптации к миру, восприятия мира.

Более того, Тора для них – это не книга, которую можно перелистывать, читать, что-то выполнять из написанного в ней и как-то действовать, а закон, по которому они существуют внутренне,

---

[19] Книга Зоар. Глава Толдот. // Каббала Медиа URL: https://kabbalahmedia.info/ru/sources/5zSKoHft?language=ru (дата обращения 21.05.21)

потому что он говорит о том, как они могут полностью совпасть с Природой. А Природа или Творец – это одно и то же. Это закон коммуникации между людьми и между человеком и Природой или Творцом.

Тора – инструкция, как прийти к любви

«Горе тому человеку, который говорит, что Тора дана для того, чтобы просто рассказывать истории о событиях житейских…» – о Эсаве, Лаване и так далее.

«…В таком случае даже в наше время мы можем написать Тору о свершающихся событиях, даже более привлекательных, чем те. Если Тора призвана рассказать о происходящем в мире, то взять даже правящих в мире, – случаются между ними вещи более примечательные.
Если так, давайте проследим за ними и сделаем из них Тору сообразно этой. Но все события в Торе – это высшие тайны».[20]

Проблема в том, что люди не понимают Тору, не понимают, что она описывает законы природы, которые мы должны выполнять, чтобы существовать в правильном соотношении, в правильном объединении с природой.

Самый главный ее закон – это «возлюби ближнего». Так и сказано: «Возлюби ближнего как себя» – основной закон Торы». Для человека, стремящегося его выполнять, этот закон включает в себя все остальные законы Торы.

Это очень странно, потому что в Торе пишется, в основном, об убийствах, а о любви вообще ничего не говорится.

В ней говорится о том, как трудно «возлюбить ближнего как себя». Об этом и написана вся Тора.

---
[20] Книга Зоар. Глава Бэаалотха, п.58. // Каббала Медиа. URL: https://kabbalahmedia.info/ru/sources/bVA7qjnZ – пер. с ивр.

Значит, Тора – это инструкция как прийти к любви к ближнему?

Только лишь!

А что такое Десять Заповедей?

Для того чтобы выполнить закон «возлюби ближнего», существует 613 (тарьяг) всевозможных под-законов. Они включены в десять заповедей, а те – в один основной закон.

Если взять хотя бы одну заповедь, допустим, «не укради», – о чем идет речь?

«Не укради» – это естественно. Разве можно выполнять закон «возлюби ближнего» и красть? В этом законе есть более внутренние, более высокие, хотя и кажущиеся нам иррациональными правила. Но, в принципе, он начинается с чисто человеческих отношений.

Мощность объединения

Какая связь между Песахом и получением Торы? Почему именно на пятидесятый день после выхода из Египта народ Израиля получил Тору?

Дело в том, что от выхода из эгоизма (из Египта) до подъема к уровню свойства отдачи, которая необходима, чтобы вступить в реализацию «возлюби ближнего как себя», должно пройти пятьдесят ступеней. Это и есть 50 дней.

От Бины (свойства отдачи) до Малхут (свойства получения) есть семь ступеней: хэсэд, гвура, тифэрэт, ход, есод, малхут. 7 * 7 = 49. Значит, необходимо достичь этих 49 ступеней.

На пятидесятый день становится возможным контактировать со свойством Бины (свойством отдачи). Достигнув этого свойства, человек уже может получить инструкцию, которая называется «Тора».

Получается, что все эти цифры: 40 лет, 600 000 мужчин и так далее – это ступени?

Да, это состояния, которые ты должен пройти.

Кто такие 600 000 мужчин? Что это за ступени?

Имеется в виду 6 частей Зэир Анпина: хэсэд, гвура, тифэрэт, нэцах, ход, есод, каждая из которых состоит из 10 000. И получается, что 60 * 10 000 = 600 000.

Когда мы поднимаем себя духовно, то поднимаемся с уровня Малхут до уровня Зэир Анпина, и с уровня Зэир Анпина до уровня Арих Анпина. Это умножение по мощности в 10 000 раз. Поэтому получается, что мощность нашего объединения равна 600 000. Все эти цифры говорят только о качественном изменении внутри человека.

Но происходили ли такие события? Стояли ли 600 000 мужчин у горы Синай?

Стояли, может быть, и миллионы, но готовыми к получению условия «возлюби ближнего» были всего лишь 600 000.

Но опять же это не количество людей, а именно качество? То есть как бы сила тех людей, которые были готовы получить Тору?

Да, в объединении между собой они создали такую силу.

Условие получения Торы

Существует условие получения Торы: если вы не объединитесь, то есть не будете поручителями друг за друга, то здесь будет место вашего погребения. Что это за закон?

Или вы получаете эти знания, реализуете их, проходите границу между нашим и Духовным миром, и входите в ощущение Высшего мира, достигаете состояния слияния с Творцом. Или вы остаетесь здесь, в этом мире, как животные, практически на неживом уровне.

А почему все так жестко?

Потому что это условие существования в Высшем мире, когда ты находишься выше своего эгоизма.

Получается, что был такой исторический факт, когда большое количество людей смогло соблюсти это правило?

Да.

А в истории были еще такие факты?

Нет. Тора была дарована только один раз.

Почему так трудно понять Тору

Если мы говорим, что в Торе все написано аллегорически, но вместе с тем признаем, что был такой народ, был выход из Египта, Земля Израиля, и сегодня мы претендуем на нее, то получается, что когда выгодно, люди говорят «аллегория», а когда нет – что так было на самом деле.

Эти люди не имеют отношения к каббале, поэтому мне с ними не о чем говорить. Какая аллегория? Каббала говорит о законах природы, о ее истинных законах.

Я смотрю не на то, что пишут историки, а на то, что передается нам из поколения в поколение. И это всегда подтверждается.

Меня не интересует, что с этим не согласны университетские ученые. Хотя я сам, защитив докторат по каббале, в некоторой степени, отношусь к ним, но меня не интересуют их выводы, поскольку они опираются на то, что им выгодно, чтобы подтасовать какие-то факты, сказать якобы что-то новое. Я встречался и с американскими учеными, и с российскими, и с израильскими, и вижу, как они работают.

Есть такие, конечно. Но я привожу в пример простые факты. Написано: «В шесть дней создана вся Земля и вся вселенная». Мы понимаем, что этого не может быть. Или сказано: змей стоял на двух ногах. Понятно, что это аллегория.

Абсолютная.

Объясните, когда это аллегория, а когда нет? Разве десять египетских казней – это закон природы? Это какая-то непонятная мистика. Что там происходит?

Тора говорит только о том, что происходит внутри человека.

Но ведь мы, основываясь на всех исторических фактах, претендуем на государство Израиль. Вся история построена на том, что существует такой народ.

Потому что эти события на самом деле происходили здесь. Это доказывают и раскопки, и все прочее.

Так что же все-таки было, а чего не было? Что аллегория, а что нет? Что внутри человека, а что нет? Как это правильно понять?

Народ Израиля какое-то время жил в Египте, вышел оттуда и основал свое государство. Он существовал в течение более тысячи лет, а потом рассыпался по всему миру.

Действительно, мы видим, что был Храм, сохранились его остатки и так далее. Так значит, это не аллегория, это существовало?

Да.

Значит, можно сказать, что Тора – это исторический рассказ?

Нет. Тора не говорит об истории. В ней рассказывается всего лишь о сорокалетнем периоде в жизни народа, и о том, что было до этого. Она заканчивается на входе в Землю Израиля, когда умирает Моше. А переход народа Израиля через Иордан, вход в Землю Израиля и ее освоение – это уже не Тора, а «Пророки» и «Святые писания».

Они описывают исторические периоды. Этим книгам надо верить несмотря на то, что они кажутся нам, может быть, неточными или какими-то нереальными. Хотя бы к их описаниям надо относиться серьезно и не придумывать под них какие-то свои объяснения.

Проблема в другом: люди вообще не понимают, о чем говорится в Торе. Они считают, что она указывает, как выполнять заповеди в нашем мире: убой скота, поддержка различных условий в Храме и так далее.

Надо понимать, почему и для чего так написано. Здесь говорится только о внутреннем состоянии человека, о том, как он должен себя исправить, чтобы самому стать Храмом, чтобы все его неживые, растительные, животные и другие «ингредиенты», если можно так сказать, разум и сердце, мысль и желание, пришли в правильное состояние с целью соединения с ближними и достижения состояния абсолютной любви.

Получается, что все животные и растения, описанные в Торе – это уровни желания?

Только лишь.

Допустим, приносить жертву – это значит взять какое-то свое животное эгоистическое желание, принести в жертву и подняться на уровень «человек». Так это надо понимать?

Только. Очень трудно понять, что такое Тора. Если в ней говорится, что «возлюби ближнего как себя» – это самый главный закон Торы, а все остальное, как сказал Гилель, только лишь его объяснение, – где ты видишь, чтобы это выполнялось?

Отсюда нам понятно другое: мы вообще не придерживаемся Торы, не выполняем ее, не понимаем ее внутреннего смысла – его в нас нет.

Что значит «возлюби ближнего как себя», если речь идет только обо мне одном?

То, что ты должен привести себя в такое состояние.

А кто во мне этот ближний?

Все твои внутренние состояния, которые, как тебе кажется, существуют снаружи.

Я должен возлюбить свои внутренние состояния?

Да. И через них Творца. Потому что от любви к ближнему надо прийти к любви к Творцу.

А тех людей, которых я вижу вне себя, я тоже должен возлюбить?

И вне себя – обязательно! Исправляя себя, ты должен исправить свое воззрение на мир так, чтобы оказалось, что ты любишь всех.

Увидеть Тору в истинном виде

Гора на иврите «ар», от слова «ирурим», «сомнения», а Синай – от слова «сина», «ненависть». То есть понятие «Гора Синай» символизирует состояние человека, который находится в сомнениях?

Сомнения ненависти предшествуют правильному пониманию Торы. В этом состоянии находится наше поколение.

То есть прежде, чем человек объединяется с другими людьми, в нем проявляется огромная ненависть?

Да.

Но обычный человек, читая Тору, представляет себе Египет, гору Синай, несколько сот тысяч человек, стоящих у ее подножия, в то время как речь идет о каких-то внутренних состояниях, ненависти, любви?

Да, речь идет о противоречии человека с тем, что его окружает.

Возникает большая путаница.

Ничего не сделаешь. Мы вышли из этого состояния 3000 лет назад и давно перестали понимать Тору такой, какая она есть на самом деле. Сегодня мы ее изучаем, как дети в школе, как какие-то сказки. И поэтому так получается.

На самом деле Тора – это закодированная инструкция по соединению между людьми. При правильном объединении между ними проявляется высшая сила, которая всех вбирает, окружает. Всем становится ясно, где они существуют, в каком объеме, что это вечное, совершенное существование, а не какое-то несчастное, низменное, земное.

Будем надеяться, что мы все-таки достигнем состояния, когда действительно наступит праздник получения Торы, и увидим ее в истинном виде.

Один раз она была нам дарована, а теперь каждое поколение и каждый человек должен сам решить, получает он ее или нет на тех условиях, которые были поставлены.

В праздник Шавуот принято употреблять молочные блюда. Это какой-то символ?

Молоко олицетворяет собой отдающее желание, мясо – получающее.

Это такая аллегория. Но со времени дарования Торы молочные трапезы стали обычаем праздника Шавуот. В течение тысяч лет все эти праздники приобретают какие-то новые формы, одеяния. Так что, вполне возможно, что это было принято тогда, а может быть, и не так давно.

ДЕСЯТЬ ЗАПОВЕДЕЙ

https://kabbalahmedia.info/ru/programs/cu/V08UMG9K

Заповеди – законы мироздания

Десять Заповедей – это законы интеракции между людьми. Часть из них так и выглядят, а часть – нет.

В принципе, это законы мироздания. Но поскольку они определяются взаимоотношениями между людьми, а наши взаимоотношения определяют все остальные законы природы, то, конечно, все сводится именно к отношениям между нами.

«Я – Господь, Бог твой...»

Первая заповедь: «Я – Господь, Бог твой, который вывел тебя из земли египетской». Насколько я понимаю, только Творец может вывести человека из его эгоизма. Но почему Творцу надо было объявить именно эту заповедь первой?

Потому что это краеугольная заповедь, говорящая, что есть единственная сила в мире, которая выше всех. Она поднимает человека с неживого, растительного, животного уровней природы на уровень «человек».

«Человек» – этот тот, кто постигает связь с Творцом. Практически все человечество находится на уровне «животного», независимо от того, сколько оно знает, сколько развило наук и искусств.

«Животное» – это когда человек думает о себе, находится в своем эгоизме. Поэтому выход из этого состояния на уровень «человек» – Адам, подобный Творцу («Адам» от слова «домэ», «подобный» Творцу) – может быть совершен только лишь под воздействием особой высшей силы, называемой «Творец».

Эта сила называется «Творец», потому что она сотворяет человека.

То есть каббалисты раскрыли закон, что смена эгоцентрического восприятия мира на целостное может произойти только посредством высшей силы природы? Поэтому говорится: «Я вывел тебя из земли египетской»?

Да. Это изменение состояния человека в нашем мире. Речь идет о духовном подъеме, о постижении.

Не делай себе кумира

Вторая заповедь гласит: «Не делай себе кумира и никакого изображения». То есть люди, постигшие Духовный мир, говорят, что есть только одна сила, и никакой другой?

Всё, что ты можешь себе вообразить – это производное от единственной высшей силы. Поэтому, если ты считаешь, что есть какие-то иные, второстепенные силы кроме нее, которые что-то производят, реализуют, решают в нашем мире, то это твоя ошибка. То есть знай, что ты уже находишься не на самом высоком уровне постижения.

Для того чтобы соблюдать эту заповедь, ты должен видеть только одну силу за всеми объектами нашего мира, включая людей. Если ты так относишься ко всему, значит, ты выполняешь эту заповедь.

Это не то, что я верю в какой-то монотеизм?

Нет, тут вообще не говорится о вере. Речь идет именно о постижении.

Сказано: «Не делай никакого изображения», потому что эту силу невозможно изобразить. Я, конечно, могу начертить стрелку, указывающую вектор, но изобразить силу в виде рисунка, как мы изображаем нечто находящееся в нашем мире, мы не можем. Это сила отдачи, сила объединения, сила интеграции, сила эманации.

Даже физические силы в нашем мире мы изображаем векторами, не более того.

Не произноси имя Господа попусту

Третья заповедь: «Не произноси имя Господа попусту» означает, что ты не можешь привлечь силу Творца, чтобы произвести какое-то эгоистическое действие?

Можно действовать силой Творца только в мере своего подобия Ему, в мере объединения с Ним.

Нельзя вызвать на себя ее влияние или использовать ее эгоистически ради себя, чтобы победить какие-то народы, обогатиться и так далее?

Об этом даже нет речи!

А если я не соответствую Ему, то могу просить, не просить, Он все равно не будет воздействовать на меня?

Обращаться можно. Но именно в том, чтобы Творец помогал тебе быть подобным Ему. С этой целью всегда можно и желательно обращаться. Такая просьба будет удовлетворена.

Помни день субботний

Четвертая заповедь: «Помни день субботний, чтобы святить его». Почему человеку надо соблюдать какой-то один день, именно отдыхать в этот день, и Творцу это так важно?

Это важно, потому что существует периодичность: каждый седьмой день является перерывом, как бы останавливающим все мироздание и запускающим его заново. Это называется «неделя».

Вы говорили, что в шесть дней, символизирующих шесть сфирот Зэир Анпина, происходит работа человека. Допустим, вся наша работа – объединиться с другими. Шесть дней человек как бы работает сам, но должен понимать, что дальше, на седьмой день, даже если он будет рабо-

тать, то это не принесет ему никакой пользы. Творец должен закончить за него.

Речь идет не о нашей обычной работе.

Сказано, что в течение шести дней Творец работал, а в седьмой день отдыхал. Значит, и мы якобы должны шесть дней работать, а на седьмой день отдыхать. Но здесь не имеется в виду работать как Творец.

Его работа – это сотворение. Это хэсэд, гвура, тифэрэт, нэцах, ход, есод – шесть направлений.

А наша работа заключается в том, чтобы мы как бы видоизменяли себя в соответствии с этими шестью категориями. И когда мы это заканчиваем, то приходим к последней. Но последняя категория реализуется в нас сама. Поэтому здесь ничего не надо делать, только не мешать.

Если ты правильно привлек к себе шесть сил, то тогда седьмая сила «шаббат» (от слова «швита», остановка в работе) производит всю работу сама именно благодаря тому, что ты не вмешиваешься в действия Творца. Ты перенял от Творца все, что можно, за шесть ступеней, так называемых «шесть дней», которые соединяются в тебе, и тогда на седьмой день ты получаешь их результат.

То есть речь идет именно о внутренней духовной работе? Когда я прохожу эти шесть ступеней, то автоматически запускается следующая. Даже если бы я захотел, я не мог бы работать?

Нет, ни в коем случае. Это работа света. Седьмая ступень является суммой, результатом предыдущих шести ступеней. Ей нужно только дать реализоваться.

Значит, если человек сам объединился с другим, своими усилиями, то в нем возникает гордость. И это не то объединение, о котором идет речь. То есть надо сделать усилие, а дальше оставить работу Творцу?

Всегда! Потому что все равно ты не сможешь закончить сам.

Почитай отца и мать

Пятая заповедь: «Почитай отца твоего и мать твою». О чем идет речь? Кто такие отец и мать?

Отец и мать – это силы Хасадим и Хохма.

Творец – это высшая сила. За Ним следуют две низшие: Хохма и Бина. Хохма – это сила отца, Бина – сила матери. А далее за ними следуют шесть производных, составляющих Зэир Анпин: хэсэд, гвура, тифэрэт, нэцах, ход, есод.

Самая последняя сфира Малхут – это законченное творение.

Под фразой «почитай отца своего и мать свою» подразумевается, что надо дать Хохме и Бине возможность создавать, творить, чтобы все, что в них есть, проявилось в шести сфирот Зэир Анпина, в шести силах.

А что значит «почитать»?

«Почитать» – то есть ждать, когда они проявятся в творении, потому что Хохма и Бина – отец и мать – находятся выше творения и выше сотворения. Через них Бог творит. Поэтому отцом и матерью создаются шесть сфирот Зэир Анпина, которые практически формируют творение.

«Почитать отца и мать» – это значит дать этим силам возможность действовать в тебе. Как в нашем мире: разве зародыш может что-то делать? Даже маленький ребенок? Это все делают за него родители. А тут мы говорим о правильном отношении низшего к высшему. Человек в нашем мире должен дать возможность высшим силам действовать, формировать его.

Не убивай и не прелюбодействуй

Шестая заповедь: «Не убивай». Это значит не использовать желание другого?

«Не убивай» – означает не делать ничего во вред другому. То есть все силы, которые ты получил сейчас, всё, что было раньше, в предыдущих днях: хэсэд, гвура, тифэрэт, нэцах, ход, – ты должен правильно сформировать их и не вмешиваться в то, каким действием они в тебе закончатся.

«Не убивать» – это значит не использовать желание ради себя. Если я использую связь с Творцом ради себя, то это называется «убийство». Я свое желание убиваю. То есть мое желание наполняется наслаждением, которое в итоге убивает это желание, и оно исчезает. Происходит аннигиляция.

Седьмая заповедь: «Не прелюбодействуй». О чем здесь идет речь?

Это то же самое, только в другом виде: не используй свои связи с другими ради себя.

Любовь называется отдачей, а прелюбодействие – только действие ради себя.

То есть у вас есть желание получать. Если я это ваше желание использую ради своего наслаждения, – потому что «женщина» называется желанием получать, – то это называется «прелюбодействие»?

Да. Но это имеется в виду отношение и к женщинам, и к мужчинам, отношение к любому наслаждению. Но особенно это действие называется прелюбодействием, поскольку этим ты используешь другого человека.

Не укради

Восьмая заповедь, «не укради», это то же самое, что и «не прелюбодействуй». Только прелюбодействие относится к живому уровню, а кража – к неживому.

То есть это разный уровень желаний, когда ты переносишь из одного разрешенного состояния в другое, от одного имущественного состояния в другое имущественное состояние.

А при прелюбодействии ты используешь самого человека. Не неживое, растительное или животное, а уровень «человек».

В самом человеке есть четыре уровня желаний. Если «не прелюбодействуй» – это наивысший, человеческий уровень, то «не укради» – это все остальные уровни: неживой, растительный и животный.

Не произноси ложного свидетельства

Девятая заповедь гласит: «Не произноси ложного свидетельства на ближнего своего». Ведь этим ты создаешь совершенно новые условия в мире и рискуешь исказить все соответствия между силами мира, если произносишь ложные условия, вводишь ложные параметры.

Таким образом я еще больше отдаляюсь от ближнего, а значит и от Творца?

Да. Все правила построены только на том, чтобы человек не отдалялся от Творца.

В каббале Творец – это цель. А на Него мы можем настроиться только через общество. Поэтому если я навожу ложные свидетельства на ближнего, то таким образом отодвигаю себя от Творца. Жалко, что мы не видим этого. Тогда мы соблюдали бы эти законы.

Нет. Тогда мы были бы просто машинами. У нас не было бы свободы выбора.

Так тяжело все это выполнить…

Не тяжело, а невозможно. В природе не может быть ничего иначе. Мы должны с этим согласиться. Нам нужно понять, что только таким образом мы правильно настраиваемся на природу, на ее высший закон, который поднимает нас над нашей животной природой.

Так что мы должны согласиться с этим подъемом, предоставить себя его силам, и тогда все получится.

Ты в мире не хозяин

Десятая заповедь «Не желай дома ближнего твоего; не желай жены ближнего, ни раба, ни рабыни, ни вола, ни осла...» и так далее – повторяет суть предыдущих заповедей?

Здесь как бы все собирается вместе. То есть ты должен четко понять, что ты в мире не хозяин, у тебя нет ничего своего. Все, что есть у тебя, на самом деле не твое, поэтому ты не можешь ничего желать.

В итоге работай со своими желаниями только на отдачу. Если ты к этому придешь, значит станешь человеком.

Это значит не только не использовать разные виды желаний ближнего, а наоборот, наполнять их, и тогда ты станешь подобным Творцу?

Да.

А чем можно наполнить желания ближнего?

Тем, чего ближний желает.

Но он желает разные вещи. Разве я смогу наполнить его желания?

Естественно, не сможешь. А ты помоги ему в общем – направь его к Творцу.

Седьмая заповедь Ноаха

До того, как народ Израиля получил Десять Заповедей, существовали Семь Заповедей Ноаха: шесть до Потопа, и еще одну добавили после Потопа.

Согласно Талмуду, Бог дал их через Адама Ною, а тот передал их всему человечеству. Потом из этого человечества выделилась группа, которая называлась «еудим», что значит «устремленные к Творцу». Поэтому к ним добавились еще дополнительные заповеди.

Почему седьмая заповедь Ноаха, которая была добавлена после Потопа, обязывала «создать справедливую судебную систему»?

Потому что до Потопа все развивалось инстинктивно, и люди не нуждались в исправлении. А после Потопа, когда произошло раскрытие огромной ужасной эгоистической силы, которая как бы вызвала Потоп, была введена эта дополнительная заповедь.

То есть до Потопа люди находились на элементарном животном уровне, им не нужны были судебные законы, адвокаты, суды. А когда эгоизм вырос, то потребовалась судебная система, правильные интеракции и все прочее.

Две заповеди: получение и отдача

«Если смотреть в целом, мы должны заниматься в обществе только двумя заповедями, которые можно определить словами (1) «получение» и (2) «отдача».
Другими словами, каждого члена [общества] Природа обязывает получать [наполнение] всех своих потребностей от общества. А также он обязан отдавать – посредством своего труда – на благо общества. А если он нарушит одну из этих заповедей, он будет наказан без всякого милосердия, как сказано выше»[21].
Если Бааль Сулам считает, что существует всего лишь две заповеди, то куда отнести Десять Заповедей? То есть эти две делятся на 10, 613...?

Это всё мы раскладываем в зависимости от наших состояний, отношений и так далее. Но на самом деле, что еще есть в природе, кроме получения и отдачи? Ничего.

---

[21] Бааль Сулам. Статья «Мир». // Каббала Медиа URL: https://kabbalahmedia.info/ru/sources/28Cmp7gl (дата обращения 21.05.21).

Допустим, это можно сравнить с тем, что в году 365 дней, столько-то часов, столько-то секунд? То есть две основные заповеди делятся на вспомогательные?

Да. В природе нет ничего, кроме плюса и минуса. Но когда ты начинаешь вводить их в отношения между людьми, раскладываешь людей, их взаимоотношения и каждого человека относительно себя и других, то у тебя получается огромное количество условий – получать и отдавать. И ты это должен каким-то образом свести в одну систему. Это, в принципе, и описано в Торе.

Рабби Акива пошел еще дальше, сказав, что есть одна заповедь – «возлюби ближнего, как самого себя».

Она превалирует над этими двумя: чтобы и получение, и отдача были только ради другого.

Попробуйте думать о ближнем!

Кто такой ближний?

Любой. Если человек делает все лишь бы поддержать нашу систему в балансе, тогда у него все заключается только в отдаче. На самом деле это легко. Попробуйте думать о другом, и вы увидите, как у вас из головы пропадет всякая бессмыслица, всякие проблемы. Только вот так – от себя.

А ближний – это действительно любой человек в мире?

Да, попробуй, даже на обывательском уровне. А на каббалистическом уровне уже идет система взаимосвязей.

Чтобы что-то делать ради другого, мне надо получить «горючее». Я должен понимать, ради чего я это делаю.

Горючее тебе дадут. Дадут и калории, чтобы действовать.

Но это неестественно для человека – думать о ближнем.

Проси силы, чтобы стало возможно.

Ради чего это всё?

Этим ты достигаешь подобия с Творцом.

Быть или не быть подобным Творцу

Что мне даст подобие Творцу?

Очень многое. Быть как Творец.

И это того стоит?

Говорят, что да.

Просто об этом мало написано. Очень слабая реклама.

Дело в том, что рекламу тут дать нельзя, ведь что ты можешь предложить сейчас, заранее, до того, как человек начнет что-то делать ради другого?

Расписать, какое это прекрасное состояние – быть подобным Творцу. Столько написано разных книг, а об этом – ничего.

Написано очень много. Но это все ничего не даст и никак не поможет.

Допустим, человеку понятно, что значит быть миллионером. Об этом много написано.

Да, к тому же он видит перед собой примеры. А здесь – нет, поскольку подобие Творцу не укладывается ни в наше сознание, ни в какие примеры нашего мира.

И как же нам, людям, быть? От нас требуют что-то, а мы не понимаем, что именно.

Поэтому Творец постепенно развивает нас до состояния, чтобы мы почувствовали, что не можем жить ни в какой системе законов, кроме «возлюби ближнего». Ведь все остальные законы просто не дают нам возможности существовать.

То есть нас развивают методом противоположного состояния? Из отрицания?

Конечно.

И мы должны отречься от нашего сегодняшнего состояния?

Оно будет таким, что ты захочешь от него отречься.

И где же здесь свобода выбора?

А свобода выбора не здесь! Она там, дальше.

Значит, на этих этапах природа не дает нам свободы?

Нет. Тут нас подгоняют, что называется, палкой к счастью, словно маленьких животных.

Быть или не быть подобным Творцу – от нас не зависит. Все это записано в нашей программе. Все равно мы придем к этому состоянию. Только есть два пути: быстрый – приятный или длинный – страданиями. Вот и выбирай.

ПИСЬМЕННАЯ И УСТНАЯ ТОРА

https://kabbalahmedia.info/ru/programs/cu/uSnDpE4T

Из истории первоисточников

Полторы тысячи лет до нашей эры появилась Тора. Изначально она была написана как одно предложение, состоящее из 79976 слов. На первом этапе Тора состояла из пяти книг.

Затем, если говорить о Танахе, в период до разрушения Первого Храма были написаны «Пророки», и в период до разрушения Второго Храма – «Писания».

В 1947 году в Кумранских пещерах нашли огромное количество свитков, которые относятся к тому же периоду, но по каким-то соображениям не вошли в Танах.

Это свитки совсем другого типа. Они отличаются от тех, что были во времена Большого Собрания, так как относятся к первому веку нашей эры, к концу существования и государства, и народа.

По словам Бааль Сулама, их написали люди, которые не находились в постижении.

Нам очень трудно понять этих людей. Но все равно мы находимся на уровень ниже их, в отключении от истинной Торы. И хотя они были уже в состоянии падения с ее уровня, но всё-таки еще в ощущении духовной связи.

Может ли каббалист, взяв какой-то свиток, прочитать и определить, кто написал его: человек, постигший духовное, или нет?

Конечно, может. Но это ни о чем не говорит. Было очень много постигающих Творца на разных уровнях и после крушения Храма, и после римского и греческого изгнания народа. Тем не менее, мы принимаем во внимание только то, что было написано до изгнания. Это Тора, Пророки, Писания, Талмуд и, естественно, Книга Зоар.

Устная и письменная Тора

Что такое устная Тора, и что такое письменная?

Устная Тора означает, что и учитель, и ученик находятся вместе на определенном духовном уровне и объясняются друг с другом именно через него. А письменная Тора – это уже когда все постигнутое вписывалось в тексты и передавалось через них от одного к другому.

Значит, то, что Моше получил от Творца на горе Синай, – это устная Тора. А когда через 1000 лет это все записали, то с точки зрения каббалы уже не считается устным?

С точки зрения каббалы устной Торой называется все, что постигается человеком в себе. Практически это невозможно ни описать, ни передать, поскольку зависит только от постижения того, кому ты хочешь это передать.

Разница между устной и письменной Торой

Есть ли какая-то разница между устной и письменной Торой с точки зрения влияния на человека?

Конечно. Устная Тора выше письменной, потому что она передается «из уст в уста», то есть через общие экраны между учителем и учеником.

Даже если захотеть, ее невозможно передать письменно?

Нет. Никто не поймет. Это не слова.

Поэтому в Торе говорится, что это запрещено?

То, что в Торе называется «запрещено» – это значит «невозможно». Невозможно передать. А когда народ вышел в изгнание, люди стали все записывать, поскольку надо было что-то как-то сохранить. Было такое желание, и был принят закон, разрешающий записывать.

Почему в Талмуде, Мишне и Книге Зоар непонятно, что написано?

В Талмуде и Мишне все понятно. Там все объясняется аллегорически, языком ветвей.

Но человеку, который не находится в постижении, это непонятно.

Для человека, который не находится в духовном постижении или вообще не понимает, даже приблизительно, о чем говорится, все эти книги, вся Тора, все, что он открывает – это как учебник по биологии, зоологии, истории или какие-то сказки.

На самом деле Тора – это инструкция по правильному взаимному включению и объединению людей, при котором проявляется Творец или жизнь, что, в принципе, одно и то же. Как при соединении клеток в организме в нем проявляется жизнь, так и при объединении людей между собой проявляется жизненная сила на следующем уровне.

Есть люди, которые постигли это и описали в своих трудах. Поэтому все изложенное ими называется письменной Торой.

А есть вещи, которые невозможно описать. Они раскрываются только при внутреннем контакте между учителем и учеником, что называется передачей «из уст в уста» («ми пэ эль пэ»). Это и есть устная Тора.

Что дают комментарии к первоисточникам

Почему надо было именно через 1000 лет взять и написать комментарий на Тору?

Потому что Тору невозможно все время передавать из уст в уста, ведь каждое поколение падает все ниже и ниже. И то, что ты передаешь следующему поколению, оно это как-то изменяет и частично начинает понимать.

Разве недостаточно той информации, которая есть в Пятикнижии?

Нет. Пятикнижие вообще трудно понять. Оно воспринимается как исторический рассказ, и никто не понимает, что за ним скрыто. Только каббалисты.

Допустим, Зоар полностью прокомментировал Тору. Но как он ее прокомментировал! Кто-то понимает, о чем там говорится?

Так какой смысл в этом комментарии, если никто не понимает?

Он предназначен для каббалистов, которые с помощью Книги Зоар могут понять, что написано в Торе.

То есть, когда вы читаете Зоар, вы больше понимаете Тору?

Конечно! А без Книги Зоар это очень трудно – нет связи. Зоар дает связь между Торой и тем, что каббалист постигает.

Понять закон правильного соединения

Великий каббалист рабби Акива сказал, что Тора – это «возлюби ближнего, как самого себя».

Это ее общее движение, общий закон.

Что же там надо было описывать на тысячах страниц? Ведь все очень просто: «возлюби ближнего, как себя»? Здесь даже не нужно ничего объяснять. Тем не менее, мы видим на протяжении истории, что ни у кого это не получается. Кто может выполнить этот закон?

Выполнить – это одно. Но хотя бы понять, что написано, тоже невозможно.

Этот закон включает в себя всю природу, абсолютно все свойства человека, его желания и мысли, всё, что может произойти с человечеством в полном объеме до конца веков. Все это заключено в очень простом предложении: «возлюби ближнего, как себя». То есть всё, что происходит, необходимо только для реализации этого правила.

«Возлюби ближнего» – это закон правильного соединения. Как на неживом уровне атомы, состоящие из протонов и электронов, соединяясь, образуются молекулы, так и на уровне «человек» люди должны объединиться таким же образом.

Только нам это нужно делать не инстинктивно, а самим. Тора – это инструкция, объясняющая человеку, как это сделать самостоятельно и прийти к реализации закона «возлюби ближнего».

Но надо знать, как к этому подступиться. Прежде всего человек должен знать свою природу, природу ближнего, как с ним сближаться, что делать. Это совсем непросто. Для этого нужны тысячи книг.

Посмотрите на мир вокруг нас. Кто это реализует? Если бы все было так легко! Люди не хотят даже приблизиться к этому.

К сожалению, мы не понимаем, что в Торе написано именно об этом. За всю историю мудрецы так и не смогли этого объяснить.

Тот, кто хочет, получает объяснение. Для этого он должен прийти к каббалисту и учиться у него.

ДЕВЯТОЕ АВА – «РАЗРУШЕНИЕ ХРАМА»

https://kabbalahmedia.info/ru/programs/cu/gTVIpweJ

Движение к состоянию «Храм»

Что такое «разрушение Храма»? Где его место в цепочке всевозможных духовных состояний? Что это за состояние, которое проходит человек или все человечество?

Разрушение Храма – это великое действие.

Во-первых, надо достичь состояния Храма, когда человечество уже находится в определенном духовном возвышении и ему нужно двигаться дальше. А дальнейшее продвижение невозможно без предварительного разрушения, ведь в принципе, мы движемся только тогда, когда обнаруживаем какие-то неполадки и неисправности в своем состоянии. Только тогда мы начинаем их исследовать, измерять и исправлять.

Поэтому весь путь начинается издавна, из нуля, с появлением маленького эгоизма в Древнем Вавилоне, с последующим выходом из эгоизма группы вавилонян, которую возглавил Авраам.

Эта группа устремилась к связи между собой, что и является исправлением человечества. Она прошла определенные этапы своего пути: вошла в большое эгоистическое развитие, называемое «изгнание в Египет», вышла из него с желанием подняться над эгоизмом, осознав его как зло. Затем прошла огромные испытания и исправления в сорокалетнем подъеме от эгоизма до первой альтруистической ступени, что называется «40 ступеней» или «40 лет блуждания по пустыне».

Состояние «разрушение Храма»

Состояние разрушения на духовном пути проходит один человек или весь народ?

Это может быть один человек, а может быть и народ. Как правило, ощущение разрушения проходит группа людей, которые потом достигают состояния «Земля Израиля». Это все – духовные состояния, которые построены только на над-эгоистическом объединении между собой.

Состояние «Земля Израиля» – это желание соединяться между собой по серьезным над-эгоистическим параметрам включения друг в друга. Если люди способны на это, то объединение, которого они достигают, включаясь друг в друга как одно единое целое, называется «Храм».

Сформировав между собой такое групповое, можно сказать, общенародное объединение, последователи Авраама как бы создали Храм, и некоторое время просуществовали в этом состоянии. Но чтобы продвигаться дальше, они должны были раскрыть в себе еще большие неполадки: где еще можно соединяться, где еще можно достигать сближения друг с другом.

И когда достигается состояние «вот он – Храм!», то в группе, которая объединилась, вроде бы поначалу все хорошо. Но нет – недостаточно хорошо, должно быть объединение на следующем уровне. А чтобы достигнуть его, они должны раскрыть в нынешнем состоянии всевозможные разъединения, отдаление, ненависть, взаимные отторжения, которые в них существуют, но им не видны.

При этом в них происходит выяснение, в чем же заключается их следующее состояние. Оно проявляется как разбиение, то есть они видят свою попытку объединиться как неудавшуюся. И хотя она была очень удачной, но сейчас, когда они продвигаются вперед – еще больше света, еще больше объединения, еще больше желания взаимно включиться друг в друга, – они начинают видеть, насколько, оказывается, велики в них эгоистические желания, которые не дают им большего объединения.

Наоборот, они ощущают себя в огромном разбиении. Это и есть крушение, разбиение Храма. Они снова оказываются в огромном желании самонасладиться, во взаимном отторжении друг от друга, в так называемом «вавилонском изгнании».

А затем из состояния раскрытия ненависти они вновь начинают устремляться к объединению и любви, что называется построением Второго Храма. Они строят его, то есть объединяются в группе так, что она приобретает сильное, монолитное состояние взаимности, сплочения.

И когда они достигают этого состояния, то снова обнаруживают, что оно недостаточное, что в нем существует огромное количество различных неполадок, погрешностей, взаимных отдалений. Оказывается, что там, внутри, находится эгоизм, который отталкивает их друг от друга.

Но они это видят, потому что поднялись на следующий уровень взаимности и любви. То есть каждый раз, достигая более высокого духовного свойства, они именно благодаря ему обнаруживают себя еще более разрозненными, взаимно отдаленными.

Третий Храм – окончательное исправление

Разрушение Храма – это неизбежный процесс, как вдох и выдох? Невозможно только вдыхать.

Это не просто вдох и выдох. Сыны Израиля были в египетском изгнании, возвысились из него, достигли состояния объединения, построили Первый Храм, упали с него, обнаружив в нем неполадки. Построили Второй Храм, и он тоже разрушился. Но зато теперь, после разбиения Первого и Второго Храма и выхода из всех изгнаний, находясь в последнем, третьем изгнании, они достигают самых больших эгоистических желаний.

Это уже объединение всего человечества?

Это еще не объединение, а постижение всем человечеством настоящего эгоизма, который в них существует. Ведь исходя из предыдущих объединений, они теперь могут понять, в каком злостном эгоистическом состоянии они находятся по отношению друг к другу.

Значит, Третий Храм будет построен, когда все человечество объединится? И он тоже разрушится согласно программе развития?

Нет, на этом этапе осуществляется окончательное исправление. Дело в том, что сейчас мы существуем в развитии Третьего Храма. Он характеризуется тем, что все человечество начинает постигать свою несостоятельность на земном уровне и ощущать, что единственное, чего им не хватает, – объединения между собой.

Кроме того, человечество начинает раскрывать, что объединение, то есть спасение от взаимной ненависти, от неудачной жизни, находится в руках группы, которая называется «Израиль». Лишь у них есть методика объединения и все информационные записи прошлых состояний. Это подопытная группа, которая прошла все эти исторические состояния, и поэтому сегодня может показать всему человечеству методику и практику объединения.

Если эта группа, которая в прошлом неоднократно находилась в состоянии разбиения и единства, сегодня достигнет объединения, то тогда все человечество устремится за ней, тоже включится в это объединение, и мир достигнет подъема до уровня, который выше эгоизма, то есть полного спасения от своей эгоистической природы.

9-ое Ава – день великих событий

Во внешнем мире состояние «разрушение Храма» проявлялось в разных событиях и именно 9-го Ава.
1312 год до нашей эры – посланцы Моше убедили народ не входить в Землю Израиля. 9 Ава 586 года до нашей эры – Навуходоносор разрушил Первый Храм. 9 Ава 70 года нашей эры – разрушение Второго Храма римлянами.
9 Ава 135 года – пала крепость Бейтар, последний оплот во Второй иудейской войне. 9 Ава 1290 года – изгнание евреев из Англии. И так далее.
Есть ли в этом какая-то мистика?

Это не мистика, а информация, данность, четкие исторические даты, которые говорят об определенной повторяемости. То есть существует какой-то духовный или физический природный закон, который постоянно выполняется в эту дату.

Так же как в природе в определенные дни происходит солнечное противостояние или полнолуние, которые мы можем заранее вычислять, то же самое можно сказать о 9-ом Ава.

Это день великих событий, когда раскрывается зло, которое служит как бы трамплином к следующему состоянию. Согласно тому, что объясняет наука каббала, мы прошли всевозможные разбиения, относящиеся к 9-му Ава, и теперь этот день уже не грозит никакими разбиениями, ведь мы находимся в самом низком состоянии.

Наоборот, теперь мы можем только лишь стремиться к состоянию объединения, к построению так называемого Третьего Храма. Когда мы создадим его нашим совместным усилием, то выполним свое предназначение, и весь мир объединится в самом лучшем, высшем, вечном, совершенном состоянии.

Чтобы исчезло зло с лица Земли

Что поможет восстановить Храм?

Я знаю только одно: если бы евреи в основной своей массе, даже не все и не полностью, но устремились к объединению, понимая, что это единственное спасение для них и для человечества, то тогда все человечество тоже пошло бы за ними в этом объединении, и мир стал бы подниматься духовно и физически, во всех отношениях, и исчезло бы зло с лица Земли – между людьми и вокруг.

Как прийти к такой чувственной, сердечной связи между нами?

Только лишь из разбиения. Мы пытаемся привести людей к связи через объяснение, насколько они поймут. А то, что не поймут, почувствуют из несчастий, которые все-таки должны будут проявиться между ними.

Второй Храм был разрушен из-за беспричинной ненависти между людьми. Это очень серьезное состояние, к которому непросто прийти. В первый раз иудеи ощутили его у горы Синай после пребывания многих лет в Египте?

Нет, они стали ощущать взаимную ненависть, будучи в Египте, – доносы, убийства. А еще раньше она раскрылась между сыновьями Якова: Йосефом и его братьями.

То есть должна быть сначала ненависть, а потом уже раскрывается любовь?

Обязательно! А иначе ты не знаешь, что надо исправлять. Без раскрытия ненависти во всех ее видах не может быть никакого исправления и достижения связи вплоть до любви.

Великая помощь Творца

Вы говорили, что ни в камнях, ни в деревьях нет никакой святости. То есть в возведенном Храме тоже нет святости, а святость – в человеке?

Святость – это не храм, не какое-то физическое место или строение, а то, что мы создаем из наших чувств. Это чувственное строение, которое мы постоянно поддерживаем между собой.

Еще вы говорили, что 9-го Ава не нужно плакать, ведь еврейские даты символизируют духовные действия.

9-ое Ава существует для того, чтобы мы понимали, что это день раскрытия зла, которое создал Творец. Он так и сказал: «Я создал зло – эгоизм между вами, а вы должны подняться над ним. Именно благодаря постоянно растущему эгоизму, поднимаясь над ним, вы достигнете Меня».

Поэтому нам надо понять, что раскрытие зла между нами, которое олицетворяет 9-ое Ава – это великая помощь Творца для нашего подъема.

Это как раскрытие болезни, когда человек понимает, что ему надо обратиться к врачу?

Да, необходимое условие оздоровления.

Нам надо устремляться не к раскрытию зла, а к раскрытию добра. И тогда, если нужно, мы по дороге раскроем зло, которое существует между нами, — взаимное отдаление, взаимную ненависть, взаимное отторжение друг от друга, и сможем их преодолеть. Но только лишь положительно устремляясь к связи между собой. Как сказано: «Все прегрешения покрывает любовь».

ДЕНЬ ЛЮБВИ – ТУ БЕ-АВ

https://kabbalahmedia.info/ru/programs/cu/8fE8lxcd

Правильное объединение

Праздник «День любви», 15 Ава, существует уже около 3000 лет. Его стали отмечать еще до установления в Израиле царства, до завоевания Иерусалима. В те времена каждое колено Израиля жило на своей территории, и им было запрещено перемешиваться.
Поэтому девушки, которые владели недвижимостью, не выходили замуж за представителей другого колена. Почему в Торе говорится об объединении, а здесь такое ограничение?

Дело в том, что объединение не может быть беспорядочным, без каких-либо правил. Поэтому оно предусматривает определенные рамки, границы.

Объединение существует во имя того, чтобы все части народа правильно объединились, а вокруг него так же правильно объединились все части мира.

И даже если у нас есть сердечное стремление объединиться между собой и стать одним общим целым, это общее целое содержит в себе все эгоистические оттенки: отторжение, противоположность, ненависть. Над ненавистью надо приподняться в любви: «Все прегрешения покроет любовь». Тем не менее, ненависть остается, иначе не на чем будет держаться любви.

Поэтому объединение состоит из двух частей: ненависти и любви. А когда эти свойства правильно объединяются, между ними образуется средняя линия. Только в правильном понимании, в правильной реализации противоположных частей достигается состояние настоящего объединения.

Это помогло сохранить этническую обособленность каждого колена, их традиции, обычаи?

Это помогло создать правильное объединение всего народа Израиля, то есть такую конструкцию, которая состояла бы в правильном внутреннем динамическом равновесии, как органы тела, каждый из которых работает в своем внутреннем режиме и связан с остальными органами посредством определенных внешних связей.

При этом каждый орган существует как бы сам по себе, а вместе они функционируют так, что поддерживают жизнь тела, которое может таким образом выполнять свою общую функцию.

Свидания в виноградниках

Сегодня, когда мы говорим о социуме, о людях, запрет выходить замуж за представителей других колен кажется нам диким. А если молодые люди полюбили друг друга?

По-моему, в наше время мы уже понимаем, что никакой любви нет. Любовь может быть там, где существует четкое соответствие системе природы. Тогда люди не просто ищут друг друга в потемках: кто с кем каким-то образом может сблизиться.

Все зависит от того, насколько они могут вместе выполнять высшую функцию. Когда они оба подключаются к ней и в этом дополняют друг друга, ведь один без другого не может достичь следующей ступени, тогда они действительно способны быть вместе и нашли свое правильное состояние.

Раньше у людей была такая возможность объединяться, выходить замуж, жениться. Но старейшины Израиля отменили этот закон. Почему? Что произошло?

Я могу сказать только одно: законы Торы никто никогда не отменял. И то, что в ней говорится, что парни и девушки выходили в виноградники за пределы городов и там знакомились друг с другом, как знакомится современная молодежь, то в это трудно поверить, потому что имеются в виду совершенно другие условия, другое время, другое воспитание, другое отношение людей друг к другу.

Даже можно взять какие-то нынешние африканские народы, которые живут по своим первобытным, если можно так сказать, законам. У них тоже нет такой всеобщей дозволенности, как у европейских народов, где происходит «выход в виноградники» между каменными джунглями в больших городах.

Не об этом говорится. Это все абсолютная аллегория. Ничего этого нет, тем более в том народе, в котором с малых лет все воспитывались только лишь для поддержания правильного объединения между собой.

То есть речь идет о каких-то духовных возвышенных состояниях?

Конечно. «Виноградником» называется состояние достижения света Хохма. Это очень высокий уровень. Для того чтобы добиться такого состояния, надо готовиться к нему и проходить серьезное исправление в свете Хасадим.

Тогда ты сможешь после разбиения, после Девятого Ава, после обнаружения всех своих отрицательных свойств и качеств, преодолеть их так, чтобы через неделю, 15-го Ава, пройти последнее исправление и достичь состояния, когда ты можешь действительно найти контакт с тем уровнем желания Нуквы, так называемого женского свойства, когда соединение с ним дает тебе возможность полностью раскрыть свет Хохма.

Это очень серьезная вещь. Здесь имеются в виду не какие-то плотские действия, а явление Машиаха, то есть света Избавителя, который поднимает человечество над его эгоизмом в Духовный мир.

Значит, речь идет совсем не о том, что написано?

Неужели вы думаете, что такая серьезная вещь, как наука каббала, говорит о том, как парни с девушками раз в году встречаются где-то за пределами города?

Тем не менее, многое, что написано в каббале, имеет как бы эротический подтекст, поскольку речь идет о соединении желания получать и желания отдавать. Желание отдавать – мужское, желание получать – женское. И поэтому так оно описывается, как в «Песне песней» и других первоисточниках.

Двенадцать колен народа Израиля

Откуда появились двенадцать колен народа Израиля?

Существует так называемое общее кли (сосуд), общая взаимная связь народа, который состоит из двенадцати частей. Дело в том, что народ представляет собой четырехуровневое соединение «юд-кей-вав-кей», так называемое АВАЯ.

Каждая из этих частей состоит, в свою очередь, из трех линий: правой, левой и средней. Поэтому 4 уровня х 3 линии дают двенадцать различных потоков движения к полному объединению. Они называются «двенадцать колен».

Законы временные и постоянные

15-ого Ава в нашем мире произошли следующие события: прекратился мор вышедшего из Египта поколения; произошла отмена запрета женитьбы рода Беньямина на девушках, принадлежащих другим коленам; прекратил существование общий запрет на браки между коленами; отменили пограничную стражу между северным и южным царством, и так далее.

Почему старейшины все-таки отменяли законы Торы, которые запрещают смешивание колен?

Дело в том, что существуют законы, которые могут выполняться в определенный исторический период, и законы, которые действуют постоянно.

Поэтому должна быть абсолютно полная свобода в соединении мужской и женской части, ведь в итоге получение и отдача должны достичь полного взаимного слияния друг с другом.

А до этого состояния такое взаимное исправление существует последовательно на различных уровнях. То есть правая и левая линии – там объединяются отдельно, тут отдельно, и по уровням снизу-вверх. Поэтому есть законы, которые где-то как-то отменяются частично, а есть законы, которые пока сохраняются и будут отменены в будущем.

Объединение над отторжением

Вы всегда говорите: «Все преступления покроет любовь». То есть речь идет о том, что сначала произошло Девятое Ава – разрушение, разобщение, а следующий этап – уже объединение. О каких прегрешениях идет речь, которые должны покрываться любовью?

О зле, которое находится в каждом нашем желании. Но обычный человек даже не ощущает этого. В этом проблема.

А если он начнет правильно исследовать себя, то увидит, что во всех его мыслях и действиях существует только одно желание – получить, обрести, владеть, подняться относительно других.

То есть должен быть какой-то эталон, по отношению к которому я постоянно проверяю себя. Допустим, этот эталон – Творец. Но пока Он не раскроется, я не смогу понять, что же во мне злого, что я должен исправить?

Творец раскрывается постепенно. В этой мере мы начинаем ощущать, сколько в нас есть еще зла.

Вы говорили, что в Духовном мире нет разницы в любви к мужчине или женщине. О чем идет речь?

Об объединении над разъединением, над отторжением между нами. Взаимное отторжение называется ненавистью, а взаимное притяжение ради достижения раскрытия Творца, чтобы этим доставить Ему радость, называется любовью.

То есть духовная работа одинакова для мужчин и женщин?

Да, пол не имеет никакого значения.

От Дня любви к Пуриму

Есть ли разница между Днем любви и Пуримом? Ведь и то, и другое говорит о Конечном исправлении. Какое из них самое конечное?

Самое конечное – это Пурим.

День любви и Пурим существуют полярно, друг против друга. Достижение исправления в Ту бе-Ав (15-го Ава) приводит к тому, чтобы у нас был праздник Пурим.

15-ое Ава – это объединение на духовном уровне, а Пурим – это уже объединение и на физическом уровне. Физическом – имеется в виду объединение не на телесном уровне нашего мира, а в самих желаниях.

Когда достигается любовь к Творцу?

Есть ли разница между любовью к ближнему и к Творцу?

В нашем исправлении существует разница, как сказано: «От любви к ближнему – к любви к Творцу». Не может быть одно без другого. Сначала мы должны восстановить всё относительно любви к ближнему.

А потом уже достигается любовь к Творцу. Раскрывается, что Он находится между нами. Если я начинаю относиться к другим с чувством отдачи и ответственности за их состояние, тогда приходит состояние любви.

То есть любовь к ближнему является причиной, а любовь к Творцу – следствием.

МЕЖДУНАРОДНАЯ АКАДЕМИЯ КАББАЛЫ

Международная академия каббалы

https://kabbalah.info/rus/

Учебно-образовательный интернет-ресурс — неограниченный источник получения достоверной информации о науке каббала.

Сайт дает доступ к уникальному контенту: библиотеке каббалистических первоисточников, к широкому спектру передач и лекций на телеканале Каббала ТВ, включая прямую трансляцию уроков основателя и главы Международной академии каббалы Михаэля Лайтмана для всех, кто занимается углубленным изучением науки каббала и исследованием каббалистических первоисточников.

Обучающая платформа Международной академии каббалы

https://kabacademy.com/

Миллионы учеников во всем мире изучают науку каббала. Выберите удобный для вас способ обучения на сайте.

Наша онлайн-платформа позволит вам познакомиться с уникальными каббалистическими источниками, пройти обучение у лучших преподавателей академии, общаться в онлайн-сообществе, получить индивидуальное сопровождение помощника-тьютора.

Интернет-магазин каббалистической книги

Все учебные материалы Международной академией каббалы основаны на оригинальных текстах каббалистов.

Израиль, Европа, Ближний Восток
https://books.kab.co.il/ru/

Россия, страны СНГ и Балтии:
https://kbooks.ru

Украина и Молдова:
https://kabbooks.in.ua/

Америка, Австралия, Азия
https://www.kabbalahbooks.info/

16+

ДУХОВНЫЕ СОСТОЯНИЯ
Избранные фрагменты бесед
С МИХАЭЛЕМ ЛАЙТМАНОМ

Ведущий телепрограмм – М. Санилевич

ISBN 978-965-551-033-1
DANACODE 760-167

Подготовка избранных фрагментов бесед: Т. Авив, И. Романова
Корректор: А. Ларионова.
Верстка: И. Слепухина.
Выпускающий редактор: С. Добродуб.

www.ingramcontent.com/pod-product-compliance
Lightning Source LLC
LaVergne TN
LVHW021231080526
838199LV00088B/4307